· 安徽省高校重点教研项目《高校科学教育与人文教育的理论与实践》研究成果

· 安徽省教育厅教学研究项目《高职工科学生人文素质教育研究》结题成果

高校人文与科学教育丛书

走近人文——高职人文素质教程

汪青松　主审

邵　军　主编

安徽大学出版社

图书在版编目(CIP)数据

走近人文——高职人文素质教程／邵军主编.—2版.
—合肥:安徽大学出版社,2010.2
ISBN 978-7-81110-293-2

Ⅰ.走…　Ⅱ.邵…　Ⅲ.人文科学-素质教育-高等学校:技术学校—
教材　Ⅳ.C43

中国版本图书馆CIP数据核字(2010)第026633号

走近人文
——高职人文素质教程

邵　军　主编

出版发行	安徽大学出版社 (合肥市肥西路3号 邮编230039)	**印　刷**	合肥朝阳印刷有限责任公司
联系电话	编辑室0551-5108426 发行部0551-5107784	**开　本**	710×1000　1/16
		印　张	17.25
		字　数	201千
电子信箱	ahdxchps@mail.hf.ah.cn	**版　次**	2010年1月第2版
责任编辑	钟　蕾	**印　次**	2010年1月第1次印刷
封面设计	孟献辉		

ISBN 978-7-81110-293-2　　**定价 26.00 元**

序言

汪青松

人文文化是一个民族的身份证。没有先进的科学技术，一个国家、一个民族会一打就垮；没有人文精神、民族传统，一个国家、一个民族会不打自垮。中国科学院院士、教育部高校文化素质教育指导委员会主任杨叔子教授积极倡导大学加强科学教育和人文教育。他说："我们的教育，是'育人'而非'制器'，是培养人才，而非制造器材；我们的大学，是培育高层次的人才，而非制造高档次的器材；是有灵魂的人，而非无灵魂的器。人文，人文文化，人文教育，人文素质，既严重关系着民族的存亡、国家的兴衰、社会的进退，也密切关系着个人人格的高低、行为的文野、思维的智愚；一句话，极为严重地关系着事业的成败。"杨叔子教授关于在大学生中开展文化素质教育的倡议得到了高校和社会各届的广泛认同与积极响应。

高等职业教育是高等教育的重要组成部分，以培养具有一定理论知识和较强实践能力的应用型、技能型专门人才为目的。近年来，伴随着我国高等教育的跨越式发展，高等职业教育崛起的势头迅猛，其院校数量与学生人数均已占到高等教育的半数以上，成为高等教育的一支重要力量。由于高职办学时间不长，不少高职院校是合并升格而来且工科居多，人文教育底子不厚，尤其是就业压力和追求掌握一门技能的“谋生教育”理念，导致目前高职院校在一定程度上存在学校人文素质教育开展不力、学生人文素养不高的令人堪忧的局面。教育应该是教人如何做人的事业，高职院校应在继续培养学生专门技能的同时，注重培养学生的人文素质，教会学生学知（learning to know）、学做（learning to do）、学会共同生活（learning to live together）、学会发展（learning to be）。因此，加强高职院校的人文素质教育是非常必要和迫切的。安徽工业职业技术学院邵军同志主持安徽省教育厅教学研究项目《高职工科学生人文素质教育研究》，经过几年的研究和实践，取得了一些成效。《走近人文——高职人文素质教程》是其中较有特色的成果之一。从选题来看，该书具有一定的战略性和前瞻性，对于高职院校文化素质教育具有重要的现实意义。

《走近人文——高职人文素质教程》视野开阔，涉及面宽广。翻开书稿，呈现在我们面前的是一幅立体的画卷：从文学到历史，从哲学到心理学，从艺术学到管理学和经济学，多学科、宽领域、全方位地对学生进行人文素质教育，内容比较丰富。特别是在每章之中均安排独立的一节，讲清每章内容与人文的关系，使全书始终围绕着人文教育这一主线，把人文知识、人文思想、人文方法、人文精神作为灵魂贯穿始终，不但解决了作为涉及多个学科领域的教材在布局上很容易出现的零散、破碎的问题，而且使学生能在一个相对集中的教材中广泛涉猎人文学科，获取人文知识，提高人文素质。通过《走近人文——高职人文素质教程》一书的学习，有利于培养既有科学底蕴又有人文精神，既有高职能力又有人文素养的合格人才。

把人文素质教育与地方文化教育有机结合是《走近人文——高职人文素质教程》的另一个显著特点。书稿紧紧贴近安徽、铜陵，将铜都文化渗透到各个章节，并根据高职学生特点，在简要说理的同时，运用插图、照片、小挂板等形式，较好地处理了理性观念与感性材料之间的关系，增强了书稿的吸引力和可读性，让学生在接受人文素质教育的同时也接受了地方文化教育。我认为，高校办学要培养学生立足地方、服务社会的意识和境界，高职教育服务地方经济的水平高低，学生服务地方经济社会发展的意识和本领如何，是衡量高职办学质量的重要指标。《走近人文——高职人文素质教程》把地方文化教育编进教材，有利于高职院校培养地方生产、建设、管理、服务第一线需要的应用性人才。

2006年春，教育部批准安庆师范学院为国家大学生文化素质教育基地。《走近人文——高职人文素质教程》与我们国家大学生文化素质教育基地有着密切的关系。因为本书的主编邵军同志是我的学生，在编写本书过程中，他多次来大学生文化素质教育基地，请我审阅书稿，商量如何解决本书的人文性、高职性等关键问题；更为重要的是，作为我校的国家级大学生文化素质教育基地，不但要开展师范院校大学生文化素质教育工作，而且要对高职以及其他院校文化素质教育工作进行研究，把他们好的经验吸收、引进到大学生文化素质教育基地来，使高校大学生文化素质教育能做到兼容并蓄、百花齐放。

是为序。

2007年3月16日于安庆

目　录

绪　论　大学使命与人文素质教育

全面推进素质教育，是我们党和国家为迎接21世纪知识经济和国际激烈竞争的挑战，实现我国经济社会发展的第三步战略目标，实现中华民族的伟大复兴而做出的重要战略决策。实施素质教育是社会对高等教育人才培养模式改革的迫切要求。未来社会的有用人才，无论其学历高低，都既要有扎实的专业知识、熟练的专业技能，又要有较高的文化素质。大学生素质包括四个方面：思想道德素质、文化素质、业务素质、身体和心理素质，其中思想道德素质是根本，文化素质是基础，业务素质是本领，身心素质是本钱。素质教育，实际上就是人们一直追求的通识教育，它要求受教育者不仅要学会做事，而且要学会做人；不仅要知识广博、技术精湛，而且要情趣高雅。人的全面发展是马克思主义教育观的核心内容，实现这一目标有赖于人文素质教育。特别是作为大学而言，为完成历史所赋予的使命，更应将人文素质教育作为人才培养的重要切入点。

一、大学的使命

何谓“大学”的使命？就是致力于“追求最高形式的学识”。那么什么是“最高形式的学识”呢？要回答这样的问题，我们首先要回顾大学使命的历史渊源。

1. 大学使命的历史渊源

作为基督教世界的一项伟大发明，现代大学的诞生与神学有着不可分割的关系。在中世纪两所最伟大的大学中，波隆那大学以其法学著称一时，而巴黎大学则以其神学名垂后世。前者推动了罗马法复兴运动，并进而为整个欧陆国家的法律体制奠定了牢固的基础；而后者则贡献了中世纪最辉煌的“教堂”——圣托马斯的神哲学。从一开始，法学就具有深刻的政治涵义，涉及了中世纪神权政治的焦点：精神权力与世俗权力的冲突，自由人与公民的冲突。而哲学则与上帝交织在一起，把理性、思辨融入教义，成为每个人的伦理，成为爱与自由。

在这里，我们已经触及了中世纪大学的“精神”所在：大学在于培养具有德性而非甘于卑俗的人，追求真知而非任由权威意见摆布的人，践行伦理而非恣意妄为的人，勇于面对世间那些根本的冲突，承担自己言论和行动的后果的人，而不是寻觅教条的避难所来推卸和逃避责任的人。一句话，大学在于培养亚里士多德所谓的“自由人”。

作为一所现代大学，技艺和实证知识都不可或缺，甚至可以说非常重要。但这些专门技艺和实证知识本身，却并非大学的使命；相反，是大学的使命给了这些技艺和知识以方向和目标。亚里士多德早已告诉我们，任何技艺都仰赖一种“主导技艺”，没有它，所有的技艺最终都是奴役。

因此，大学的使命，在于自由教育，而自由教育的核心在于人文素质教育。人文素质教育，在我们这个世纪是大学真正精神所能够寄托的希望，是面对、思考和回应"现在"的关键，是行动在言论中的延伸，是连接"一种实践与另一种实践之间的接力棒"。人文素质教育，是那些专业技术的"主导技艺"。只有重视人文素质教育，才能使理性摆脱冷漠、热情避免亢奋，最终使大学成为真正独立和自主的"普遍"和"完整"，使其中的学生成为这种精神的化身，成为自由人和公民。

2. 世界大学教育发展趋势

从世界范围看，大学教育的发展经历了由人文素质教育到科学技术教育，再到人文、科技教育并重的历程。

在世界范围的早期教育中，人文和科学两种文化是融合的，当时人文科学比较发达，自然科学尚未形成独立的学科体系。与此相适应，古代的教育是比较重视人文精神的，重点进行的是人文、社会科学教育。无论是古罗马大学的"七艺"，还是我国的孔子、孟子以及唐朝的太学，教育内容大都属于人文范畴。欧洲人文科学教育在15～16世纪的对抗神本主义和宗教蒙昧主义对人性禁锢的斗争中取得了主导地位。到了近代，主要是19世纪以后，自然科学迅速发展，与人文科学走向分离，并且成为人类征服自然、造福大众、推动社会进步的决定性力量。自然科学的迅速发展，推动了学科的分化和社会的分工，于是"专业教育"应运而生，改变了大学神学、文学、法学、医学四科专业设置，通过设置几十种、上百种的专业，以实现对专门人才、实用人才的培养。文艺复兴时代兴起的人文科学教育渐渐淡化，大学的教育内容由人文素质教育逐渐向科学技术教育转变。与此对应，出现了"唯科学主义"、"西方理性主义"，把人文科学排斥在科学领域之外。另一方面，两次世界大战的爆发，使现代西方人本主义把社会对人的压抑归之于科学技术的进步，把科学精神归结为功利主义，从而走上否定理性的另一个极端。脱离人文素质教育的科学技术教育发展到20世纪上半叶也遇到了很多难题，最突出的问题有两个：第一，它无法保证科学技术一定会造福人类；第二，它无法解决人类自身的心灵平衡问题。人文学科与自然科学由相互区别到分离，由隔绝发展到对立甚至冲突，出现了两种互不理解的文化。自然科学的进步并不能同时带来人文精神的进步，在给人类物质生活创造巨大财富的同时也造成了生态破坏、环境污染、资源枯竭等诸多危机。反映在高等教育上，过分“专业化”的严重后果之一就是加剧了高等教育中的技术化、非教养化倾向，导致了人的片面发展和人文精神的滑坡。当今时代强烈呼唤着人与自然的和谐发展以及人文和科学两种文化的重新融合，亟待培养“人文精神与科学素养统一”的一代新人。在这种背景下，从20世纪中叶开始，西方的大学教育开始重提人文素质教育的重要性，来消除惟科学技术教育的负效应。教育由人文素质教育发展到科学技术教育，再由科学技术教育发展到人文、科技教育并重，符合教育内在发展规律，是大学教育的回归。北京大学百年校庆(1998)时，哈佛大学校长尼尔·陆登庭首先以人文学科教育在大学基础理论研究与基础教育中的核心地位为题展开演讲。来自世界各地的数十位大学校长几乎一致地在“21世纪的大学”主题下强调了人文精神与人文学科教育的重要性，这一“大学理念”与以财政为中心的现实问题论域成为了现代大学校长们热切关注的两大问题。

3. 我国大学教育发展趋势

20世纪以来，我国大学的人文精神和人文教育连续五次受到冲击。一是来自文化方面，即“五四”文化运动以后的文化冲击。“五四”表达了一种新态度，它包含两个方面的意思：一个是反传统主义的潜流，导致了一种表浅的文化批评；另一个是对于传统尤其是源头性传统的麻木的取舍和反复的抵抗，导致对中国一种根源性文化的反复涤荡，造成文化失根，文化资源的供给不足，致使大学生人文品质中缺乏一种崇高的道德结构。二是来自政治方面，即“文革”时期一种反意识形态的冲击。对人文精神的信仰蜕变成一种政治迷信。三是来自科学的冲击。“文革”结束后，政治还俗，科学精神回归，科学主义和技术理性的主导地位开始确立。人文学科和人文教育在科技的主潮中感到一种自卑。四是来自经济，即市场经济中的某种金钱主义、物质主义的冲击。五是来自人文社会科学内部，社会科学技术化、工具化以及人文精神被唾弃的倾向日趋明显。这五方面的冲击导致的后果总体来说是造成生活世界和意义世界、事实世界和价值世界的不平衡，意义和价值的退隐和失落。对大学生加强人文教育成为必然。

20 世纪 90 年代，人文素质教育作为一种教育观成为高等学校的共识。20 世纪 50 年代，我国高校开始强调知识传授的重要性；60 年代到 80 年代，强调在知识传授的基础上，培养学生运用知识的能力；90 年代，提出素质教育的思想，强调在传授知识、培养能力的基础上，全面提高学生的综合素质。

伴随这个过程，我国高等教育界对科学与人文“两种文化”对立的实然与应然状态进行了深入探究。多数学者赞同人文体现科学的基础，科学内含人文精神，人文教育与科学教育应是相通的。科学人文，和而不同；科学人文，不同而和。因此，我们的教育也应该是人文教育与科学教育高度融合的教育。现代教育应是一种以人为中心的教育，应按照人成长过程中的实际需要组织教学，从而取代“以教师为中心、以教材为中心、以课堂为中心”的传统模式。高等教育的内部规律就是人的全面发展，而人文素质教育在本质上是一种以学生为本位、以学生的个性发展为本位、以学生的可发展性为本位、面向全体学生的教育，这正符合了教育的内部规律和要求。

人文素质教育作为一种教育观不但成为高等学校的共识，1995年教育部决定在全国部分院校开展加强文化素质教育的试点工作，使得人文素质教育还成为高等教育改革和发展中一个非常重要的内容。

自20世纪80年代末开始，以中科院院士、华中理工大学校长杨叔子为代表，我国高等教育界首先认识到在理工科院校加强人文素质教育的重要性，开始在理工科学生中开设《大学语文》、《马克思主义哲学》等人文课程。与此同时，上海一些中青年学者发起了关于"人文精神"的讨论，反映了人文学者对人文精神失落的焦虑与思考。到了90年代中期，我国高等教育界对加强人文素质教育基本达成了共识，在政府的推动下，人文素质教育活动蓬勃开展。

1994年，华中理工大学鲜明地提出"华工在学"的口号，将大学生人文素质教育从"游击战"转变为"阵地战"，要求在校学生必须通过中国语文水平测试；建立起三个层次、六个方面的教育体系，因而使大学生人文素质教育工作取得了显著的成效。东南大学从培养跨世纪人才这一高度出发，根据具体情况，努力探索大学生人文素质教育的内涵、目标、原则、途径和方法，从教学改革、教学管理、师资队伍建设、校园文化及环境和制度建设等方面加大工作力度，使人文素质教育取得了长足的进步。湖南大学将加强大学生文化素质教育作为一项教育改革措施，积极举办大学生文化素质修养系列讲座，利用优越的人文教育场地，对学生进行生动活泼的人文素质教育，取得了积极的效果。中南工业大学注重学科建设中的文理渗透、理工交叉，注重对学生人文素质的培养，通过深化教学改革，充分发挥第一课堂作用；丰富第二课堂，营造浓郁的校园文化氛围；加强基地建设和校园文明建设，创造良好的育人环境；加强教师队伍建设，造就一支高素质的师资队伍；建立了人文教育课体系，使学生的人文素质大为提高。

1995 年，原国家教委决定在高等学校开展加强大学生文化素质教育工作，并在 52 所院校开展试点。以北大、清华、华中理工大学等重点高校为代表，我国高校开始加强人文素质教育的实践。从起初提倡大学生阅读中外文化经典著作（"应知应会"），到广泛开展课余文化活动和社会实践活动，在教学计划中增加人文素质教育的必修和选修模块（现在通常包含在"通识教育"模块中），提倡在专业课程中渗透人文精神。这些学校的共同特点是着力于对复合型人才的培养、整体素质的提高。试点工作取得了明显成效，也为全面推进人文素质教育积累了丰富的经验。

1998 年国家教育部决定，成立教育部高等学校文化素质教育指导委员会，同时批准建立包括 55 所院校在内的 32 个国家大学生文化素质教育基地（中国科技大学和安徽大学联合申报并获批），全面展开高等学校文化素质教育工作并要求做到"三提高"，即提高大学生的文化素质，提高大学教师的文化素养和提高大学校园的文化品位和格调。这个过程，既是人文素质教育本身的深化过程，也是学校参与教育人员面的扩大过程——从教务、学生工作者和思想政治及人文素质课程教师到专业课教师和学校教职工全员参加。这些举措大大加快和深化了高校人文素质教育工作。

加强大学生文化素质教育工作，受到党和国家领导人的高度重视。1999 年 1 月，江泽民同志在视察内蒙古大学时指出："文化素质教育很重要，应当好好抓，理科的学生要加强学习人文方面的知识，文科学生要加强学习自然科学方面的知识。"李岚清同志也在多次会议上充分肯定文化素质教育工作的重要性。特别是 1999 年召开的第三次全国教育工作会议，中共中央、国务院做出了《关于深化教育改革全面推进素质教育的决定》，把文化素质教育工作推向了一个新的发展高潮。

2002 年 10 月至 11 月，教育部高教司委托文化素质教育指导委员会组织专家，对 32 个国家大学生文化素质教育基地进行了中期检查。结果表明，从试点到全面推广，文化素质教育受到普遍重视，已经深入人心；基地建设取得了突出的成绩，在人文素质教育工作中发挥了重要作用。与此同时，社会也广泛重视和参与人文素质教育活动，中科院也倡导和举办了“中国科学家人文论坛”。中国人学学会等单位还举办了“人文素质与人的发展”学术研讨会。

在安徽省，作为安徽近代高等教育的发源地的安庆师范学院于 1996 年开始面向全校学生开设公共选修文化素质教育课。长期以来，安庆师范学院高度重视大学生文化素质教育工作，通过转变教育思想观念，“开发校本课程，进行校本教育，建设校本基地，开展校本活动”的“四本建设”，探索出以文科人才培养模式为示范，以“百年校魂”教育为特色，以创建特色校园文化、社会实践“四进”工程为阵地的大学生文化素质教育新模式。2006 年 4 月初，教育部办公厅下发了《关于批准增设北京科技大学等高校为国家大学生文化素质教育基地的通知》，共批准增设 61 个国家大学生文化素质教育基地。安庆师范学院和合肥工业大学作为独立申报单位榜上有名。加上此前联合申报并获批的中国科技大学、安徽大学基地，安徽共拥有 4 所院校 3 个全国大学生文化素质教育基地。其中，安庆师范学院是安徽省唯一一所省属高校获批基地。

二、什么是人文素质教育

(一) 人文素质教育的内涵

从词素的角度看,探究人文素质教育,应当首先从"人文"和"人文素质"概念入手。

1. 人文

"人文"一词在《辞海》中的解释是:"旧指诗书礼乐等。"从词的构成来看,"人文"一词包含着两种含义:一是"人",一是"文"。前者是指理想的"人"、理想的"人性"的观念。后者是指为了培养这种理想的人(性)所设置的学科和课程(在西方,语言、文学、艺术、逻辑、历史、哲学被看做人文学科的基本学科)。前者往往与"人性"(Humanity)等同,而后者往往与"人文学科"(Humanities)等同。无论是在学理探究还是实践过程中,这两者常常相互交织:理想人性往往表现为一个人的教养和文化、智慧和德性、理解力和批判力,而且总是与一个人对语言的理解和运用、对古老文化传统的认同以及对审美能力和理性反思能力的培养联系在一起;而进行人文教育的最终目标在于使学习者达到理想人性。

"人文"在西方是指高雅技艺的教育与训练,教养的意思,体现了人文以人为本的本质。西方认为人文的核心是自由,如人文教育(Liberal education)、文科(Liberal arts)等都是由"自由"的词根组成的。

据考证,"人文"一词最早出自我国古代的《易经·贲》:"文明以止,人文也。观乎天文,以察时变,观乎人文,以化成天下。"这里的"天文"是指天象季节的变化,而"人文"是针对天文而言的,是用以教化天下的,具体地说就是通过教育感化后的"文明",是教化、"文"而化之的意思。以儒学为代表的中国思想认为人文的核心是"仁",

"仁者人也，人者仁也"，"克己复礼为仁"，通过"礼"来实现"仁"。只有重"人"，才有一切。因此为了培养"理想的人"，也就是西方的"自由的人"，一方面要强调内心修养，另一方面要强调"礼"等文化形式。

在今天，我们所讲的人文主要是指人文科学或人文教育，主要包括知识、信仰、道德、法律、习俗以及包括作为社会成员的个人而获得的任何能力、习惯在内的一种综合体，它是人类某个民族或社会所共有的价值观和意义体系。

2. 人文素质

素质是在人的先天生理基础上经过后天教育和社会环境的影响，由知识内化而形成的相对稳定的心理品质。从大的方面来看，素质可以分为科学素质与人文素质两种。

科学素质是指人们在获得和应用科学知识的过程中表现出来的内在品质。大体上可以分为科学观点、科学方法以及基础知识与基本技能三个不同层次。

人文素质主要是指人的精神特质和文化素质，它所体现的是主体与世界的关系，是对人自身价值和生存意义以及对人类命运的思考和探索。从广义来说，人文素质指一个人成为人和发展成为人才的内在精神品格。这种精神品格在宏观方面汇聚于民族精神之中（爱国），体现在人们的气质和价值取向之中（气节）；从狭义来说，指人文（文史哲艺）知识和技能的内化，它主要是指一个人的文化素质和精神品格。

人文素质包括四个方面的内容：

（1）人文知识。人文知识是人类关于人文领域（主要是精神生活领域）的基本知识，如历史知识、文学知识、政治知识、法律知识、艺术知识、哲学知识、宗教知识、道德知识、语言知识等。

（2）人文思想。人文思想是支撑人文知识的基本理论及其内在逻辑。同科学思想相比，人文思想有很强的民族色彩、个性色彩和鲜明的意识形态特征。人文思想的核心是基本的文化理念。

（3）人文方法。人文方法是人文思想中所蕴涵的认识方法和实践方法。人文方法表明了人文思想是如何产生和形成的。学会用人文方法思考和解决问题，是人文素质的一个重要方面。与科学方法强调精确性和普遍适用性不同，人文方法重在定性，强调体验，且与特定的文化相联系。

（4）人文精神。“人文素质”是人们价值观念、理想人格、行为规范、思维方式等各方面素质的综合体现，其核心是贯穿在人们思维与言行中的信仰、理想、价值取向、人格模式、审美情趣，这便是“人文精神”。人文精神是基于人对文化内在价值和意义的自觉，通过行动实现价值取向、人生蕴义和人的责任，并以和谐互动的态度对待对个人状况的关注，对人的尊严和符合人性的生活条件的肯定，对人类解放、自由和发展的追求。它体现了一种人文关怀，是一种建立于对人之为人的哲学反思之上的批判态度和批判精神。简言之，人文精神其实就是一种自由的精神。

虽然“人文素质”与“科学素质”的内涵有很大的区别，但从提高人的整体素质的角度来看，两种素质是互相影响、互相促进的，在培养全面发展的社会主义新人过程中起着同样重要的作用。大学生的健康成长，离不开人文素质和科学素质的整体提高。

人文素质在实践的基础上主要通过教育途径获得和提高。

3. 人文素质教育

所谓“人文素质教育”，简言之，就是在传授人文知识的基础上对人文精神的教育，即将人类优秀的文化成果、将人文科学通过知识传授、环境熏陶，使之内化为人格、气质、修养，成为人相对稳定的内在品格。大学人文素质教育主要是通过对大学生进行文学、历史、哲学、艺术等人文社会科学方面的教育，同时对文科学生进行自然科学方面的教育，以提高全体大学生的文化品位、审美情趣、人文素质和科学素质。人文教育在不同的历史发展时期具有不同的内涵和表现形式，但其基本精神大体上是一致的，都是以强调人性教育、完善人格为宗旨，以注重实现和促进个体身心和谐发展为培养目标。

人文素质教育并不等于人文学科教育。毫无疑问，人文学科（诸如文、史、哲、艺、体等）是人文教育的主要载体，但并不等于全部。人文素质是指由知识、能力、情感、意志等多种因素结合而成的一个人的内在品质，绝不仅仅因为多知道一些文学、历史、艺术、音乐等方面的知识，就说这个人的人文素质非常高。一个人的价值观、人生观、思想品德、道德水准、思维方式、人际关系都属于人文素质的范畴。人文素质教育的目的，主要是引导学生如何做人，包括如何处理人与自然、人与社会、人与人的关系以及自身的理性、情感、意志等方面的内容。人文素质教育是人文精神在教育中的渗透和体现，其核心是培育人文精神。

（二）高校加强人文素质教育的重要作用

1. 加强人文素质教育切中当前我国高等教育的时弊

由于历史和认识上的一些原因，长期以来，中国的高等学校注重专业教育，而忽视人文素质教育，就是在文科院校中也是注重专业教育，强调对人文专业知识的把握，而不是对人文精神的培养，不是将文化知识内化为对人文素质的培养。这就造成在我国高等教育中，普遍存在以下四个方面的问题：过弱的文化陶冶，使学生人文素质不高；过窄的专业教育，使学生学术视野不宽、学术基础不牢；过重的功利主义导向，使学生的全面素质培养与基础训练不够；过强的共性制约，使学生的个性发展不足。高等教育在发展中形成的时弊，集中表现为“五重五轻”：一是重理工轻人文，二是重专业轻基础，三是重书本轻实践，四是重共性轻个性，五是重功利轻素质。“五重”只要不过度还是正确的，而“五轻”则明显不妥，其根子在于轻素质，主要是轻人文素质，轻视教育要教化与塑造人这一本体性功能，而过于追求功利主义这一社会性功能，陷教育于急功近利的狭隘的功利主义囹圄之中。概而言之，重教学生做事，轻教学生做人。结果物极必反，不但不能很好实现教育教化人与塑造人这一本体性功能，就连实现功利主义这一社会性功能也受到严重阻碍。这种状况严重地影响了中国高等教育质量，特别是影响了学生的综合素质和创造力的提高。要解决这些问题，就必须加强对大学生的人文素质教育。

加强人文素质教育作为高等教育加强素质教育、深化人才培养模式改革的一个重要切入点，已经在实践中得到证实。首先，加强人文素质教育的实践，始终与高等教育界教育思想、观念的改革和讨论相依相伴。在加强人文素质教育的过程中，一场以“加强素质教育，提高质量意识”为主要内容的教育思想观念的大讨论正在全国高等教育界展开，这就使加强人文素质教育具有了理论与实践的双重探索。思想观念讨论中的收获与突破对实践起到了积极的指导作用，实践经验的总结与提炼反过来也推动了思想观念的改革。因此，人文素质教育工作不断深入的过程，也是教育思想观念改革不断深化的过程。随着人文素质教育工作的深入开展，素质教育的思想观念在高等教育界逐步确立，并逐渐深入到高校领导和广大教师的头脑与教学改革的实践中。其次，加强人文素质教育工作强调渗透到专业教育之中，强调贯穿于人才培养的全过程，强调通过教学过程的整体优化来实现，注重潜移默化的熏陶和知识的内化过程，重视课内外多种形式的教育与实践，这些做法有利于推进高等学校人才培养模式的改革，符合全面推进素质教育的精神，无疑为在高等学校全面推进素质教育奠定了实践的基础，提供了实践的经验。

2. 加强人文素质教育是国际教育改革的新趋势

随着世界科学技术的发展进步和物质财富的高速增长，社会对科学技术的极大重视和对物质利益的强烈追求，科学教育备受青睐，人文教育受到冷落，随之带来一系列世界性的社会问题。为此，各国都在采取各种办法整合科学教育和人文教育，特别是把提高学生的人文素质作为高等教育改革的重要方面，以促进精神文明与物质文明的同步发展，建立人与自然、人与社会、人与人之间的和谐关系。联合国教科文组织在20世纪70年代召开的国际教育研讨会上提出："学会生存——学校教育的主要任务。"1989年该组织在北京召开的面向21世纪教育国际研讨会上，则把"学会关心"作为主题，要求培养青年一代面对挑战时的责任感、信心、意志和能力。从"学会生存"到"学会关心"，反映出人类教育观念从适应自然与社会到关心自然与社会的转变，反映了当代国际教育中科学主义与人文主义的逐步融合。以雅克·德洛尔为主席的国际21世纪教育委员会于1996年向联合国教科文组织提交了一份报告:《教育——财富蕴藏其中》，报告提出了教育的四大支柱：学知(learning to know)，学做(learning to do)，学会共同生活(learning to live together)，学会发展(learning to be)。要实现教育的四大支柱，关键在于转变教育观念、深化教育改革、更新教育内容和教育方法，尤其是要加强人文科学教育、思想道德教育。

当前在世界各国，加强人文社会科学教育已成为高等教育改革和发展的共同趋势，各国都采取了一系列行之有效的措施：

美国的理工科大学对人才培养的目标和课程设置都体现了其

对人文素质的重视。以麻省理工学院(MIT)为例,学院课程设置的重点之一就在于“发展个人的自信和思维的多面性,以为将来知识和职业的发展打下基础”。学校为本科学生主动性的发展提供了很好的条件,很多学生取得了本学位之外的管理学、政治学、经济学的学位。学院从1970年开始,与自然科学学院、人文与社会科学学院合作,为一年级学生开设了综合课程,为学生在MIT以后的学习打下坚实的基础。综合课程的目标是为新生提供一个完整的学习背景,它强调不同学科的融合,以增强学生的记忆和理解能力。它由两项必修的核心课程组成,一项是自然科学,一项是人文科学,人文科学知识是自然科学知识的补充,修完两项课程才达到MIT对学生的要求。

英国的理工科大学对人文素质也一直非常重视。英国伦敦大学科技与医学皇家学院在1999年英国大学排名中,超过了老牌的牛津大学,仅次于剑桥大学,名列第二。其《本科生课程说明》中专设《人文科学与文化课程》一章,指出“学院认识到全方面教育带来的益处”,提供了包括文学、科技道德、历史、医学、科学技术史、音乐、哲学、政治等学科在内的广泛的人文科学课程,并计入学分。学院还经常举办音乐会、艺术展览,陶冶学生的情操。与此相同,剑桥大学的各个理工学院都要求学生修习人文科学的课程。

澳大利亚的大学也非常重视理工科学生的综合素质的发展,尤其是经济、管理素质。澳大利亚国立大学的工程学系鼓励学生取得双学士学位。工程学院向学生提供包括管理、经济、会计、法律在内的广泛的人文学科课程,以发展学生的交流能力和团队合作技能。这些课程的设计不但考虑到学生以后的工作职业,而且将商业、社会和环境的因素考虑在内。国立大学的计算机系授予奖学金的一个方面就是奖励“将计算机科学与哲学、语言学、认知学等学科结合起来的跨学科学习”。蒙纳西大学的信息科技学院强调将信息科技与经济管理和哲学的学习融合在一起。在其课程设置中，除了必修的14门专业课程外，还要求学生必须选修心理学、经济学、管理学、社会学、哲学等任意8门课程。由此可见，人文素质教育与科学技术教育的融合、渗透、互补、共同发展已成为国际教育改革的新趋势。

3. 加强人文素质教育是高等教育贯彻落实科学发展观的要求

党的十六届三中全会通过的《中共中央关于完善社会主义市场经济体制若干问题的决定》明确提出，“坚持以人为本，树立全面、协调、可持续的发展观，促进经济社会和人的全面发展”，按照“统筹城乡发展、统筹区域发展、统筹经济社会发展、统筹人与自然和谐发展、统筹国内发展和对外开放”的要求推进各项事业的改革和发展。科学发展观是21世纪中国高等教育的重要理念，作为一种教育思想、教育理念的改革，贯彻落实科学发展观必将对中国高等教育发展起到巨大的指导和促进作用。首先，全面发展，包括经济、政治、文化和社会的发展，科技、教育是应有的内容。这就要求我们重新审定高等教育的地位和作用，重新认识高等教育跟经济社会的关系。所以应该说科学发展观提出以后，对教育来说是一个机遇，也是一个挑战。其次，要很好地探讨在新的形势下，在高等教育大改革、大发展以后，如何来实现质量、规模、效益协调发展。非科学的发展观往往顾此失彼、重速度轻质量，所以我们在贯彻科学发展观的时候，要回过头来用统筹、持续发展、以人为本的观念，重新审视规模、质量、效益的相互关系。最后，高等教育战线贯彻科学发展观，以人为本是核心，我们要更加重视人和社会科学发展。对学校来说要大力加强人文素质教育，提升学校的品位，特别是文化品位；提高教师的素养，特别是文化素养；提高学生的素质，特别是文化素质。只有我们所教育的这一代都以人为本，高等教育更加重视科学的发展观，整个国家贯彻科学发展观才更有希望。

4. 加强人文素质教育是使大学生获得全面发展的一个重要措施

《中国普通高等学校德育大纲》在开篇总则中强调："现在和今后一二十年里高等学校培养出来的学生，他们的思想道德和科学文化素质如何，直接关系到21世纪中国的面貌，关系到我国社会主义现代化事业能否实现。因此，高等学校培养的大学生素质如何，成为关系到民族未来、国家兴衰的大问题。"马克思主义关于人的全面发展学说是我国高等教育的理论基础，高等教育的内部规律就是人的全面发展规律，这一规律决定了高等教育必须使学生得到全面发展。加强大学生人文素质教育符合高等教育规律，有利于克服在高等教育实践过程中出现的强烈的实用主义色彩，避免高等教育忽视人的个性、理智的培养，避免片面发展甚至畸形发展造成的恶果。

大学生的基本素质包括思想道德素质、文化素质、专业素质、身心素质四个方面。在高等学校实施素质教育，思想道德素质教育是灵魂，是根本；文化素质教育是基础；专业素质教育是主干；身心素质教育是保障。教育部《关于加强大学生文化素质教育的若干意见》明确指出，高校所进行的加强文化素质教育工作，重点指人文素质教育。可见，人文素质的高低对高等教育培养的人才素质起着基础性作用，人文素质是衡量大学生是否全面发展的一个重要指标。

5. 加强人文素质教育是适应当代社会经济发展的客观需要，是培养新世纪合格人才的基本要求

21世纪的国际社会在政治、经济、军事、科技、教育等各方面的竞争都将更加激烈。这种竞争不仅体现在科学技术和经济实力的较量上，也体现在国民的文化底蕴、民族精神和精神文明水准的较量上。美国哈佛大学亨廷顿教授在其《文明的冲突》一文中提出，继

宗教、资源之后，文化将成为引起新的世界冲突的主要根源。为了实现跨世纪的发展，中国共产党提出了加快社会主义市场经济建设的“两个根本性转变”，制定了实施科教兴国和可持续发展两大战略，提出了全面建设小康社会的宏伟蓝图。因此，无论从国际科技、经济的竞争来看，还是从我国21世纪的发展战略来看，我们培养的人才不仅要具有充分的竞争意识、科技意识、信息意识、效率意识、法制意识和自主意识，还必须具有深厚的文化底蕴、较高的思想政治素质、道德水平和心理承受能力，能够了解与吸纳世界上一切民族的优秀文化成果。只有这样，我们才能在世界范围内各种文化的碰撞和科技、经济、意识形态的较量中维护国家与民族的正当权益，推动我国社会主义政治、经济、文化的健康发展。

6. 加强人文素质教育对高职工科院校具有迫切性

一是高职的培养目标决定了人文素质教育是其应有之义。高等职业技术教育的培养目标是：为生产和服务第一线培养具备综合职业能力和全面素质的高级实用性人才。与学术型、工程型目标不同，高职要培养技术型、实用型人才。显然，从培养目标中“综合能力”和“全面素质”的要求看，高职教育不是培养单纯的专业人，也不是培养单纯的职业人，而应该是培养社会人。因此，高等职业技术教育不能忽视人文内涵，必须要有做人做事相结合的教育观念。二是开展人文素质教育是高职生源的现状要求。在高校招生过程中，剩到最后的低分考生通常才是高职院校的录取对象。生源状况从客观上要求高职院校通过人文素质教育来提升学生的整体素质。三是高职院校特别是工科类学生人文教育实践的缺乏，已经造成了学生人文素质偏低、创新精神缺乏等不容忽视的负面影响。

三、人文素质课程的主要内容

《走近人文》是专为高职学生开设的选修课，是一门综合性较强的课程，内容十分丰富，包括文学、历史学、哲学、艺术、心理学、管理学、经济学等七个方面的人文学科基础知识。其中，第一章“走近文学”介绍文学理论、文学欣赏等方面的一些基本知识，阐述文学的特点、作用，各种文学体裁的基本欣赏方法，诗歌意境、小说基本思想内容与艺术特色的把握，希望能唤起学生对文学的兴趣，与文学结缘，通过学习文学知识，进而提高人文素养。第二章“走近历史学”主要是通过对一些历史学知识的学习，了解一些典型的、耳熟能详的事例和人物，认识到中华民族优秀历史文化遗产中蕴涵着我们民族的精神和高尚品格；真正理解历史与现实以及历史与个人成长的关系，在学习过程中，掌握历史发展的规律，认识时代发展的潮流，通过与历史的交流，潜移默化地提高自己的文化修养。第三章“走近哲学”主要是介绍哲学思维方式、一些著名哲学流派和代表人物，让学生掌握观察、分析和思考问题的基本世界观、方法论和认识论，具有基本的哲学素养，体现人类的终极关怀。第四章“走近艺术”主要是强调艺术的人文教化作用，重点讲述音乐的基本知识和艺术特征，让学生通过了解音乐这种艺术形式来提高自身的文化素质和人生品位。第五章“走近心理学”是通过对心理学基本知识的介绍，让学生明确心理健康的标准，正确对待心理压力和挫折，提高自我心理保健能力，注重对个性、环境适应能力、自信心、健康情绪、健康爱情心理等方面的自我培养，从而促进人格的健全发展和智力、能力的提高。第六章“走近管理学”是通过对管理的含义、管理与管理学的发展以及管理在社会发展中的作用等知识介绍，提高学生的沟通能力和思考、分析及解决日常管理问题的能力，使学生欣赏到管理学的美，体会到它的应用价值，激发他们对管理学的兴趣和爱好，从而全面提高学生综合素质。第七章“走近经济学”主要介绍经济学的本质、产生、现状以及发展趋势，大学生学习或了解经济学知识的意义，宏观经济政策的内容、类型及应用，宏观经济政策取向与毕业生就业选择等内容。学生通过本章的学习，了解经济学的产生、现状与发展趋势，明确凯恩斯主义学派的基本观点，理解宏观经济政策的内容、类型，理解与掌握宏观经济政策的应用。教师通过本章内容的讲解，培养学生对经济学的认知能力，及应用宏观经济政策基本理论对社会经济现象、经济问题进行简单分析的能力，进一步提高大学生综合素质。

【本章思考题】

1. 结合个人成长，用事实来谈一谈你对加强人文素质教育重要意义的认识。

2. 什么是人文素质教育？为什么说人文素质教育的核心是培养人文精神？你和你的同学是以什么实际行动来体现人文精神？

3. 根据自身的实际情况和人文素质教育的要求，制订一个提高人文素质的自我修养计划。

【推荐阅读书目】

1. 国家教委高教司. 升华与超越——大学生文化素质教育讲座集锦. 高等教育出版社，1998 年版

2. 张楚廷. 大学人文精神构架. 湖南师范大学出版社，1996 年版

3. 吴鹏森. 房列曙. 人文社会科学基础. 上海人民出版社，2000 年版

4. 中国大学人文启思录编委会. 中国大学人文启思录（1－5 卷）. 华中理工大

学出版社，1996—2001 年陆续出版

5. 汪青松，张国定. 从文科综合到人文教育. 合肥工业大学出版社，2005 年版

6. 汪青松. 科学教育与人文教育. 安徽教育出版社，2005 年版

7. 李猛. 大学的使命:公民科学与自由教育(选自杨东平. 大学文道). 文汇出版社，2003 年版

第一章　走 近 文 学

文学与我们的生活工作密不可分。我们与文学的渊源可以追溯到儿时夏夜里躺在祖母的臂弯里听故事，甚至更早。文学将陪伴我们一生。对于这样一个与我们接触如此紧密的事物，你是否想对它了解得更多呢？是否想了解它的起源，了解它的本质，通过鉴赏更好地把握一部文学作品？

第一节　文学的起源与文学的本质

文学的起源是文艺理论研究中的重要问题之一。研究文学的起源，不仅能从发生学角度来解释文学产生之谜，而且能由此阐明文学与社会生活和各种社会意识形态的关系，正确地认识文学的本质。

一、文学的起源

文学的起源问题是一个古老的课题。关于文学的起源主要有以下几种理论。

（一）模仿说

这是一种最古老的艺术起源理论。这种理论认为，文学艺术起源于人类对外在事物模仿的本能。古希腊的哲学家德谟克利特和亚里士多德等被认为是这种理论的倡导者。

小挂板

最早提出此说的是古希腊哲学家德谟克利特。德谟克利特认为，艺术是对自然的模仿："从蜘蛛我们学会了织布和缝补；从燕子学会了造房子；从天鹅和黄莺等歌唱的鸟学会了唱歌。"这是具有唯物主义倾向的模仿说。而柏拉图提出的"模仿说"则是客观唯心主义的。他认为现实是对"理念"的模仿，文艺是对现实的模仿，因此，文艺是模仿的模仿，是不真实的。

在残存的史前艺术遗迹和现代原始民族的艺术中，我们确实可以比较明显地看到模仿各种自然生物，特别是动物的迹象。模仿作为人类一种比较原始和基本的心理机能的倾向，不但构成了艺术活动中一种手段和方法的基础，而且对于艺术的产生具有一定的意义。但是，也还有相当一部分原始艺术品，很难从中找到明显的模仿痕迹。因此，简单地把文学艺术的起源归于模仿，很难圆满地解释艺术起源。随着现代科学水平的提高，模仿说便逐渐失去了它的影响。

（二）游戏说

这是在西方具有广泛影响的一种理论，它的主要特点在于认为以过剩精力为动力的游戏冲动是文学艺术产生的根本原因。

人们在对现代原始民族艺术的考察中，发现不少符合游戏说的现象。例如原始部落中盛行的一些歌曲和舞蹈，往往带有消遣狂欢的性质。这些都说明游戏说揭示了艺术发生的根本原因。同时，这种理论强调艺术是人脱离动物的根本标志之一，具有相当的合理性。但是，游戏说单纯从生物学和生理学的意义来看待游戏的冲动和艺术的发生，却抹杀了游戏和艺术中蕴藏的社会意义，同时也忽视了艺术比游戏具有更深远的内容和更长久的魅力。因此，单纯用游戏说并不能科学地说明艺术的起源。

（三）巫术说

这是迄今为止西方在艺术起源问题上影响很大的一种理论。巫术说认为文学艺术起源于原始巫术的思维和仪式活动之中。19世纪末20世纪初，随着人类学研究的发展，巫术与艺术之间的关系成为当时科学研究中的一个热门课题。在英国人类学家泰勒、弗雷泽等人研究的基础上，法国考古学家雷纳克通过研究旧石器时代的艺术，正式提出艺术起源于巫术。他认为原始艺术家遗留在史前洞穴中的岩画和雕刻，目的在于召唤或祈求神灵。具体地说，就是通过巫术达到两个目的：一是促使动物大量繁殖，二是确保狩猎成功。对美洲、大洋洲等地的原始民族的考察也表明，原始民族的说、唱、舞蹈等艺术活动通常是作为巫术的手段，或者带有巫术的性质，这也为巫术说提供了一定的佐证。巫术说很快为一些学者所接受，同时，他们开始按照丰产巫术和狩猎巫术这两种类型去解释史前艺术。

小挂板

不少人类学家将巫术解释为艺术的起源。如索尔蒙•雷纳克首先提出艺术起源于狩猎巫术的理论，并且在解释史前壁画方面取得了重要成就。其得力证据就是许多洞穴壁画画于洞穴深处。例如，著名的“黑厅”壁画在深入洞穴800米的地方；而法国的冯•特•昌姆洞穴中的犀牛图，画在只有人平躺在地上才能看到的岩石缝隙上。这些壁画显然有着某种神秘的巫术目的。有的画还被一画再画。如拉斯科克斯洞穴的一处壁画前后被重叠三次，据推测，这幅画被认为可以给狩猎者带来好运气，所以格外受到重视。他们由此推断，原始人的一切创作活动都包含着巫术的意义，都是原始巫术的直接表现，因此是巫术的思维法则的推动才促成了艺术的诞生。

（四）心灵表现说

这是19世纪后期欧洲的一些心理学派倡导的一种文艺起源观。它认为文艺起源于人类从孩提时代起就具有的表现情感本能的需要，艺术发生的原动力就是作家表现自我情感的本能冲动。其代表有托尔斯泰、弗洛伊德、荣格等。托尔斯泰认为艺术起源于把自己体验过的情感传达给别人；弗洛伊德把艺术起源归根于潜意识的本能冲动和欲望，特别是“力比多”，即性本能；荣格则将文艺起源解释为“集体无意识”，即“原型”意识。

（五）劳动说

这种理论认为文艺起源于劳动。普列汉诺夫以历史唯物主义为指导，通过研究，认为劳动先于艺术，劳动先于游戏，艺术起源于劳动。前苏联及我国建国后多数学者倾向于文艺起源于劳动的观点。

劳动作为原始人最基本的社会实践，是文艺起源的最根本和最具有决定意义的动因。

小挂板

《诗经》中《风》的部分有很多描写劳动的场面。例如,《豳风·七月》反映了农夫一年四季的劳动,展现了周代农业生活的风俗画面:

七月流火,九月授衣。一之日觱发,二之日栗烈。无衣无褐,何以卒岁?

三之日于耜,四之日举趾。同我妇子,馌彼南亩。田畯至喜。

七月流火,九月授衣。春日载阳,有鸣仓庚。女执懿筐,遵彼微行,爰求柔桑。

春日迟迟,采蘩祁祁。女心伤悲,殆及公子同归。

七月流火,八月萑苇。蚕月条桑,取彼斧斨。以伐远扬,猗彼女桑。

七月鸣鵙,八月载绩。载玄载黄,我朱孔阳,为公子裳。

四月秀葽,五月鸣蜩。八月其获,十月陨萚。一之日于貉,取彼狐狸,为公子裘。二之日其同,载缵武功。言私其豵,献豜于公。

五月斯螽动股,六月莎鸡振羽。七月在野,八月在宇,九月在户,十月蟋蟀,入我床下。穹窒熏鼠,塞向墐户。嗟我妇子,曰为改岁,入此室处。

六月食郁及薁,七月亨葵及菽。八月剥枣,十月获稻。为此春酒,以介眉寿。

七月食瓜,八月断壶,九月叔苴,采荼薪樗。食我农夫。

《周南·芣苢》是一首妇女采摘芣苢(车前子)时唱的劳动歌曲,全诗洋溢着欢快的情调。诗中并没有详细描绘劳动者的神态与情绪,而是在复沓式的三章中用六个不同的采摘动作:采、有、掇、捋、袺、襭，构成整个劳动过程，体现了劳动者的欢快与勤劳。

《周南·芣苢》

采采芣苢，薄言采之。
采采芣苢，薄言有之。

采采芣苢，薄言掇之。
采采芣苢，薄言捋之。

采采芣苢，薄言袺之。
采采芣苢，薄言襭之。

如果你仔细阅读《诗经》，还能找到很多描写耕作、狩猎等劳动场面的诗歌。

关于劳动说这一文学起源的观点，中国古代也有类似的说法。如“今夫举大木者，前呼邪许，后亦应之。此举重劝力之歌也”。[1]这里显然包含两个意思：一个是艺术为劳动的一部分；另一个是艺术为劳动过程中的产物。鲁迅也曾表达过文艺起源于劳动的观点，他说：“我们的祖先的原始人，原是连话也不会说的，为了共同劳作，必须发表意见，才渐渐地练出复杂的声音来，假如那时大家抬木头，都觉得吃力了，却想不到发表，其中有一个叫道‘杭育杭育’，那么，这就是创作；大家也要佩服，应用的，这就等于出版；倘若用什么记号留存了下来，这就是文学；他当然就是作家，也是文学家，是‘杭育杭育派’。”[2]这话的意思很明白，是说文学是劳动的需要，是在劳动中产生的。

上述五种艺术起源理论，基本上可分为两类。其中，巫术说、游戏说、心灵表现说主要从生物学或心理学的角度来解释文艺的起源，强调人的主体方面如心理、本能的因素；模仿说和劳动说则立足于朴素唯物主义或历史唯物主义的观点，偏重于从客体外部世界和人的劳动实践方面来探讨艺术的起源。所有这些理论都含有合理成分，但共同的不足之处就在于，它们都对艺术起源的复杂多元因素做了较为单一的处理和解释，不能涵盖原始艺术现象的丰富性和复杂性。文学的起源是历史合力作用的结果。恩格斯提出了文学起源是历史合力作用的课题，指出文学的起源是各种历史因素综合作用，即历史合力的总结果。在这个历史过程中，人占有主体地位，参与活动的每个人的意志与行为的相互冲突和交融就是这种历史合力的表现。

二、文学的本质

文学的本质即文学是什么的问题，是文学理论中一个古老的问题。从文学产生以来，人们就试图回答它。同时这也是文学研究中一个最基本和相当困难的问题。几千年来，中外古今的哲学家、美学家、文学家和文学理论家在对文学进行研究时都不可避免地要涉及文学本质的问题，对此做出各种各样的解释。在中外文学史上，影响最大的两种文学本质理论，是再现理论和表现理论。

（一）再现理论

再现理论着重从文学作品与客观世界的关系来说明文学艺术的本质，将其解释为对现实世界的模仿和再现。这一理论起源于古希腊亚里士多德的模仿说。他的老师柏拉图从唯心主义立场出发肯定文艺是对现实的模仿。而亚里士多德处在希腊文艺已达到高峰而转向衰落的时代，他用科学方法对文艺做出了精细的分析和简要的总结，写出了《诗学》这一重要理论著作。其中，他对模仿说做了唯物主义的解释，认为文学艺术是对现实的模仿，而现实就是客观存在着的生活本身。他指出，诗人既然和画家与其他造型艺术家一样，是一个模仿者，那么他必须模仿下列三种对象之一：过去有的或现在有的事、传说中的或人们相信的事、应当有的事。

亚里士多德在这里所说的第一种方式就是简单地模仿自然，第二种就是根据神话传说模仿，而第三种则是亚里士多德认为最好的方式。他是第一个以独立体系阐明美学概念的人，他的概念竟然雄霸了文学界两千余年。因此，在西方，模仿说长期占据统治地位，直到近代才有所变化。

小挂板

亚里士多德曾把“模仿”作为文学理论的“首要的原理”来讨论。文艺复兴时期的不少艺术家，如达·芬奇、莎士比亚等，也都把文艺作品比做镜子，认为绘画和戏剧都应该像镜子一样忠实地复现现实世界。19世纪现实主义文艺运动兴起后，再现理论更是被反复提倡。如法国的现实主义画家库尔贝、文学理论家泰纳以及俄国革命民主主义理论家别林斯基、车尔尼雪夫斯基等人，都是再现论的积极倡导者。如别林斯基就曾说：“艺术是现实的复制，从而，艺术的任务不是修改，不是美化生活，而是显示生活的实际存在的样子。”

（二）表现理论

到了近代，表现理论开始在西方兴起和盛行，其理论源于德国古典主义哲学家、美学家康德。他从人的主观天性和才能去探讨艺术的本质。18世纪后期浪漫主义文学思潮在欧洲兴起，表现理论作为它的理论根据而逐渐盛行。它不仅为许多理论家所坚持，也被一大批文学家和其他艺术家奉为信条。例如，俄国作家托尔斯泰就认为，艺术是这样的一项人类活动，“一个人用某种外在的标志有意识地把自己体验过的感情传达给别人，而别人为这些感情所感染，也体验到这些感情”。

但是托尔斯泰和康德等人一样，都没有排斥艺术的理性因素。而另外一些理论家，如德国哲学家叔本华、尼采等人，则把康德思想中的非理性因素加以发挥，形成了现代西方文论中表现理论的新潮流。

（三）文学是一种意识形态

要全面阐述文学的本质，不能孤立地从文学自身去寻找答案，而必须从文学与整个社会的联系以及在社会中的地位等方面来加以考察。文学和艺术的其他部分一样，都是人类意识活动的产物，是社会的精神现象。我们确定文学在社会大系中的地位：第一，它属于上层建筑；第二，它属于上层建筑中的社会意识形态；第三，它属于社会意识形态中的艺术。

所谓社会意识形态，包括了人类社会众多的精神活动的产物，包括政治、法律观点以及宗教、道德、哲学和文学艺术等。它和政治法律制度构成了上层建筑。承认文学是一种社会意识形态，就意味着承认它作为社会意识形态应该具有的一般特点，同时也不抹杀它的独立的自身特点。文学用语言创造非现实的审美对象，文学活动的基本内容是非功利的审美观照。

三、文学的社会作用

文学的社会作用，是通过真善美相统一的艺术形象而生的，给人以美的享受并从中领悟到社会、人生的真理，使人的道德情感得到陶冶。文学的社会作用归根到底是指文学对经济基础的作用，通过影响人的精神而影响人的社会实践，并进而对经济基础产生作用。因此文学的社会作用也是审美教育作用。文学的社会作用具体表现在三方面。

1. 文学的认识作用

文学的认识作用是通过文学作品真实地再现以人为中心的社会生活,塑造鲜明的艺术形象,正确地反映出社会生活的本质或本质的某些方面,从而帮助读者从中了解和认识社会生活。

第一,认识社会。恩格斯曾说:"巴尔扎克在《人间喜剧》里给我们提供了一部法国'社会',特别是巴黎'上流社会'的卓越的现实主义的历史;——我从这里,甚至在经济细节方面(如革命以后动产和不动产的重新分配)所学到的东西,也要比从当时所有职业的历史学家、经济学家和统计学家那里学到的全部东西还要多。"又如,一部《红楼梦》堪称中国封建社会的百科全书,从城市、农村到衙门、寺院、贵族之家、贫民小户;从政治、经济到文化、教育;从道德、伦理到法律、宗教;从吏治、租佃到商人、乞丐;从田猎游宴到花鸟虫鱼;从家庭结构到婚姻恋爱;从琴棋书画到诗词歌赋;从园林建筑到饮食医道……作品都做了形象生动的描绘。所以红学家周汝昌曾说:"历来对《红楼梦》的阐释之众说纷纭,蔚有大观:有的看见了政治,有的看见了史传,有的看见了家庭与社会,有的看见了明末遗民,有的看见了晋朝名士,有的看见了恋爱婚姻,有的看见了明心见性,有的看见了谶纬奇书,有的看见了金丹大道……"

第二,认识人生。奥斯特洛夫斯基的小说《钢铁是怎样炼成的》被许多人誉为"生活的纲领"。特别是保尔在烈士墓前说的那段关于人生的名言,成为那个时代无数年轻人的座右铭:"人最宝贵的东西是生命,生命属于我们只有一次。一个人的生命是应当这样度过的:当他回首往事的时候,他不因虚度年华而悔恨,也不因碌碌无为而羞耻。这样,在临死的时候,他就能够说:我整个的生命和全部的精力,都已献给了世界上最壮丽的事业——为人类的解放而斗争。"

据说，在前苏联时代，有一个小偷偷了一只手提箱，箱中有一本《钢铁是怎样炼成的》。小偷无意翻了翻这本书，便抑制不住地一口气读完了。保尔的高尚品格深深打动了这个小偷，使他的灵魂颤抖了，他发誓要活得光明磊落，要用辛勤的劳动去争取自己和他人的幸福。这个小偷后来成了一名优秀的地铁工作者。那些优秀的文学作品，一般都具有人生启迪和教育作用。

2. 文学的教育作用

文学的教育作用是文学作品通过对社会生活的描绘，及蕴涵其中的作家的是非爱憎，而显示出一定的思想、感情倾向，对读者的社会理想、道德情操、精神世界等所产生的影响。

小挂板

古代儒家把文学的这种功能叫做“讽喻”“美刺”“教化”。孔子说：“诗三百，一言以蔽之，曰：思无邪。”（意思是：《诗经》三百篇，用一句话来概括它，就是“思想纯正”。）又说：“小子何莫学夫《诗》？诗可以兴，可以观，可以群，可以怨。”（意思是：学生们为什么不学习《诗经》？《诗经》可以让你受到启发和鼓舞，可以让你认识社会，可以让你们互相帮助、共同提高，可以批评讽刺国君的错误做法。）刘勰在《文心雕龙》里提出，“政化贵文”、“事迹贵文”、“修身贵文”，并认为“文之为德也大矣”。

现代文学中如鲁迅的小说、郭沫若的诗歌、曹禺的剧本，以及当代文学中反映革命战争和历史变迁题材的作品，如《青春之歌》、《红岩》、《红日》、《红旗谱》等，都具有这样的审美教育功能。

进步文学在社会生活中曾经发生了重要的作用。它启示人们斗争的方向，唤醒了人们的政治意识，给予人们巨大的道德和信念的力量。作家通过自己的文学作品，在向读者提供真实的生活图画的同时，告诉读者在这些繁杂的图画中，哪些是真、善、美，哪些是假、恶、丑，哪些是值得肯定和赞扬的，哪些是应该否定和批判的，从而激励、鼓舞和教育人们正确地对待人、对待生活，树立起真正的人生观，为创造更美好的生活而斗争。《白毛女》在解放战争和土地改革期间所发挥的巨大的教育作用就是明显的例证。战士看了之后，激起对喜儿的无限同情，对以黄世仁为代表的地主阶级无比仇恨。他们在枪杆上刻下“为喜儿报仇”的誓言，更加英勇地投入埋葬蒋家王朝的战斗。广大贫雇农民看了，阶级觉悟大为提高，有力地推动了土地革命运动的深入开展。

海明威的《老人与海》则通过对征服大海和鲨鱼的桑地亚哥老人形象的塑造，教育人们必须具备坚强的毅力和顽强的意志，才能征服世界，只有不屈不挠地奋斗，才能最终战胜自然、战胜自我。

3. 文学的美感（娱乐）作用

文学的美感作用，简单说就是审美的作用，是文学作品通过生动的形象、情景交融的意境、健康向上的情趣、优美的形式，给人以精神上的满足和愉悦，得到美的享受，得到有利于身心健康的休息。艺术中的美首先是生活中的美的反映。“美就是生活”。在自然界和人类的社会生活中，存在着大量美的事物，这些事物作用于人们的感官，使人们产生美感，进一步产生审美观念。作家按照一定的审美观念对自然和社会生活进行选择、提炼、概括、加工，创造出比自然和实际生活中存在的美更高一层的理想的美。当人们欣赏这些作品时，也就必然获得更高更强烈的美，得到更大的愉悦和满足。文学作品可以培养人的美感，培养人对现实的正确的审美态度。优秀的作品，可以培养人们对祖国的忠诚，对劳动、友谊与爱情的共产主义态度，对真理的热爱，以及为了人民的幸福不惜牺牲个人利益的崇高情感。文学作品通过对否定现象的讽刺与揭露，使人们仇恨和鄙视敌人，消除旧意识的残余和腐朽的事物，从而培养人们树立优美高尚的情操，树立热爱党、热爱人民、热爱社会主义祖国、热爱劳动、热爱科学的思想感情，宣扬共产主义理想、风格和情操，造就一代社会主义新人。在社会主义文学中，有许多值得仿效的榜样。《青年近卫军》中的英雄、《保卫延安》中的战士、《人到中年》中的知识分子……这些高尚形象，激起我们的崇高情感，永远鼓舞着我们为伟大的共产主义事业而斗争。鲁迅后期的许多杂文，以讽刺的锋芒，打击、嘲笑了那些负面形象，扫荡了一切阻碍社会进步的事物。这些优秀作品，对人们有极其深远的影响，对人们思想、性格的形成有不可估量的力量。

小挂板

文学能使人“在繁重的劳动之余，傍晚疲惫地回到家里时消遣解闷，振奋精神，得到慰藉，忘却劳累，把那块贫瘠的天地变成芳香馥郁的花园”。恩格斯说：“人们只是在午间休息的时候才拿一本诗来读，而诗写得美也许会驱走睡意。”高尔基也曾说：“人都是艺术家，他无论在什么地方，总希望把‘美’带到他的生活中去。”人不同于动物的地方就在于，人除了物质需求的满足之外，还要追求精神上的满足；精神生活越满足，人之为人的程度就越高。于是，艺术就成了生命的太阳，审美就是生活的阳光。生活不能没有审美，正如人不能没有阳光，正所谓“宁可食无肉，不可居无竹”。梁启超说过：“我确信，‘美’是人类生活的第一要素，或者还是各种要素中最要者，倘若在生活全内容中把‘美’的成分抽出，恐怕便活得不自在，甚至活不成。”

文学的社会作用，三者互相联系，促进了辩证统一。一切作品在文学中，如果没有深刻的思想内容作为基础，只是追求艺术的华美，是起不到真正的社会作用的。反过来，虽然有正确的思想内容，不讲究艺术形式的美，也不能达到审美的实际效果。

第二节　文学的特征与文学创作

文学的特征是要回答文学的基本构成形态问题，是文学本质的外在表现。文学创作作为一种审美意识语符化的特殊精神生产活动，其过程是十分复杂微妙的。

一、文学的特征

（一）文学的生活内容

各门科学对自然现象和社会现象进行了分门别类的研究。尽管各门科学研究的对象几乎穷尽了人类社会和自然，但并不等于说将他们集中起来就可以构成人类社会和自然的整体。而艺术则可以用整体的现时保存人类文化。其中，又首推文学的作用。文学以揭示人的灵魂为中心，可以说是一个根本性的创作规律。它决定了文学在内容上同其他社会科学的区别。文学所要剖视的是一个人的内心世界中，由长期的经济生活、政治风云、文化教养、伦理规范、风俗人情以及其他种种必然的、偶然的生活经历熔铸而成的精神积淀。文学甚至提供了比现实的人更具体、更深刻、更细致的例证，成为各门社会学科分析和引证的对象。文学所要表现的是活的生活、活的人物、活的灵魂，而后者是中心是关键。它构成了文学在反映人和人的生活方面区别于其他社会科学的主要标志。

（二）文学的情感内容

尽管将文学归结于情感失之于简单，但情感性确实是文学艺术的一个基本特征。“诗者：根情，言苗，华身，实意。”白居易的比喻相当形象地道出了情感在文学中的地位和作用。用情感作为原动力，刺激了作家的创作欲望，催生了文学作品。中国古代民歌中最优秀的长篇叙事诗《孔雀东南飞》描写了焦仲卿与刘兰芝在封建礼教的迫害下双双殉情的悲剧。毛泽东在《七律·送瘟神》的序中写道：“读六月三十日人民日报，余江县消灭了血吸虫，浮想联翩，夜不能寐。微风拂煦，旭日临窗。遥望南天，欣然命笔。”这些都很具体地说明了因情感波动而投入创作的过程。另一方面，情感渗透在创作过程中，赋予作品以生命，演化成作品内容的有机组成部分。与此相比，科学家作为现实的人固然也有着情感活动，但这情感却不能代替和干扰理智的科学研究，也不能作为一种成分进入科学论著。这是文学艺术同哲学及其他各门科学在内容上的一个重要区别。

（三）文学的审美内容

审美，是艺术的基本特征。各种艺术都具有审美性，文学也不例外。

所谓审美，就是对美的事物的感知、体验、欣赏、领悟和认识。审美既体现在文学艺术作品的欣赏中，也体现在社会生活的其他方面。凡是对美的东西的观赏、领悟和玩味，都叫审美。如欣赏自然美、社会美、科学美、人的美等等。文学作品中包含着美，人们阅读文学作品就是对美的欣赏，这就是审美。无论是就文学作品本身还是就文学活动过程来看，文学都离不开美和审美。所以，审美性就构成文学之所以成为文学的一个基本特征。

文学的审美性可以从作家、作品、欣赏三个方面来领会。从作家方面说，文学创作是生活感受的审美化；从作品方面说，文学作品具有审美价值；从读者方面说，文学能满足读者的审美需要。

（四）文学的语言

文学语言是文学的艺术语言。文学语言的基本特点：形象性；情感性；多样性；音乐性。

二、文学作品的形式

文学作品是作者创作活动的结晶，又是读者接受活动的起点。它是文学活动的中心。个体作品由内容和形式两方面的因素有机地结合为一个整体。作品由于个体在性质和特征上的相同或相近，又有群体上种类和体裁的区别。文学作品的分类，历来为文学理论家们所重视，并由此形成了文学理论的一个分支。历史上的文学分类，因为各自所依据的美学观念不同，有不同的角度和原则，因而也就有不同的方法。

1. 两分法

我国历史上运用最广泛的方法是所谓“两分法”，即按照有韵和无韵分为韵文和散文两大类。在这两类之下再有许多更为细致甚至繁琐的体裁划分，如韵文包括诗、词、歌、赋等等，散文包括论说、序跋、游记、传奇等等。类似的“两分法”，在西方历史上也曾经使用过，不过在散文和韵文之下的分类则和中国有所不同。

2. 四分法

近现代我国文学界普遍采用的方法之一是“四分法”。所谓“四分法”，是将文学作品分为诗歌、小说、戏剧文学和散文四类。其中散文包括了其他三类以外的一切散文文体样式，例如游记、杂文、报告文学、传记文学等等。

3. 三分法

在欧洲历史上，自古希腊的亚里士多德起，到德国的黑格尔、俄国的别林斯基等美学家、文艺理论家，在文学分类上都主张一种“三分法"，即依据文学作品选取题材、构思方式和情感体验方式以及塑造形象的表现手法将各种文学划分为叙事类、抒情类、戏剧类的一种方法。叙事类的作品包括叙事诗、小说、寓言、神话、童话等等，抒情类的作品包括抒情诗、抒情散文等，戏剧类作品一般包括悲剧、喜剧、正剧等。这种三分法着眼于文学创作的主要特征和内部规律，具有较强的概括性和科学性。

文学体裁的分类是相对的。有些体裁在形成和发展过程中往往吸取其他体裁的因素，从而出现不同体裁之间的汇合或交叉。例如散文诗，按其内容的性质来说，具有诗的因素，但就篇章体制和语言特点来说，又接近于散文。又如诗剧，按其基本特征而言，属于戏剧，但其中的韵文对话或台词，却又是地道的诗歌，可以独立出来归入诗歌一类。再如文学史上的寓言，既可归入小说类，也可归入散文类。现代新出现的报告文学，有时带有小说的某些特点。这一切说明，对文学进行分类，不能绝对化。

三、文学创作及创作主体

文学创作是指作家为现实生活所感动，根据对生活的审美体验，通过头脑的加工改造，以语言为材料创造出艺术形象，形成可供读者欣赏的文学作品，这样一种特殊的复杂的精神生产活动称为文学创作。文学创作是最基本的文学实践，它是作家对一定社会生活的审美体验的形象反映，既包含对生活的审美认识，又包含着审美创造。

马克思在《1844 年经济学哲学手稿》中指出了人的生产的共同

规律,即“按照美的规律来建造”。文学创作是人对现实的审美关系的集中表现,既要反映客观的社会生活,又要表现主体的审美意识,作为审美主体和审美客体的交融和结合,无疑地要受“美的规律”的直接制约。文学创作需要正确处理主观与客观的关系、内容与形式的关系,这个过程极为复杂,其中包含着诸如素材积累、艺术构思、语言表达等方面的问题。它因时因事而异,变化无穷,但又有一定的共同规律可循。

作家以及其他文学创作者是文学创作的主体。主体是相对于客体而言的。被主体感受、认识和表现的现实生活,不管是物质形态的还是精神形态的,都构成创作的客体。主体的审美心理结构包括了以下四个基本层次:人类审美心理;群体审美心理;审美趣味个性;审美心境。

作家的创作才能主要包括三个方面:第一,艺术的发现能力;第二,艺术思维的能力;三,艺术表现的能力。在文学创作的整个过程中,这些能力发挥着不可忽视的作用,保证了艺术形象的完成。

创作的多方面条件既有先天的禀赋,更有后天的养成。所有这些,都需要不断地学习、积累和提高,就是创作主体自我修养的过程。这涉及学习知识、研究事理、观察生活等多方面修养内容。概括起来讲,创作主体的修养主要包括了三个方面的内容:第一,生活积累,即增加知识和经验,增进对生活的了解和认识;第二,精神修养,即提高主体精神境界,从而提高作品的精神境界;第三,艺术修养,即提高主体的艺术创造水平,从而提高作品的艺术水准。

第三节　文学鉴赏与文学批评

任何文学的鉴赏与批评既是文学活动本身的延伸，又是文学活动的一个组成部分。但文学鉴赏和文学批评分属两个不同的范畴。文学鉴赏则带有更多的情感参与、个性化理解和阅读的再创造。文学批评是以文学作品为中心，而兼及一切文学活动和各种文学现象的理性分析和评价、判断。

一、文学鉴赏

文学鉴赏是指对具体文学作品的鉴别和欣赏能力，一般说来，包括对作品内容和表达技巧进行分析、评价的能力。

对作品内容的分析、评价，包括对小说人物形象、主题思想的分析评价，对戏剧冲突、剧中人物的分析评价，对诗歌、散文思想内容的分析评价等等。

对表达技巧的分析、评价，通常指对作品的结构布局（如开头、结尾、过渡、照应）、写作方法（如对比、铺垫、渲染、衬托、线索、悬念、象征、伏笔）、表达方式（如记叙的顺序和人称、各种描写方法——人物环境的场面的描写和各种抒情方法）、修辞手法（如比喻、拟人、夸张……）进行分析，对其具体的表达效果有所体会，或做出评价。

对作品语言风格的准确、鲜明、生动，要能够识别和领会。善于发现作者炼字、炼句的匠心，领悟语言的情味、风格，这也是很重要的鉴赏能力。

二、文学批评

文学鉴赏侧重于感性，文学批评更侧重于理性。

文学批评是文学家以及其他读者对于作家作品以及其他文学现象的阐释和评价活动。

文学批评的对象主要是具体的文学作品，同时也包括文学活动的整个过程、文学发展的现实运动、文学在社会生活中的地位和作用的实现等。文学批评的具体内容包括三个方面的内容：品评文学作品，总结文学经验，争论文学主张。

小挂板

网络文学情感表达方式

人类社会的每一次最重要的科技进步，都极大地推动了社会的发展和变革。当今数字信息革命——互联网和电子传媒系统，正深刻改变着人类文化的生存状态乃至现代人的精神世界。包括文学活动在内的人类生活，都避不开数字化时代的冲击。而伴随着新兴数字媒体的出现，网络文学这一当代极富争议的文学样式也应运而生。它以巨大的网络空间，变化多样的叙述方式，容纳着现代人纷繁复杂的情感。网络时代流行的时尚情感既是一种私人性话语释放，又是一代情感的共鸣写真。无疑，网络正是这种情感的精致包装。它为这种情感抒发设置了技术性平台和广阔的空间，网络文学则成为这种情感的合理载体。网络文学所具备的情感空间有以下几种表现形式。

一、对抗

对抗是网络文学情感最重要的表现方式与状态。对抗最深刻的表现是作品中体现的对传统文学精神禁锢的挑战,即对内心精神自由的奋争。中国有过于沉重的历史,中国传统文学背负了过于沉重的历史任务。纵观整个传统文学,不难发现,传统文学最突出之处在于:(1)深刻的忧患意识和强烈的现实精神。中国文学历来强调文学的社会作用和现实意义,从现实生活出发,为现实生活服务,是从《诗经》和《离骚》以来的中国传统文学的最根本特点。《诗经》被尊为“经”,杜甫被奉为“诗圣”,都与其强烈的现实参与精神密不可分。(2)注重文学的教育作用和对作家自身素养的强调。“兴观群怨”“文以载道”才是文学的正途。“文如其人”“以意逆志”等是传统文学对作家自身素养的要求,历代的文学家们在进行文字锤炼时都十分注重加强自己的道德人格修养。文学在文人手里只是一种工具,在使用这种工具时要带上众多的镣铐。他们的精神世界是整体性的精神世界,无从去实现个体的精神自由,是个体精神自由的流放者或弃儿。历史发展到“五四”时期,文学被剥去了其温情脉脉的外纱,还其本真面目。如果说“五四”以后新文学还带有传统文学的某些特征,如张爱玲的外柔内刚,含而不露,饱含传统“怨而不怒”的底蕴,那新时期兴起的网络文学则是对传统文学的一次完全叛逆,其突出的表现是对内心精神自由的抗争,即与传统文学精神禁锢相对抗的姿态。

网络文学作者重视内心存在的对精神自由的感受与体验。在日益商业化的现代社会里,“个人化是一种潮流,‘个人化’也是一种主题批评术语。在‘个人化’的写作时代,出现了仅仅对个人存在、情感、心灵负责任的文学。文学通过个人视角进入历史与现实,消解统一的主流话语。网络文学是个人化写作的产物,它是一种心灵的私语，这些私语的人文意义在于它们通过对人自身的揭示或暴露，引起人们的共鸣，在心、灵交流互动的层面上不断探索人的存在和发展的可能性”。这一点较之传统文学更符合文学根本性的生长点——文学是一种自我生命空间的话语这一命题。今何在的网络小说《悟空传》改写《西游记》的宗旨一目了然：解构既定的传统模式，树立自我化的人格形象。让人自己站在辽远的天空下面，面对苦难、艰难、黑暗和拯救。沿袭自我化的书写路线。《悟空传》将猪八戒情痴化，将唐僧苦行僧化，将神仙世界妖魔化，将孙悟空塑身成绝望的英雄。“那一刹，黑暗的天空突然被一道巨大的闪电划开，孙悟空一跃而起，将金箍棒直指向天穹，‘来吧！’那一刻被电光照亮的他的身姿千万年后仍凝固在传说之中。”句子是如此有力，以致他将自我的身影顶天立地化了。这种对抗情绪的产生主要有以下原因。首先，网络文学作者具有与传统文学作者完全不同的创作理念。传统文学创作主体有太多的历史承载，功利的魔法也限制着主体的视界，使之不能随心所欲，特别是意识形态的影响和“守门人”操纵，传统文学往往必须以“铁肩担道义”的姿态来履行“文以载道”的职责。网络文学由于在网络文化背景中成长，其文本的“互文性”打破了过去那种单一、确定、封闭的文本概念。“互文性”不能使之承载过多的历史内容。将传统负荷抖落，让心灵自由舒展，不求有功于世，但求直抒胸臆，展现人类的精神处境。网络文学秉着这样的创作理念进行创作，必然表现出与传统创作者不同的情感，将反对现有体制、规范等情绪，流露在作品里。其次，网络文学作者和传统文学作者的价值观也不尽相同。在传统文学创作中，作家作为一种职业，其创作的目的不单是作品本身，在传统文学所依附的体制中，作家的责任感和功名、版税的焦虑是其核心内容。真正意义上的自由精神是匿名的和缺席的。网络写作则纯粹是一种自由的写作，它更多的是一种快乐的展现，一种情感的倾诉，它使文学真正返回到民间。网上发表不能给作者带来经济上的效益。有网络作者就坦言自己对文学创作的态度是寻找一种快乐，是“完全凭兴趣去做”。可见，他们对文字的挚诚和率真更符合文学创作的本性。带着这种价值观进行创作，势必突破现实的羁绊，以一种全新的姿态与传统相抗衡。

二、宣泄

宣泄是网络文学情感表达的另一种方式。网络上没有谋篇布局之类的处心积虑，而是一个个真实的、鲜活的“我”的生命体验和对爱情的迷惘、生存的困惑的淋漓尽致的宣泄。网络吸引人的地方也正是在于它给人提供了一个绝对安全的场所。

孤独是网络作品人物普遍的心态。在众多的网络作品中，游荡的大多数是被孤独压抑的一群，试图在网络上寻找发泄点。在如此基点上的人物的行和言，必定带有淋漓宣泄的意味。在安妮宝贝的小说中，都市时尚成为一幕灰色的布景。听CD、品佳肴、逛超市成为小说主人公排遣内心寂寞孤独、追求心灵自由之必需。在这表面潇洒的背后是一个个抑郁空虚的灵魂。《七年》中林与蓝是一对倾心相恋的爱人，林是一家大公司的职员，在一次公司招聘摄影模特儿的见面会上，认识了还是中学生的蓝。这次招聘活动的意义对他们而言，就是让他们相识。“完成宿命的其中一个步骤”，此后两人疯狂地相恋，“疯狂”过后，两人都被孤独所笼罩，尽管二人都“彼此是深爱的。可是面对面的时候，灵魂依然是陌生的一对路人”，最后蓝因抑郁而自杀。这个故事的字里行间都充满着现代人精神上的孤寂、抑郁以及人与人之间的隔阂。哪怕相好如林、蓝这对同居的恋人，在商品化社会他们一直想彼此相互依靠，“给自己的灵魂找一条出路”，但两性之间的隔膜决定了他们的梦想只能像肥皂泡一样破灭，他们没有未来，他们的灵魂注定居无定所。商品化社会现实使人本应具有的真诚与纯洁本性被形形色色的利益所异化和瓜分，因此，在《七年》、《下坠》、《空城》、《生活是虚幻》、《道德标准》、《地狱之门》、《混沌中的幸福》、《活得像个人样》等网络小说中，我们听见的是现代都市男女情感裂变的喧嚷与嘈杂，在这喧嚷与嘈杂的背后，是无家可归的情感漂泊与流浪景象，是心灵的破碎与精神自由的失落，是无奈迷茫情感的宣泄。

宣泄背后有着怎样的心灵骚动呢？现实生活不是尽善尽美的，既存在物质上的局限，又存在精神上的局限，因而人的欲望、本能、情绪往往受到现实的局限而被压抑。比如理性、禁忌、社会的伦理道德规范等总是压抑着欲望、本能，使得他们不能自由表现。生活在现代都市中的人们，缺少沟通与交流。人与人之间的隔膜有如鸿沟。每当夜深人静或心灵孤寂时，人们需要倾诉。文明人并不是在一切场合都能用哭泣来表现悲伤，用笑来表现欢乐，常常要隐匿自己真实的情感。网络给了人们一个表达的机会和场所。在虚拟的空间中每个人都可以用自己的文字获得另一种温存。

三、渴望游戏

在人类社会历史中，文明是在游戏中展开的。作为一种文化现象，游戏概念和游戏因素对文明的形成与发展极其重要。网络的产生和发展与人类社会生活的游戏性紧密相关。上网者渴望游戏心态的出现便具有必然性。痞子蔡的《第一次亲密接触》首先亮出旗帜，大陆作家漓江烟雨的《我的爱漫漫飘过你的网》，酒心的《网吻》，芭蕉的《白蛇·青蛇》，李寻欢的《边缘游戏》，邢育森的《活得像个人样》无不透露着作者及作品主人公游戏人生的情绪。为了打发现实的无聊时光，主人公需要寻找一份爱情来填充空虚，但对真爱的畏惧与绝望又阻碍了对现实真爱的付出，只好到网上去邂逅一份游戏式的爱情。众多网络故事情节无外乎上网聊天——网恋——现实爱情——爱情消亡四个环节，而这一过程本身就是一个开始游戏到结束游戏的过程。网络作家选择写作作为游戏方式，难以表达的对生命现象的个体化体验，于游戏中的想象性呈现。她自成秩序，自感游戏的愉悦，叙事核心集中在以"拭"仪完成自恋的完美理想，她的写作没有相关于现实秩序的欲望，她借助机器"迷醉"在虚幻的界面进行自由的诗性的表达，"死亡和诀别"是她完成"拭"仪的宗教般"迷醉"手段，欲望指向自我本身。

网络文学所呈现的与传统相对抗的姿态，追求精神自由的无尽情感宣泄，以及渴望游戏的心态，表征着现代都市人尤其是现代文人们这样一种心性过程：在工业化发展极其迅速的今天，过度的文明造成了现实与传统的脱节，生活于当代的人，处于一种虚空的状态。为排遣这种末世的孤独感，宣泄便成为一种必不可少的方式；而网络文学所呈现的与传统相对抗的姿态，恰恰表现出对传统文学现实秩序的重视与憧憬，试图从隐匿状态向现实主流靠近；在靠近的过程中，网络文学遭遇到了来自传统文学的重重阻力，在冲破这些阻力无望时，网络人选择了游戏心态，试图在游戏中获取另一种胜利。网络写作遭遇到了来自传统写作的第一个障碍，是两种写作形态之间存在两套游戏规则的间离。网络写作最大的特点就是在虚拟的空间中自由地表达、尽情享受挣脱"话语霸权"的"语言狂欢"，写作没有借鉴，没有积累，一味倾泻。读者点击式的快餐阅读，也可以将写作者置之不理，作者、读者各自以自己为中心，快速生产，一次性消费。在网络规定的一整套游戏规则中，作者、读者娱人的同时也达到自娱的目的。他们的游戏方式在网上得到响应，他们自身也沉醉于一种近乎恋爱的愉悦之中。这类文本最显著的特点是沉溺于游戏，在游戏中宣泄现实生活的压力。它们从不同侧面反映了现实生活，接近传统创作反映的手段，突破了反映网上生活的局限。网络作家选择网上写作的形态，其目的在于逃离传统文学“编——审——发/退”的游戏秩序，通过网上写作，在假定的时空中获得释放的快乐。安妮宝贝的集子《告别薇安》是游戏的想象性呈现。安妮宝贝的写作非常独立，她阐释的是一种心性过程，与传统文学创作有着根本的区别：网络文学创作的自由表现在创作行为与传播方面，毫无约束的游戏规则使创作没有借鉴，没有积累，没有沉淀，缺乏深刻的反思和自觉的创新；而传统文学创作的自由更多地表现在创作理想方面。在创作行为上必须接受文学艺术规律的制约，在借鉴、反思的基础上有所创新。网络文学创作的非理性游戏规则，使得作品缺乏紧张感，失去张力，作家们的激情“演出”因失去观众而显得软弱、无力。遭遇的第二个障碍，是文学主题严重匮乏。除了王朝臣子、李寻欢、安妮宝贝、水晶珠链少数网络作家体现些许有意识的追求外，绝大部分网络作家都在各自的轻吟低唱中沉醉。即使像安妮宝贝这样被称为“异数”的网络顶级作家，面对王安忆、铁凝、陈染、林白甚至卫慧、棉棉，其文本主题的可阐释性也会显得单一，剩下的只有主题匮乏的空洞，无奈地湮没于传统文学创作的优秀文本之中。

网络文学的情感表现以宣泄方式和对抗姿态出现，最终选择逃避式的游戏方式，不无现实地说明了网络文学发展的困境。现代网络人如何在现实秩序中成功“就位”，寻找到属于自己的立足点，是一个待解决的问题。

（选自中南大学文学院《理论与创作》2004 年第 2 期）

第四节　文学与人文

文学对人文素养的形成、陶冶和提升会起到一种“润物细无声”的作用。文学会潜移默化地影响着我们的人生观，优秀经典的文学作品会给我们提供一种有价值的人生指导和借鉴。如果对文学一无所知，从不阅读文学作品，而想成为一个有文化有修养的现代文明人，那是不可想象的。本节我们将从本质上探讨“我们为什么需要文学”和“文学给我们带来了什么”这两个问题。

一、我们为什么需要文学

从唯物主义的角度来说，衣食住行是从物质的方面来满足人的生活需要，而文学则是从精神方面满足人的需要。文学存在于人生活的各个领域，包括口头、书面、网络等等，也许在翻到这本书的此页之前，你还没有意识到文学对人的影响之大，或者低估了文学对人的影响，那么，我告诉你文学对人的影响之大超过了很多人的想象！文学的存在面之广，决定了文学的影响力之大。如果一个人打出生就杜绝他与一切层面上的文学接触，他最终只会成为一具没有灵魂的躯壳。

对于精神的需要，也正是人与其他动物的最根本的区别，人类需要把物质的需要和精神的需要最大限度统一起来，并使之成为人类本质和精神的需要。人类的发展史记载了文学发展的历程：随着时间的推移，人类社会出现的文学作品越来越多。这种现象意味着人类对文学的需求量增加。由此,我们可以得出这样的结论:人类越是向前发展,人类对精神和物质的需要最高限度统一的现象就越发明显。人类的生存正是以满足这种更内在、更本质的需要而展开的。

文学是人类满足精神需要的一种重要方式,由此,我们可以得出结论——文学是人类生存的一种重要方式。[3]

二、文学给我们带来了什么

有人说,阅读文学作品,就社会来说,不能用来增加物质财富;就个人来说,也不像学外语,学理科知识、工科技能,能获得报效国家和使自己谋生的实际本领。如果说文学的实际功利,实在寥寥无几。但有很多领域,不仅仅是文学领域的大家们常常以自己的经历极力提倡我们阅读大量的文学作品。

我们为什么要阅读文学作品呢?

(一) 认识世界

在西方传统思想中,人们一直把文学比做镜子。柏拉图在他的《理想国》中将画家和诗人比喻成一个拿着镜子的人,向四面八方旋转就能造出太阳、星辰、大地、自己和其他动物等等一切东西。[4]

镜子比喻的背后就是模仿理论,模仿理论后来又慢慢地演变为再现说。文学再现说告诉我们,文学作品是通过真实地再现以人为中心的社会生活,塑造鲜明的艺术形象,正确地反映出生活的本质或本质的某些方面,从而帮助读者了解和认识社会生活。

(二) 丰富情感

在中国传统思想中,很早以前就将文学比喻成一种发光体。钟嵘在其《诗品序》中说:"气之动物,物之感人,故摇荡性情,形诸舞咏。照烛三才,晖丽万有,灵祇待之以食飨,幽微藉之以昭告。动天地，感鬼神，莫近于诗。”西方将文学比做发光体是从近代才开始时兴的。

发光体比喻的背后就是表现理论。所谓表现说，就是认为文学艺术是对人类主观世界的表现。这种理论，在中西方文艺理论界都存在。《尚书》中说：“诗言志，歌咏言，律和声。”“诗言志”中的“志”包括思想和情感两个方面。陆机在《文赋》中说：“诗缘情而绮靡。”“诗缘情”将“情”从“志”中分离出来，更加凸显了“情”在文学作品中的意义。在近代西方，诗人华兹华斯说：“诗是强烈感情的自然流露，它起源于在平静中回忆起来的情感。”大作家托尔斯泰认为，艺术是情感的感染。

记得前些年，有一套名叫《心灵鸡汤》的书，书中讲述的都是一个个关于情感的小故事，这套看似不太起眼的书却风靡世界，因为作品中的情感深深地感动了读者。表现理论告诉我们：文学作品表现情感。但是随着工业文明的进一步发展，人类温暖的情感越来越多地被泛着冷光的机器所代替，在情感缺失的现代社会，我们更应该多多地阅读文学作品，以重拾我们丧失不久的情感。《庄子》告诉我们“天人合一”，即不仅要对人类付出情感，对自然也要付出情感。

（三）超越现实

现实中的人，受自然、社会、精神文化传统的各种限制和制约，是不自由的。杜甫曾叹息“身欲奋飞病在床”，苏轼把酒问天，感叹天上、人间都难得自由、圆满。而自由却是人固有的追求。马克思说，“自由的自觉的活动”是人区别于动物的“类特性”，是人的本质。正是根据人对自由的固有追求和向往，《共产党宣言》里指出将来的共产主义社会将是自由发展的个人的联合体；恩格斯说，到那时候，人将“成为自己本身的主人——自由的人”。

实现人的现实的自由状态，需要以生产力和经济的高度发展为前提，对全人类来说，是漫长的过程，可能经历若干代人还不能达到现实的自由状态。然而文学的审美是人的自由自觉活动的特殊方式，可通过形象化的创造，让人的生命力从种种实际的限制中解放出来，在精神上不断接近这个目标，即所谓“虽不能至，心向往之”。我们应当有对自由精神和完美境界的追求和向往。让精神超越现实生存，是人的内在需要，自己不一定明显意识到，而阅读优秀的文学作品则可以满足这种需要。宋代黄庭坚说：“三日不读汉书，便觉俗气逼人。”还有古人说“腹有诗书气自华”，也是这个意思，认为读文学作品可使人不“俗气”，有“气质”。黑格尔说：“审美带有令人解放的性质。”我们确实能够从优秀的文学作品里找到平淡的、琐碎的、充满利害考虑的现实中没有的美，即便只是寻觅到一点点旷远、悠长的诗意、韵味，也能引起对美好、高远的情感和境界的向往，产生一种解放之感、自由之感，使精神超越现实生存。我们常说的“令人遐思”、“心灵放飞”，就是进入了这种审美境界。这种境界，我们在旅游等活动中也会产生，但是读文学作品，沉浸进去所获得的审美愉快要深刻得多。

（四）探索人性

优秀的作品一定都是进入到人（作家本人和他笔下的人物）的心灵、精神世界的深处，探索和表现他的幽深、微妙的内心世界，写出心灵的真实感想。如果作家对一个人心灵的探测和表现达到一定的深度，那么一定会表现出某种普遍的人性，加深我们对人的认识，引起我们对人性的思索，从而有新的发现。每个人都是人类中的一员，因而也能从文学中看到自己。这时，可能会因发现自己的缺陷或现实的限制而痛苦，但同时也会因为对人有新的认识和发现，而产生审美的愉快。

例如阿Q,鲁迅非常具体、生动地描写他的种种言行,都是为了表现他的精神状态,有时也直接写他的内心活动。鲁迅非常深刻地写出了一个独特的人物。而由于写得独特而深刻,因此从这一个人身上表现出当时中国人一种普遍的精神面貌、国民性特点。当时一些人读《阿Q正传》,“栗栗危惧”,认为是在讲自己。就是到了现在,我们不是仍可以发现自己身上有着阿Q的精神胜利法和种种奴性吗？阿Q身上甚至表现出人类的共同弱点,据说罗曼·罗兰读了《阿Q正传》,感动得留下了眼泪,说法国大革命中也有这样的人物。正因为《阿Q正传》反映出人的一般本性,所以在阿Q身上也有着对“自由”的向往。你看他在被绑赴刑场的路上,忽然想到曾在山脚下遇到的饿狼两只鬼火似的眼睛,好像要穿透他的皮肉,咬他的灵魂。这表明这个十分愚笨、麻木的人,最后也感觉到有一种压迫、摧残他的精神力量,产生了恐惧感,这种恐惧感,隐含着要从精神压迫和摧残下解放出来的要求。这是《阿Q正传》中很值得注意的一笔。

再如冯骥才的《高女人和她的矮丈夫》,写“文革”中一对患难夫妻之间的深情和小市民的嫉妒、猜疑等猥琐心理,也触及普遍的人性:人的真诚、高贵和人的卑琐。我们为那对夫妇的高贵精神所感动,同时鄙视裁缝老婆等小市民的低俗,这都使我们超越一般现实生存状态,提升了自己的精神境界。

(五)游戏与道德教化

今天人类的生存方式中,娱乐已成了不可或缺的一部分。娱乐产生于人类剩余劳动时间中。随着生产工具的改进,生产力获得了一定的发展,生产效率得到了提高,食物有了积累,人类也拥有了剩余劳动时间。如何支配剩余劳动时间就成了人类的新课题,于是,人类开始有了自发的游戏,一般认为最初的游戏是歌舞。这也因此被看做艺术的起源。在后来的发展中，文学也在一定的条件下被当做游戏的手段。回顾中国文学的发展历程，《诗经》、乐府诗、宋词等在当时的社会被作为流行歌曲传唱；在国外，无论是《荷马史诗》，还是《一千零一夜故事》，也都被作为故事讲给别人听。

在文学的不同功能中，人们对文学的道德教化功能感受更直接。人们总是能够从不同的文学作品中看出劝善惩恶的内容来，并进而使自己的道德境界得到提升。文学与一般的教育有不同之处，一般的教育可以通过制订计划而确定一定的培养目标，而文学对人的教育是一个长期的、潜移默化的熏陶过程；另外，一般的学校教育具有强制性，并有检查目的指标实现的机制，一般来说是考试，而文学对人的教育没有任何的强制性，也没有任何检查目的指标实现的机制，文学是用美的、有趣的作品吸引读者，从而达到教育的目的。

（六）培养想象力

在影像传媒出现的一百多年以来，尤其是电视的普及，使文学受到了巨大的冲击。首先，电视占用了人们以往用来阅读的大量时间；其次，电视将人们的品位引向低俗化；最后，电视抑制了人类的想象和理解等高层次的意识活动。

影像具有一定的侵略性，它以定型的直观面目强加于观众，观众是被动的，无须想象，也不能想象，因为影像是在时间的流动中来展示的，在时间的连续中不断地抛给观众，甚至连思考的时间也会被侵略。

文字的阅读尤其是文学的阅读，它允许读者的想象，也需要读者的想象，因为文字不是在时间中展开的，阅读的时间过程是由读者来控制的。文学阅读无疑会锻炼人的想象力，而想象恰恰又是创造的基础和前提。无法想象，如果人类的想象力退化了，创造如何能够展开腾飞的翅膀？

在这个世界上，我们每一个人都是独立的，但都不是孤立的，我们都是具有社会意义的人。面对同样的社会、同样的生活，有人觉得快乐，有人觉得痛苦；同样的脑结构，却有人睿智，有人愚蠢……这些不同都是因为不同的人对生活的认识和理解不同。我们每个人都希望自己的生活是幸福的，我们也同样知道，幸福绝不仅仅建立在物质的基础上，更多的是建立在精神的层面。让我们阅读文学作品，成为一个善良、本真、深刻的人；让我们感受文学，发自心底关怀生活、关怀社会、关怀人类。

让每一个爱智爱美的人都来阅读文学作品。

第五节　中国古代文学概说

为什么在本书中要单列出“中国古代文学”一章？让编者引用著名学者钱理群在《贵州读本》“前言”里的一段话来回答：“我们现在面临‘釜底抽薪’的危险：当人们，特别是年轻一代，对生养、培育自己的这块土地一无所知，对其所蕴涵的深厚的文化，厮守其上的人民，在认识、情感，以至于生理上产生疏离感、陌生感时，就在实际上失落了不止是物质，更是精神的家园。当他们逃离土地、远走家乡和异国，就走上了永久的心灵不归路；即使不离乡土，也会因失去家园而陷于生命的虚空。在我们看来，这不仅可能导致民族精神的危机，更可能导致人自身存在的危机：一旦从养育自己的泥土中拔出，人就失去了自身存在的基本依据，成为无根的人。”

中华民族历史悠久，是世界文明古国之一。在漫长的历史发展过程中，我们的祖先创造了极其光辉灿烂的古代文化。中国古代文学源远流长，有着丰富的内容、多样的形式、独创的艺术风格，形成了繁花似锦、色彩绚丽的艺术园地，是我国文化遗产中的重要组成部分。同时，中国古代文学更是民族精神所系，是传统文化的精粹，其内涵的深厚博大、精深隽永，形式的丰富多样、美妙绝伦，早已成为世界文化遗产的极为重要的组成部分。

一、先秦文学

先秦文学是指从远古时代到秦统一（前 221）以前的文学现象，它经历了原始社会、奴隶社会、封建社会初步形成时期（春秋末战国时代）。它处于中国文学的发生期，是中国文学的源头。

我国早在二百万年以前已有人类活动，此后在漫长的原始时代，我们的祖先开发了黄河流域、长江流域、珠江流域等许多地方。他们通过劳动实践，促进了自身的进化，发展了思维，产生了语言，同时也创造了人类的精神文明。据考古发现，至迟在距今五六千年的仰韶和龙山文化时代，我国的美术、音乐等艺术已逐渐与生产分离而走向独立。与之密切相关的语言艺术——文学，也同时产生。原始社会的文学主要是歌谣和神话。诗歌是产生最早的文学形式，它是原始先民在劳动和祭祀等活动中创造出来的。先民在石器时代形成了自然神信仰，氏族社会形成了祖先神的观念。他们在祭祀、大战前后、大猎、大耕种、大收成之际，必有歌舞，而与之相伴的颂美、祈祷的韵语，便是原始歌谣的一种形态。同时，先民把自然力神化，并借助想象企图解释它、征服它、支配它，从而产生了神话。原始文学突出表现的是人与自然的矛盾，也有少数以社会矛盾为表现主题的，可能产生在原始社会后期。原始文学具有口头性、集体性，在流传中经过了后人的一些修改、删削和曲解。

奴隶社会形成于夏，崩溃于春秋末。夏代已有成形的文字，到了商时，文字日趋成熟，对文学产生了极大的影响。由各处出土的甲骨文、殷周青铜器铭文、《周易》卦爻辞及《尚书》，可以看出我国散文由句而章、由章而篇及先记事后说理的发展过程。诗歌是周代文学的主要成就。《诗经》是我国现存最早的诗歌总集，除《商颂》等少数作品可能是周前的作品外，其余都产生于西周初年至春秋中叶，广泛而深刻地反映了周代社会的历史和现实，内容丰富，感情真挚，风格淳朴，手法多样，语言优美，为我国诗歌优秀的现实主义传统奠定了坚实的基础。它标志着先秦诗歌从口头到书面、从民间到宫廷的完成，也反映了先秦诗歌从集体创作到个人创作的过渡。

春秋末至战国，是封建社会的初步确立时期。此时，历史散文的创作很发达，或以年为序，或以国为别。这些史著不仅总结了国家成败之理，也对散文的发展作出了贡献。《春秋》还只是简略的大事记，到《左传》、《国语》则有了具体的情节、逼真的对话和人物的音容笑貌，到《战国策》则更多地以夸张的笔法、巧妙的情节，描写了人物的神态和个性。它们开创了真实性与形象性相结合的史笔传统，为后世散文、小说、戏剧的创作提供了重要的经验和丰富的题材。由于天子失权，诸侯争雄，士阶层兴起，私人讲学、著述之风大兴，此时涌现出了许多思想家和政治家，他们代表不同阶层和集团，主张各异，互相辩难，形成了诸子百家争鸣的局面。他们现存的主要著作有《论语》、《墨子》、《孟子》、《庄子》、《荀子》、《韩非子》、《吕氏春秋》等。这些著作把我国的论说文从简短的语录体推进到对话式的论辩，再进而为专题性的论文，并且很重视逻辑性和语言技巧，大量运用寓言和比喻、排比、夸张、映衬等修辞手法。荀况还采用隐语形式写成了《赋篇》，开了说理和咏物赋的先河。散文而外，此期的诗歌也是主要的文学体裁。秦诗歌在北方文化中产生了《诗经》，在南方楚文化中孕育了楚辞。《诗经》的现实主义创作精神和朴素的艺术手法显示了巨大的艺术魅力，并以经学的地位和传播方式深远地影响了中国古代文化和文学。楚辞与《诗经》不同的均是文人的个体创作，并出现了以屈原为代表的南楚作家群，揭开了文人诗歌创作的新篇章。楚辞的浪漫精神、自由的形式、华美的词采以及艺术表现技巧，对后世文学也产生了经久的影响，也是中国传统文学精神的源头之一。

丰富多彩的先秦文学是我国文学的基石，它不仅开启了诗歌、散文、赋等多种文学样式，而且是我国现实主义和浪漫主义文学发展的良好开端。

二、秦汉文学

秦汉文学指的是秦统一中国（前 221）到东汉末汉献帝建安元年（196）的文学。这是中国文学的形成时期，也是中国文学初步开始自觉的时期。

秦灭六国后建立了中国历史上第一个中央集权制的大统一的封建帝国，并采取了一系列巩固政权的措施，但严酷的专制政治统治使之很快走向了灭亡。秦在文化上推行的也是极端专制政策，禁锢思想、摧残文化，使秦代学术文化一派凋零，文学自然难以有所成就。鲁迅说："秦之文章，李斯一人而已"（《汉文学史纲要》）。

汉代是中国的封建盛世。汉初统治者以黄老思想治国，思想活跃，文化呈多元综合形态，文人用世之情高涨。武帝时汉帝国出现了空前繁荣景象。政治上，加强中央集权。思想上，罢黜百家，独尊儒术，以外儒内法为实际统治思想。文化上，广开献书之路；制礼作乐，扩大乐府机关，搜集民歌；提倡辞赋，广揽文士。文士激情荡漾，视野开阔，心括宇宙。昭、宣之世，史称"中兴"，然终趋衰败。成帝、哀帝，荒淫昏庸。王莽托古改制，欲挽倾颓，但已无济于事。此时古文学派兴起，文学上亦呈现出一股复古之风。东汉初建，刘秀重建封建集权思想，大力提倡谶纬，文化学术深受其影响。东汉中后期，外戚、宦官交替专权，党祸大兴，豪强兼并，政治黑暗，文士的政治生命受到严重威胁。同时，清议风气形成，儒家思想衰微，老庄思想抬头，文士在矛盾痛苦的思想挣扎中，转向注重表现个人的生活和情志，抒情文学得以复苏。

汉代文学正是在上述背景下发展起来的。从文体看，汉代文学主要有赋、散文和诗歌。赋是汉代最盛行的文体，分骚赋、大赋和小赋。汉初以骚赋创作为主，武帝到东汉中期为大赋的鼎盛期，东汉中期以后，小赋勃兴。汉赋以大赋最为代表，其创作模式和手法，对后世文学产生过较大影响。汉代散文主要有论说散文和史传散文。前者是由先秦诸子发展来的，以汉初最发达，以后各期也各有发展，但总体上成就不及汉初。后者主要是在先秦历史散文基础上发展来的，出现了《史记》、《汉书》这样的巨著，尤其是《史记》，开创了史传文学的先河，其叙事写人，被鲁迅先生称为“史家之绝唱，无韵之《离骚》”(《汉文学史纲要》)，在史学和文学史上都有崇高的地位。汉诗包括乐府民歌和文人诗，乐府民歌成就较高，它继承了《诗经》的现实主义传统，以叙事为主，多用比兴铺陈，善于用人物的语言和行动表现人物性格，朴素自然，对当时和后世诗歌创作均有深远影响。文人诗以文人五言诗成就最高，它是在民间五言歌谣基础上发展起来的，东汉才有完整的作品，《古诗十九首》是其成熟的标志。

三、魏晋南北朝文学

文学史上所说的魏晋南北朝时期，是指从东汉建安年代到隋统一这一历史阶段。这是中国历史上分裂时间最长的一个时期。四百年里，社会动荡乱离的时代，分裂割据，战争不断，朝代更替频繁。其政治统治的突出表现是门阀士族垄断政权，寒门庶族备受压抑。在思想文化领域里，表现为：(1)传统的儒家思想的正统地位开始动摇，并受到了前所未有的冲击。儒家的经学已不再是文人思想学术的唯一追求，但其影响依然存在。(2)以《老子》、《庄子》、《周易》为主体的玄学广泛流行，带来了文人的学术思想、人格行为和价值观念的巨大变化。正如钱穆《国学概论》所言："魏晋南朝三百年学术思想，亦可以一言以蔽之，曰：个人自我之觉醒，是已。""文学的自觉是以人的自觉为底蕴的。(3)佛教亦广泛流布，并与儒、道思想渐进交流融合，并逐渐本土化。儒、释、道对这一时代的文学观念和文学形态都产生了或轻或重的影响。

魏晋南北朝又是继战国"百家争鸣"以后，我国历史上又一个思想解放的时代。各种学说同时并兴，某些异端思想也得以流行，带来了社会思想和学术文化的相对自由及多元化。玄学的兴起，佛教的兴盛，道教的风行，使汉代定于一尊的儒学相对衰微，尽管这些思潮不可避免有明显的局限性，但是在历史行程中，无疑是重要的进步，有力地促进了魏晋南北朝时期文学艺术的发展。音乐、舞蹈、绘画、雕塑、书法乃至园林建筑尤其是诗歌，在这一时期都发生了重大的变化。

鲁迅《魏晋风度及文章与药及酒之关系》称"曹丕的时代"是"文学的自觉时代"。魏晋南北朝是中国文学史上的一个文学自觉的时代。文学自觉的突出标志是：(1)学术思想的多元化及以老庄为主体的玄学的风行，带来了文人思想观念的解放和个体人格精神的自觉，使文学从经学的附庸地位中挣脱出来，走向了广阔的天地。道家哲学的自然旨向和人格的自由精神，是文学自觉的最基本的思想源泉。(2)文学创作的文学性。在文学的创作心态中，淡化了文学的政治倾向和社会的功利目的性，强化了文学的本体性和文学的审美趋向。文学创作开始趋向于个性化和风格的多样化。所以这一时期的文学，无论是题材、内容，还是风格、形式，都显示了多姿多彩的特点。(3)文学自觉最显着的标志是文学理论的自觉。而理论的自觉，又是在人的自觉和创作繁荣的基础上产生的。这一时期涌现出了众多的文学理论和文学批评著作，就是这种理论自觉的产物。在文学本体论、创作论、体裁论、风格论等诸多方面，都有卓著的建树，又促进了文学创作的自觉和繁荣。

魏晋南北朝时期的文学，在诗歌、散文、辞赋、小说、文论等众多领域，都取得了很高的成就，继承、变革与创新使文坛上充满了生机和活力。

四、隋唐五代文学

隋朝结束了南北朝分裂割据的局面，完成了社会的统一。但短暂的隋朝随即被唐取代，迎来了我国封建社会的鼎盛时期。唐代社会可以“安史之乱”为界分为前后两期，前期又可分为初唐、盛唐，后期又可分为中唐、晚唐。前期是走向鼎盛的时期，后期虽有所衰落但还是保持着比较强的国力。总体上说唐代社会政治比较开明、经济繁荣、文化开放，体现了一种盛世气象。由于生产力的发展和经济的繁荣，也促进了思想文化和文学艺术发展和繁荣。儒、释、道思想的自由传播，以及中外文化的交流和各民族文化的交融，都显示着开放的文化心态，为文学艺术的繁荣创造了比较宽松的思想文化环境。科举制度和多种入仕途径也为士人提供了更多参与社会的机会。唐代后期由于社会矛盾的渐渐积聚，土地兼并、藩镇割据、朋党之争、宦官专权等等，终于在农民起义的打击下而走向了灭亡。历史进入五代十国的分裂时期，北方的政权频繁更替、战乱不息；南方诸国虽也有战乱，但局势相对稳定一些。尤其是南唐和后蜀的经济和文化，都有所发展。

隋代文学是南北朝文学的延续，又是初唐文学的前奏。南朝齐梁文学的浮艳文风和形式技巧与北朝文学的刚健之气和朴素质实的笔法，都影响了隋朝文人的创作。之于作家虽各有所取，但总体上呈现着南北文学合流，并向唐代文学过渡的趋势。

唐代文学是中国古代文学史上最辉煌、最富有创造力的时期之一。唐代文学的繁荣，表现在诗歌、散文、小说、词的全面发展上。

（一）唐代诗歌

唐代文学的最高成就是诗歌。诗歌的创作不仅古体、近体等各种形式及艺术技巧都得到了长足的发展，而且作家和作品众多。《全唐诗》所收诗歌近 5 万首，作者 2200 余人，而且杰出诗人和优秀作品的数量和质量都是其他时代无法比拟的。

初唐诗歌是唐代诗歌走向兴盛的准备阶段。初唐大致是指从唐初到唐玄宗先天时期（618—712）。初唐前期诗歌受南朝齐梁诗风的影响较大。贞观时期聚集在唐太宗周围的宫廷诗人的创作日趋宫廷化、贵族化，多是奉和应制之作，琢磨技巧，雕饰辞藻，齐梁积习犹存。以上官仪为代表的“上官体”，成为当时宫廷诗人创作的典范。初唐后期诗歌虽没有完全摆脱齐梁诗风的影响，但出现了新的转机。“四杰”的创作开创了不同于宫廷诗人的新诗风，在内容题材、审美追求和风格上都发生了关键性的转变。陈子昂在理论上和实践上都是转变唐代诗风的重要人物，他力反齐梁诗风，主张恢复汉魏风骨和风雅的兴寄传统，并且实践了这个主张。总而言之，初唐诗歌显示了过渡和创新的特点。

盛唐诗歌是唐代诗歌的极度繁荣时期。盛唐大致从唐玄宗开元元年到唐代宗永泰元年（713—765）。这一时期涌现出了一大批风格独具的诗人。出现了以王维、孟浩然为代表的山水田园诗派，出现了以高适、岑参为代表的边塞诗派，写作边塞诗的著名诗人还有王昌龄、王之涣、李颀、崔颢等。成就最卓著的两位诗人就是“诗仙”李白和“诗圣”杜甫，他们达到了浪漫与现实诗歌创作的顶峰。

中唐诗歌是唐代诗歌的继续繁荣时期。中唐大致从代宗大历元年到文宗太和九年(766—835)。这一时期作家众多，流派林立。大历至贞元年间出现了韦应物、刘长卿以山水诗为主的诗歌创作、元结、顾况等新乐府先驱的诗歌创作，以及以钱起、卢纶等“大历十才子”和李益的边塞诗创作。贞元以后出现了以元稹、白居易为代表，张籍、王建、李绅等人参加的新乐府运动，出现了以韩愈、孟郊为代表追求奇崛险怪的韩孟诗派，还有风格奇谲怪诞的诗人李贺。此外，刘禹锡、柳宗元的诗歌创作也都独具一格。晚唐诗歌是唐代诗歌的衰落时期。晚唐大致从文宗开成元年到唐灭亡(836—907年)。晚唐诗歌影响较大的诗人是李商隐和杜牧，二人有“小李杜”之称。陆龟蒙、皮日休继承了新乐府运动的传统，但多具闲适淡泊的情调。此外，温庭筠、杜荀鹤、韦庄等都有一定的成就。

(二) 唐代散文

唐代散文主要有骈文和“古文”两大类，并且在不同阶段中各自占据着优势，在相互斗争中消长，相互交融。此外，古文创作走向低潮后的晚唐小品文也显示了它的奇光异彩。《全唐文》所录的作家有3千余人，作品有2万余篇。

初唐时期沿着南北朝骈文创作的道路，骈文仍然占据着文坛的统治地位。奏疏、章表、论说等等的写作仍使用骈文，而且一直延续到盛唐。初唐骈文创作的优秀作家是“初唐四杰”，如王勃的《滕王阁序》、骆宾王的《代李敬业传檄天下文》等，都是脍炙人口的名篇。此时古文运动的先驱陈子昂提出复古的主张。

盛唐时期骈文的创作仍很兴旺，但也有了一些变化。中唐时期散文的创作发生了根本的变化。在前代文风革新努力的基础上，韩愈、柳宗元发起了“古文运动”，并有刘禹锡、白居易等一大批参与和响应者，形成了较大的规模和影响，使古文取得了压倒骈文的优势。韩柳在理论和实践上都取得了非凡的成绩，其理论的核心是“文以明道”，思想性和艺术性都得到了重视，也以多种文体和多样的风格实践了他们的理论。苏轼称赞韩愈“文起八代之衰，道济天下之溺”（《韩文公庙碑》）。晚唐时期古文创作衰微，小品文兴起，骈文复兴。出现了以皮日休、陆龟蒙、罗隐为代表的一批作家，被鲁迅誉为“一塌糊涂的泥塘里的光彩和锋芒”（《小品文的危机》）

（三）唐代传奇、变文、词

在小说方面，继承和突破了六朝志怪小说，吸收了野史杂传的因素，创造出了唐代传奇的新形式。元稹的《莺莺传》、蒋防的《霍小玉传》、白行简的《李娃传》、李朝威的《柳毅传》等，都是著名的作品。随着佛教的传播又诞生了变文。词的创作也出现在唐代，它由民间到文人，由初创到成熟。文人的创作从盛唐到中唐就有零星的作品，至晚唐的温庭筠才在努力进行词的创作，是晚唐诗人中写词最多的作家。此外，由唐入蜀的韦庄也是重要的词人。二人被称为“温韦”，对后来的词影响较大。

五代文学的主要成就在于词。其创作中心一在西蜀，一在南唐。西蜀的“花间派”词人奉温庭筠为“鼻祖”，主要作家有韦庄、牛希济、李珣、欧阳炯等。《花间集》是我国最早的一部词的总集。南唐词的成就以冯延巳和李璟、李煜最高。李煜的词突破了晚唐五代“词为艳科”的藩篱，在境界、气象和词艺上多有开拓。

五、宋代文学

赵宋王朝的建立，使唐末以来的混乱分裂局面终告结束，基本上实现了中国的统一。宋王朝采用重文抑武、崇儒尊道的政策，经济得到一定的恢复与发展，尤其是城市经济高度繁荣。同时两宋王朝又处于封建社会的下降期，民族矛盾与阶级矛盾相互交织，统治阶级内部的党派之争也始终不断，两宋的三百多年，历受辽、西夏、金、元等少数民族政权的巨大威胁，长期处在积贫守弱的屈辱地位。在这样的历史背景下，赵宋王朝创造了辉煌灿烂、高度成熟的宋型文化。宋代思想文化呈现出儒、释、道三家合流的趋向，并在整合佛道学说的基础上，以儒家思想为本位建立了独具特色的理学，对后世产生了深远影响。在时代风云的激励下和继承前代文学成就的基础上，宋代文学出现了新的面貌。宋代文学在中国文学发展史上处于转型时期，一方面传统的诗、文和源于民间的词已经高度成熟、定型，另一方面新兴的话本小说、戏剧等叙事文学开始登上文学殿堂，为后世元、明、清文学重心的转移奠定了坚实的基础。

宋代文学的主要文体是词、诗、文、小说、戏剧，其中词的创作成就最高，诗、文次之，话本小说又次之，戏剧尚处在萌芽状态。

宋词可以说是“一代之文学”的标志，就全部词史而言，宋词的创作无疑已臻顶巅，名家辈出，佳作如林，流派纷呈，风格各异。宋词在题材、手法、风格的演变上经历了一个发展过程。北宋前期，主要词人有晏殊父子、欧阳修、范仲淹、柳永等。晏殊、欧阳修拉开了有宋一代词作的序幕。他们的词乃是五代特别是南唐绮丽词风的延续，多以小令抒写男女情事，闲雅清旷，秀丽精巧。晏几道兼融晏殊、欧阳修的词风，在回环曲折的笔致中透露出哀怨感伤的情调，深婉蕴藉，真挚动人。范仲淹则突破了晏、欧婉约之格局，另树一帜，其边塞词苍凉开阔，豪放悲壮，下开东坡之词风。此期词坛成就最大、贡献最力者首推柳永。柳永自创新调，以长调慢词取代先前的小令，扩展了词的容量；以清新俚俗的市井风情取代先前精致典雅的贵族格调，开拓了词的领域；讲究铺叙，喜用白描，丰富了词的艺术表现手法。这些创造性的贡献，使柳永成为词史上一个里程碑式的人物。北宋中期，最主要的词人是苏轼。宋词至柳永而一变，至苏轼而再变。苏轼以诗为词，打破了词体的题材内容的局限，拓新了词的意境在婉约词家之外另立豪放一派；提高了词的品位，使词在一定程度上突破了音律的束缚，成为独立的新诗体。北宋后期，主要词人有秦观、黄庭坚、贺铸、周邦彦等。秦观词一向被认为是婉约派的正宗，多写男女情爱的悲苦与失志文士的幽怨，情韵兼胜，词境凄婉，自成一家。周邦彦被推崇为北宋词的“集大成者”，注重音律法度，风格醇雅浑成，章法缜密圆熟，语言典丽精工，是后来格律词派之先导。

南宋时期，主要词人有张元干、张孝祥、朱敦儒、李清照等。这些作家大都由北入南，在神州陆沉、国难当头之际，他们继承苏轼的豪放词风，开始突破以往吟风月弄花草的婉丽流转，给词作注入了鲜明的时代性和强烈的战斗性，词风慷慨悲壮、沉郁苍凉，为中期爱国词高潮的到来奏了先声。此期词坛成就最高、卓然自立的是女词人李清照，她主张词“别是一家”，进一步确立了词体的独立地位。其词化俗为雅，清婉疏淡，语言功力深湛，既自然清新又精美雅洁，号称“易安体”，与秦观等一起被推为“当行本色”的婉约正宗。南宋中期，主要词人有辛弃疾、陈亮、刘过、姜夔等。辛弃疾横世杰出，奏响了爱国词的最强音；他以文为词，空前地解放了词体，增强了词的艺术表现力；辛词题材广泛，内容丰富，以抒写报国之志与失意之悲为主调；词风不拘一格，多种多样，沉郁、明快，悲壮、妩媚，兼而有之，但以豪放雄健为主。辛弃疾凭其独创的“稼轩体”在两宋词坛“屹然另立一宗”。

宋诗创作是在唐诗的巨大影响下进行的，唐诗的灿烂辉煌在一定程度上激活了宋人的创新意识。宋诗的发展历程，从根本上说就是对唐诗不断突破和超越，逐渐形成自己独特面目的历程，从而创造出足以与唐音相抗衡的宋调。北宋初期，主要是中晚唐诗风余韵的沿袭。北宋中期，随着诗文革新运动的展开和深入，欧阳修、王安石、苏轼等大家巨擘开创了宋诗的新局面，宋调已趋于成熟并基本定型。宋诗具有散文化、才学化、议论化、功利化的审美风貌。

中国古代散文在宋代最后定型，唐宋散文八大家中，宋占其六。其间名家辈出，群体蜂起，他们各树一帜，竞辟新境，共同构筑了宋文发展的繁荣景观。与唐代散文相比，宋代散文的特色在于：内容上，和现实紧密结合，多论政与论道之文，其中又带有强烈的忧患感与危机感；风格上，趋于平易自然、条达疏畅；艺术表现上，喜好议论并善于议论，一些政论、史论还往往借题发挥。

此外，宋代的通俗文学也极为繁荣。宋代的话本与戏剧虽然流传后世的作品并不多，但它们的出现与成型却具有划时代的意义。宋代的话本小说是在当时说话艺术的基础上产生的，内容的世俗化、语言的口语化、体制的程式化是其基本特点。它是中国白话小说的开端，标志着“小说史上的一大变迁”，开辟了中国小说的新纪元。王国维曾指出“真正之戏剧，起于宋代”。宋代戏剧的表演形式已相当成熟，表演要素日臻完善，其典型范式是宋杂剧，包括北宋杂剧和南渡以后在南方民间流行的“南戏”。宋代戏剧为元杂剧创作高潮的到来奠定了基础。

六、元代文学

元朝的大统一，结束了长达三百多年的分裂格局，建立起中国历史上第一个在全国领域内居统治地位的少数民族政权。这是一个空前统一、幅员辽阔的朝代，也是一个矛盾重重、苦难深重的朝代。在政治上，元朝统治者始终实行残酷的民族压迫政策，汉人、南人处于社会的边缘，民族矛盾空前突出；阶级剥削愈演愈烈，广大民众不堪忍受，阶级矛盾严重激化；长期废除科举制度，大批儒生失去进身之路，文士地位空前低下。在经济上，随着农业的恢复，都市经济更加繁荣，市民阶层也不断壮大。在思想上，程朱理学的统治地位开始确立，同时对各种宗教信仰兼收并蓄，思想控制相对松弛。这些都给元代文学的面貌与架构带来深刻的影响。在中国古代文学的演进历程中，元代文学处于一个新的转折期：即新兴的通俗的戏剧小说开始取代传统的典雅的诗文词赋的正宗地位，从此，叙事性文学逐渐成为文坛创作的主流。

在元代文学中，大放异彩的是元曲。它包括叙事体的杂剧和抒情体的散曲，因二者皆以曲辞为主合乐歌唱，故统称为曲。元曲一向与唐诗、宋词并举，为元代文学之主流，亦是一代文学之代表，为中国文学增添了新的光辉。在元曲中，成就更为辉煌的是杂剧，它是中国戏剧成熟的标志，也是元代文学最高峰的标志。元杂剧是以宋杂剧和金院本为基础，把唱、念、科、舞等艺术结合起来表演故事，并用北曲演唱的一门综合性的舞台艺术。元杂剧之所以能在很短的时间内迅速崛起并兴盛一时，主要是在于以下几个方面：首先，都市经济的繁荣、通俗文艺的发展、戏剧演出的社会化和商业化以及市民阶层的娱乐需求，为元杂剧的繁盛提供了必要的物质条件和群众基础。其次，元代以前的诸种歌舞技艺，尤其是宋、金以来戏剧事业本身的进步，为元杂剧的产生提供了丰富的艺术实践。再次，最高统治者对歌舞戏曲的爱好和提倡，鼓励了元杂剧的发展。最后，也是最主要的，大批具有较高文化修养的文人沦落下层，成为书会才人，这些创作主体对剧本创作的直接介入，有效地提高了元杂剧的艺术品位，这是元杂剧得以繁盛的根本保证；同时创作者与演出者、剧本创作与舞台演出的关系空前密切，相得益彰，使得元杂剧迅速发展成独立的艺术样式。元杂剧产生了韵文和散文相结合的结构完整的文学剧本，剧本一般都有固定的体制。剧本的结构，通常是由四折组成，或外加一个楔子；在剧末正戏结束之后，有“题目正名”，用来概括剧情、标明剧名；剧本韵散结合。元杂剧的角色大致可分为末（正面男角色）、旦（正面女角色）、净（喜剧角色或反面人物）、杂（杂七杂八角色的总称）四类。

从金朝灭亡至元成宗大德年间是元杂剧的鼎盛时期。大都（今北京）是前期杂剧创作的中心，剧作家也主要是北方人。这期间元杂剧大家纷出，佳作叠现。产生出了伟大的戏剧家关汉卿，杰出的戏剧家王实甫、马致远、白朴，著名的杂剧作家高文秀、杨显之、纪君祥、石君宝等。他们创作出了《窦娥冤》、《救风尘》、《西厢记》、《汉宫秋》、《梧桐雨》、《墙头马上》、《李逵负荆》、《赵氏孤儿》等等优秀的剧作。这些作家多半经历了元初社会的剧烈动荡，对人生有着深切的洞察与体认，一旦成文，便非同凡响，他们所写的作品多以历史传说、公案故事、水浒故事为题材，大都真实地反映了社会现实的种种矛盾，既具有深刻的思想内容和强烈的时代精神，又具有浓郁的生活气息和高度的审美价值。由于此期的每个杂剧大家都有自己独特的艺术风格。从大德以后至元朝灭亡是元杂剧由鼎盛逐步走向衰微的时期。元杂剧创作的中心由大都南移到临安（今杭州），其中重要作家多是流寓在南方的文人，也有部分作家是南方人。这期间的著名剧作家有郑光祖、乔吉、宫天挺、秦简夫等，优秀作品有《倩女离魂》、《两世姻缘》等。此时元朝统治稳固，剧作家们多取材于家庭道德、神仙道化、才子佳人等主题，宣扬封建教化、因果报应、超然物外等思想的作品日益增多，艺术上也愈来愈讲求曲词的华美典丽和情节的曲折离奇，这些都在很大程度上削弱了之前元杂剧的现实批判精神，再加上南戏的迅速发展，元杂剧的衰落已不可避免。还需指出的是，元代周德清《中原音韵·序》中第一次把关汉卿、郑光祖、白朴、王实甫并列，关、郑、白、马后来便被称为“元曲四大家”。

元代的戏剧艺术，除了崛起于北方而后又盛行全国的杂剧以外，还有一直在南方流行的南戏。南戏是南戏文、南曲戏文的简称，与北方杂剧相对而言。它是用轻柔婉转的南方曲调演唱的戏剧形式，最初是在南宋时期产生于浙江温州一带，所以又称温州杂剧或永嘉杂剧，南戏是明清传奇的前身。南戏的形式至元末基本定型，与杂剧相比，其体制比较自由灵活：南戏称一场为一出，没有固定的出数，长短自由；题目放在剧本的开端，一般先由副末开场，说明创作主旨或介绍剧情概况；南戏亦由唱、科、白组成，相对于杂剧的“科”而言，南戏的表演动作提示称“介”或“科介”。杂剧所用曲调是高亢劲切的北曲，南戏则用舒缓柔和的南曲；杂剧的伴奏器乐以弦乐为主，南戏则以管乐为主，等等。南戏的角色行当主要分为七类：生（男主角）、旦（女主角）、净、外、贴、丑、末，比元杂剧的角色更为完备。元代后期出现的著名南戏有高明创作的《琵琶记》和《荆钗记》、《刘知远白兔记》、《拜月亭记》、《杀狗记》四大传奇，后四者又简称为荆、刘、拜、杀。这些作品多以家庭伦理和爱情婚姻为故事内容，有宣扬道德教化的创作倾向，它们共同反映了元末明初南戏发展的盛况，标志着这一时期南戏创作所达到的艺术水准，也为明清传奇的繁荣奠定了基础。其中《琵琶记》代表了南戏创作的最高成就，被誉为“南戏之祖”。

散曲作为元代韵文的主体，其成就也颇为引人注目。散曲是与剧曲相对而言的，它是金元时期北方兴起的可合乐歌唱的一种新型抒情诗体，在元代又被称为“乐府”。散曲的表现手法大多用铺陈白描，形式自由灵活，语言通俗流利，风格泼辣明快，显示出强大的艺术活力。在体式上，散曲大体上可以分为小令和套数两种。

在元曲大力发展的同时，通俗文学的另一重要样式——白话小说在元代继续盛行。在继承唐宋以来说话技艺的基础上，元代话本小说的创作达到了相当高的水平。由于元代话本与宋代话本之间区别甚微，很难确指，又往往有前人创作后人再加工润色等情况，所以一般统称为“宋元话本”。宋元小说话本第一次用白话文来描写社会日常生活，主要演述市民生活的悲欢离合，表现市民情感的喜怒哀乐，反映了市民阶层的思想观念和审美情趣，它开创了白话小说这一崭新的文学样式，并为明代拟话本短篇白话小说的出现开了先路。“讲史”是“小说”之外另一重要的说话技艺。讲史话本通称“平话”，又称“评话”，大多是根据各种正史、野史和民间传说改编而成，浅显的文言与不太成熟的白话夹杂并用，把错综复杂的历史事件编排成情节连贯的长篇故事。宋元讲史话本一般篇幅较长，分卷分目，文字质朴浅拙，关目生动曲折，有虚有实，亦文亦野，成为后来长篇白话章回小说的滥觞。如《大宋宣和遗事》为《水浒传》提供了最初的蓝本，《全相平话五种》中的《三国志平话》已粗略具备了《三国志通俗演义》的主要情节和基本倾向。此外，讲经话本《唐三藏取经诗话》对《西游记》的成书也有直接影响。总之，宋元话本小说在中国文学史上的地位是不可忽视的。

相对于源于民间的戏剧小说创作所取得的辉煌成就而言，元代正统的诗文创作要逊色许多。元代的诗文作品很少有爱国热情的宣泄，更多的是在感叹世事、歌咏隐逸中抒发自己的彷徨苦闷，带有浓厚的悲情与幻灭感。

七、明代文学

明代建国以后，进一步巩固并发展了中央集权的统治，在思想文化上实行专制主义，大力提倡程朱理学，采用八股取士制度，这在一定程度上就箝制了文人的思想，对文学的创作极为不利。明代中叶，社会情况发生了显著变化。在政治上，阶级矛盾、民族矛盾以及统治集团内部的矛盾趋向尖锐、激化；在经济上，城市商业经济逐渐繁荣，市民阶层日益壮大；在思想上，前期的控制有所松动，启蒙思潮开始兴起，出现了王阳明的心学、王艮的泰州学派等与理学相抗衡，这些都对文学创作产生了深远的影响。明代末年，随着国事多艰，经世实学思潮抬头，部分作家又重新强调文学的社会功用，开启了清代文学思潮的转变。明代后期，即从神宗万历元年至明代灭亡时期是明代文学的繁荣期。

此期文学的突出特点是通俗文学的创作相当兴盛。首先是小说创作得到空前发展。《金瓶梅》是此期最富时代特色的作品，也是世情小说的发轫之作，在古代长篇小说发展史上，具有里程碑的意义。长篇的历史演义、英雄传奇、神魔小说继续发展，而且出现了才子佳人小说与时事小说等新类型。冯梦龙的“三言”和凌濛初的“二拍”的出版，标志着白话短篇小说的整理与创作达到了高峰，它们的成功进一步推动了拟话本创作的热潮。其次是戏曲创作达到辉煌。此期的传奇创作是继元杂剧之后中国戏曲史上又一个繁盛时期，产生了两大戏曲流派：即以沈璟为代表的吴江派和以汤显祖为代表的临川派，它们的创作各具特色。汤显祖的代表作《牡丹亭》，是我国戏曲史上浪漫主义的优秀作品，吹响了个性解放的时代最强音。杰出的思想家、文学家李贽提出了具有启蒙主义色调的进步观念，给当时的文坛吹进了一股新鲜的空气，他的“童心说”成为文学解放的号角。在他的影响下，以袁宏道为代表的公安派首先起来反对复古，主张创新，要求文学独抒性灵，成为晚明诗文革新运动中的一支劲旅。值得一提的是小品文创作在晚明盛极一时，它形式自由活泼，文字轻灵隽永，多表现日常生活中的闲情逸趣，代表作家有张岱、王思任等。明代末年，随着政局的动荡变化，诗风、文风也开始转变。以陈子龙、夏完淳为代表的一批爱国作家重新倡导复古，反对公安派与竟陵派的抒写性灵，他们的诗文创作具有强烈的现实意义与慷慨雄健的风格，是明代三百年文坛的收篇。

八、清代文学

清王朝是我国最后一个封建王朝，它在入关后基本上继承了明朝的政治文化制度，并使之更加完备与强化，成为封建专制主义集权的高度发展形态。清代初年，民族矛盾十分尖锐，一方面清朝统治者实行极其严酷的民族压迫和民族歧视政策，采取高压手段镇压具有反清意识的文人，曾经屡兴文字狱，以消除汉人的民族对抗情绪。另一方面，又采取各种手段笼络汉族士人，除继续沿袭明制以八股取士外，康、乾两朝均特开博学鸿词科以网罗天下名士；还组织编纂各种大型图书，作为优容文人的象征。明清之际的学术思潮也发生了重大变化，顾炎武等启蒙思想家对明末空谈心性的虚浮学风加以系统清算，提倡经世致用的实学，于有清一代学者影响深远。清代中期，民族矛盾渐趋缓和，经济一度出现繁荣局面，但社会矛盾开始激化，尤其是嘉庆和道光时期，政治经济已呈现出全面衰颓的没落趋势，种种迹象表明，中国的封建社会已经进入日薄西山的末世阶段，濒临崩溃的边缘，以致道光二十年以后面对西方列强的入侵竟毫无抵御能力，自那时起，中国历史进入近代发展时期。清代中期学术思潮的一大变化是乾嘉学派的兴起。乾嘉学派重视训诂、考据，反对空想臆说，对古代文献的整理有卓越的贡献；但它又是适应当时文化专制的产物，逐渐丧失了经世致用的儒学传统与独立思考的批判精神，有脱离社会、逃避现实的倾向。乾嘉学风多方面地影响到当时的文学创作。

清代文学集封建时代文学发展之大成，是古代文学的一个光辉总结。各种文体无不具备，蔚为大观，诸多样式齐头并进，全面繁荣。诗、词、散文等传统文学样式，清代使之得到复兴；小说、戏曲、民间讲唱等新兴文学样式，清代使之达到登峰造极的高度。

清代诗人有惩于元诗的绮靡纤弱、明诗的或拟古或轻浅，提倡兼学唐宋诗歌的长处，转益多师，取径较广，在继承的基础上不断创新，风格多样，流派林立，在数量上和总体成就上都超元轶明，成为中国古典诗歌的后劲。

清代散文上承秦汉唐宋，蔚为大观。清代中叶出现了影响最大、延续最长的散文流派——桐城派，代表人物是方苞、刘大櫆、姚鼐，他们提倡义理、考据和辞章，使古文理论系统化、规范化，在创作上也取得了一定成就。桐城派从康熙年间创立，直到晚清还非常活跃，几乎与清朝国运相始终。

清代小说是中国古典小说的全面成熟期，也是清代文学辉煌的标志。清代文言小说在明代传奇复苏的基础上更进一步，获得了巨大成功。清代初年，蒲松龄的《聊斋志异》“用传奇法而以志怪”，使花妖狐魅人格化，幽冥世界现实化，大大拓展了文言小说的叙事功能与表现功能，成为文言小说发展史上前无古人也后无来者的艺术典范。清代中期，纪昀的《阅微草堂笔记》有意与《聊斋》相抗衡，尚质黜华，追踪晋宋，雍容淡雅，天趣盎然，是清代笔记体小说的代表作品；袁枚的《子不语》记述简略，行文洒脱，表现出向六朝志怪回归的趋势。长篇章回体小说，更是清代文学的骄傲。清代初年，英雄传奇小说有新的收获，产生了《水浒后传》、《说岳全传》等寄托民族意识，具有时代特征的作品；才子佳人小说风行一时，《好逑传》、《平山冷燕》等超越世俗情欲，抒写落魄文人婚恋梦想的作品不断问世；在学步《金瓶梅》的基础上，还产生了《醒世姻缘传》、《林兰香》等以家庭及社会生活为题材，描写现实人生的世情小说。清代中叶，《儒林外史》和《红楼梦》两部巨著把我国古典小说的创作推到了顶峰。《儒林外史》既是一部批判现实主义的杰作，其机锋所向，尤在士林，又是讽刺小说的典范，"感而能谐，婉而多讽"，将讽刺艺术发展到前所未有的高度。《红楼梦》的出现，更是具有划时代的意义，它把传统的思想和写法都打破了，不仅是古代小说的最高艺术典范，而且是整个中国古典文学的最高峰。

清代戏剧是在明代戏剧的基础上发展起来的，也获得了重大的成就。康熙年间洪昇的《长生殿》和孔尚任的《桃花扇》是两部传奇杰作，它们"借离合之情，写兴亡之感"，在思想上和艺术上都代表了清代戏剧的最高成就。就戏剧发展的总体趋势而言，杂剧、传奇已经走完了它们的历史行程，代之而起的是植根于民间的地方戏曲。花部地方戏的蓬勃发展和京剧的兴起，标志着中国戏曲艺术进入了一个新的历史阶段。

第六节　铜陵文化名人与著名诗篇

五千年来，在中国的这片土地上出现了无数文化名人，正是他们，才成就传承了我国悠久的文化史。

江南，是一片盛产诗歌和文人的神奇土地。铜陵，位于昼夜不息滚滚东流的长江南岸，这里城外有山绵延，城中有水环绕，景色美不胜收。这块充满灵性的土地孕育了一位位文学家、科学家、政治家、军事家，同时，也吸引了无数文人骚客驻足挥毫。他们的诗篇为铜陵的历史文化涂抹上了绚烂的一笔。

一、铜陵文化名人

[盛度]（970～1040年），字公量，铜陵县石洞耆（今董店镇）人。其“幼小读书，敏而好学”，北宋祥符七年（1014年）中进士。曾任翰林学士、兵部郎中、参知政事、知枢密院事等，为北宋著名的政治家、军事家、外交家。天圣年间，宋仁宗赐给其牡丹一棵，盛度将此带回铜陵，世世栽培，直至如今。这牡丹现每年仍一开花百余朵。（《铜陵年鉴》2001年刊附录有专门记载）

[胡舜元]（1019～1079年），字叔才，铜陵县凤凰耆沸水（今铜陵县新桥镇境内）人。其出身“铜陵大家世”，少常与王安石“共砚席，相友善”。北宋嘉四年（1059年）中进士，历任德兴、郑县县令，后迁著作郎。王安石青年时期与结识了胡舜元。王安石在铜陵除了给胡氏写过不少赠诗外，还专门为他写了一篇热情洋溢的《送胡

叔才序》。胡舜元在政治上属保守势力，王安石变法时，胡竟“以书诋安石”，严厉攻击王安石变法的目的是“怀利事君，贪财害民”。因觉得自己仕途不顺、理想不展，即辞官“归隐”，自以为“如今始觉天将晓，深闭蓬门不问津”。胡舜元终于在“优游林下二十年”后，卒于自己的故乡，葬于望牛山。

胡舜元逝世后，王安石仍珍惜旧情，不计个人恩怨，写下了《挽舜元胡著作郎》的悼诗，诗中一往情深地评价胡舜元“德行文章里宗，姓名朝野尽知公”，并虔诚地为他祷祝：“从今永别人间去，笑入蓬瀛阆苑中。”

[佘翘]（1567～1612 年），字聿云，铜陵县合二耆（今铜陵县大通镇）人，明代戏曲作家、诗人。其祖父佘杰，曾任湖广宝庆府新化县知县 7 年；叔父佘毅中，明万历二年进士，授工部主事，后官居正四品，诰赠太仆卿；其父佘敬中，明嘉靖三十八年进士，官至广东按察使，为正三品，与明代戏曲家汤显祖常有交往。佘翘天性聪颖，四岁即能授书成诵。幼时，其诗文曾受到汤显祖的赏识，惊称其为“小友”，并赠诗褒扬。佘翘一生著述颇丰，有诗集《浮斋百韵》、《秋浦吟》，文集《翠微集》、《幼服集》、《偶论》、《白下游草》、《齐山奇观》和《三忠传》，传奇剧本《量江记》、《赐环记》，杂剧《锁骨菩萨》等，皆刊行于世。其中以戏剧作品《量江记》成就突出。戏曲作家冯梦龙称《量江记》为罕见珍本，能与汤显祖的《临川四梦》并立。

[陈翥]（982～1061 年），字凤翔，号虚斋，因研究桐竹栽培，自称“桐竹君”；又因其筑室读书，皇帝“三征七聘”坚辞不就，世称“闭户先生”。为北宋林学家、隐士。铜陵县贵上耆土桥（今钟鸣镇）人。他平生著有天文、地理、儒、释、农、医、卜算之书，共 26 部 182 卷，又有 10 图。其代表作《桐谱》系世界上最早记述桐树栽培的科学技术著作，是一部自成体系、颇具特色的谱录学专著，是我国和世界上第

一部，也是现存惟一的一部古代植桐专著。该书成稿于北宋皇祐年间(1049～1053年)，全书约1.6万字，除序文外，正文共一卷，依次分“叙源”、“类属”、“种植”、“所宜”、“所出”等共10篇，其中6篇专论植桐技术，为全书的精粹，为种植桐树留下了宝贵经验，在桐树分类及其分布上，做出了新的贡献。陈翥死后葬于故里，宋仁宗赐入“乡贤祠”享祀。

[何其沧] 清代医学家，铜陵顺安(今顺安镇)人，生卒年不详，享年75岁，医德传颂乡里，常免费为穷人治病，救活不少濒危病人，著有《幼科指南》。

[张文伟] 字无彦，号横溪，清代数学家，铜陵县人，生卒年不详。自幼好学，屡次参加科举考试均落榜，遂潜心研究数学，运用于农、商计算。他推崇明朝万历年间刊行于世的《铜陵算法》(作者佚名)，并理论联系实际，推陈出新，颇有成就，编纂专书刊行于世。利用张氏新算法，丈量田地精妙简捷，对后人研究算法颇有影响。

[江有恒] 清代数学家，铜陵县石洞耆(今董店镇)人，生卒年不详。毕生潜心研究数学，继承并发扬了同乡数学家张文伟的算法，有专书刊行于世。

[夏思恬] 字涵波，铜陵钟鸣人。清道光十四年中举人，后进京未及第，回乡致力于文学创作，其作品较多，有《少赋草》四卷、《少诗文集》等。

[罗京] 铜陵贵上人。自幼在狮子山清凉寺筑室刻苦读书，南宋绍宝二年应试中进士，后官至户部侍郎。后人为纪念罗京刻苦读书、勤奋好学的精神，建“罗公书堂”，列为清凉八景之一。

二、历代名人咏铜陵

铜陵地处江南，山川秀丽，丘田交错，水肥土沃，资源丰富。自南北朝以来，吸引了无数名人来此居住游览。他们或徜徉于天井湖月夜，或漫步于五松山峰巅，或惊羡于大通镇的风采，或迷恋于顺安驿的繁华。信笔吟诵，状眼前山姿水色如立画屏；慷慨歌咏，抒胸中万般情怀凝于笔端。为铜陵山河增添色彩，也为后人留下许多脍炙人口的诗篇。

（一）李白

唐代诗人李白一生遍历名山大川，在其晚年曾两次巡游到铜陵，留下了不少脍炙人口的诗作。铜陵的采铜业在唐代发展到鼎盛时期，李白理所当然地要把它记录在诗文中。唐天宝十三年（公元754 年）李白巡游秋浦，往来于铜陵、贵池之间，写下了组诗《秋浦歌》，其中第十四首写道：

炉火照天地，红星乱紫烟。

赧郎明月夜，歌曲动寒川。

这首很有感染力的诗，是中国文学史上第一篇描写工人劳作的佳篇，有很高的文学地位和价值。

同年，在另一首《答杜秀才五松山见赠》诗中，李白以他惯有的浪漫主义手法写道：

铜井炎炉歊九天，赫如铸鼎荆山前。

陶公矍铄呵赤电，回禄睢盱扬紫烟。

这首诗是李白告诉杜秀才在铜陵期间对神奇壮观的冶铜场景的感受。

与南陵常赞府游五松山

安石泛溟渤，独啸长风还。逸韵动海上，高情出人间。

灵异可并迹，淡然与世闲。我来五松下，置酒穷跻攀。

征古绝遗老，因名五松山。五松何清幽，胜境美沃洲。

萧飒鸣洞壑，终年风雨秋。响入百泉去，听如三峡流。

剪竹扫天花，且从傲吏游。龙堂若可憩，吾欲归精修。

这是一首记游诗，也是五松山的定名诗。李白首先用谢安石出海泛游，独啸长风，镇定自若的典故，写出“逸韵”和“高情”的游兴，然后写攀山的过程。由“我来五松下，置酒穷跻攀，征古绝遗老，因名五松山”可以看出诗人游兴大发。面对五松山上遍植的松树，无酒岂不虚度？携酒登山，与松对酒，何等的雅致，何等的怡情，面对这松林，征询遗老，为山命名，又是何等的心旷神贻。爱山乐山之情、喜松悦松之情跃然纸上。感情抒发已毕，李白着浓墨细写五松山：“五松何清幽，胜境美沃洲”，是借景比景，胜过名山沃洲；“萧飒鸣洞壑，终年风雨秋。响入百泉去，听如三峡流”，是以听觉写出松涛。王琦评论这首诗时说：“萧飒、风雨、百泉、三峡，皆状五松涛声之美。”李白充分调动各种感观功能，虚景与实景迭换，现实和想象结合，描绘出五松山一片美景，使读者身临其境。

五松山上还长有许多修竹和烂漫的山花。剪竹开道，拂花探幽，与挚友同游，更是游兴迭发。李白乐不思返，见到山上有龙堂精舍，几乎不想走了：“龙堂若可憩，吾欲归精修。”李白在诗后自注云：“五松山在南陵铜井西五里，有古精舍。”五松山自古就有佛事活动，北宋诗人郭祥正“梁僧种松夺造物”的诗句也说明六朝时期五松山就有宗教活动。

这首诗，诗中有景，景中有情。李白既写五松山之美景，同时又抒其政治失意后恬淡寡欲、与世无争的心情，“淡然与世闲”，但又称同游的南陵常赞府常建为“傲吏”，不与世俗苟合，是志同道合之朋，情投意恰之友，李白的情感倾向也一目了然。

铜官山醉后绝句

我爱铜官乐，千年未拟还。

要须回舞袖，拂尽五松山。

此诗是李白酒醉后所作。通过“爱”字直抒胸臆，“千年”使用了夸张手法，“要须回舞袖，拂尽五松山”充分展示了诗仙的飘逸气质。这首诗同样运用了浪漫主义的表现手法，感情直白，诗人对铜官山(铜陵旧称)的爱慕之情言溢于表。

宿五松山下荀温家

我宿五松下，寂寥无所欢。

田家秋作苦，邻女夜舂寒。

跪进雕胡饭，月光明素盘。

令人惭漂母，三谢不能餐。

安史乱起，李白因参加永王李璘幕府，被牵累，长流夜郎，途中遇赦。归来途经铜陵，饥寒交迫，家住五松山下的一位荀姓老妇人看到李白衣衫褴褛的样子非常同情，就用家中仅有的雕胡米(即茭白的果实)做饭给李白吃。于是李白写下了这首感恩诗，表达了对这位老妇人深深的谢意。

(二) 苏轼、黄庭坚

据《嘉靖铜陵县志》记载，苏轼于元丰年间(1078～1085 年)自黄州(今湖北黄岗)抵常州，路过铜陵，与黄山谷(黄庭坚)会游于铜陵县陈公园，觞咏竟日。现存《题陈公园》三首、《题铜陵陈公园双池诗》等。

陈公园建于铜陵县城关(现五松镇)，系陈翥的从叔陈涉所建。据《五松陈氏宗谱》载：“陈公园乃邑庠、太学生陈涉公初建。园于县东祖宅左，尝作花园亭台，左右凿土为池，刻石为山，面对铜官山，岩洞景致不能悉载。”陈公园临水而建，水清荡漾，水面虽不很大，但

"濯婴"、"洗耳"已足，且待皓月当空，月如"铜镜之新开"，天上一枚，水中一枚，交相辉映。园内有垒石（假山）环列，垒石固然是小风景，但与远处铜官山遥遥相对，更有一番情趣。当然，此时诗人想起的还是诗仙李白，苏东坡此时心境与李白有太多的相似，所以，"要使谪仙回舞袖，千年翠拂五松山"，直接唱和李白的"要须回舞袖，拂尽五松山"，与谪仙神交。

现天井湖公园建有翠拂亭，亭址为苏黄二人昔时咏诗处，亭名取自苏轼诗句。

题陈公园

一

南北山光照绿波，濯缨洗耳不须多。天空月满宜登眺，看取青铜两处磨。

二

春池水暖鱼自乐，翠岭竹静鸟知还。莫言垒石小风景，卷帘看尽铜官山。

三

落帆重到古铜官，长是江风阻往还。要使谪仙回舞袖，千年翠拂五松山。

据《五松黄氏宗谱》记载，黄庭坚于元丰年间（1078～1085年）自南昌泛游至铜陵，恰遇苏东坡自黄州往常州，路过铜陵，二人相会于陈公园。"公与东坡觞咏于此，有《双墨竹》诗留于太白书堂，后堂祀诗失。公于园眺览平湖绿野，铜官耸翠，心诚乐之。既归，复偕兄友颜，携子相游于园，寓陈公园诵读有年，常钓天井湖。"现存《阻风铜陵》、《阻水泊舟竹山下》、《铜官僧舍得尚书郎赵宗闵墨竹一枝，笔势天下，为作小诗二首》、《送刘道纯》、《铜官县望五松山集句》等，并与苏东坡联咏《陈公学堂诗》，其中黄庭坚咏道："千里相知隐逸园，羡君名重翰林仙。"《铜官县望五松山集句》中有：

我来五松下，白发三千丈。

松门点青苔，惜哉不得往。

"我来五松下"摘于李白《与南陵常赞府游五松山》"我来五松下，置酒穷跻攀"；"白发三千丈"摘于李白《秋浦歌》"白发三千丈，离愁似个长"。

阻风铜陵

顿舟古铜官，尽夜风雨黑。

决波崩奔去，天地无限隔。

舟人紧维笮，何暇思挂席。

凭江裂嵌空，中有时水滴。

洞视不敢前，潭潭蛟龙宅。

网师登长鳣，贾我腥釜鬲。

斑斑被文章，突兀喙三尺。

言语竟不通，噞喁亦何益。

魁梧类长者，卒以筌饵得。

浮沉江湖中，波中永相失。

有生甚苦相，细大更啖食。

安得无垢称，对榻忘语默。

阻水泊舟竹山下

竹山虫鸟朋友语，讨论阴晴怕风雨。丁宁相教防祸机，草动尘惊忽飞去。

提壶归去意甚真，柳暗花浓亦半春。北风几日铜官县，欲过五松无主人。

（三）王安石

王安石（1021～1086 年），字介甫，号半山，北宋抚州临川人。仁宗庆历二年（1042 年）进士。嘉祐三年（1058 年）上万言书，提出变法的主张。神宗熙宁二年（1069 年）任参知政事，次年为宰相，实行变法。熙宁九年被迫辞职。后退居江宁（今江苏南京），封舒国公。元丰二年改封荆国公。王安石在拜相和实行变法前后，曾多次涉足铜陵，写下了咏铜陵的诗数首。

胡氏逢原堂

我爱铜官好，君实家其间。山水相萦萃，花卉矜春妍。有鸣林间禽，有跃池中鲜。

叶山何嵯峨，秀峙东南偏。峰峦日在望，远色涵云边。宾客此鳞集，觞饮当留连。

君家世儒雅，子弟清风传。前日僻书堂，名之曰逢原。有志在古道，驰情纂高贤。

深哉堂名意，推此宜勉旃。木茂贵培本，流长思养源。左右无不宜，愿献小诗篇。

《胡氏逢原堂》是王安石在铜陵讲学时所作。王安石青年时期，曾同旌德人汪澥游学铜陵。《胡氏宗谱》记载："中庆历乙酉乡举临川半山王君安石者，学行高重，（胡舜元之父省一公）乃于大明寺山侧建书堂一所，敦请王君居其间，而以叔才公（胡元腕，字叔才）从学于彼，安石公乃为名其堂曰逢原，盖取君子资深逢原之意。"

顺安临津驿

临津滟滟花千树，夹径斜斜柳数行。

却忆金明池上路，红裙争看绿衣郎。

诗中的临津驿是古代的驿站，在今铜陵县顺安镇回龙山畔，后人在此建有顺安楼。诗中将临津驿与当时东京开封的金明池相媲美，反映了宋时顺安镇的繁荣景象。顺安楼为古镇顺安的著名古迹。

“却忆金明池上路”中的金明池，在河南开封市，五代周世宗谋伐南唐，凿此池以习水战。“红裙争看绿衣郎”中的绿衣郎，是指鹦鹉。唐代长安豪民杨崇义被妻刘氏和邻人李弇谋杀，县官到杨家察看，杨家的鹦鹉忽作人言，说杀家主的是李弇，案情大白。唐玄宗因封鹦鹉为“绿衣使者”。

灵窦泉

山腰石有千年漳，海眼泉无一日干。
天下苍生望霖雨，谁知龙向此中蟠。

据嘉靖、乾隆《铜陵县志》记载，在叶山山腰有灵窦泉，泉出俩穴，形如蟹眼，又名海（蟹的谐音）眼泉，侧有大明寺（又名大觉寺）。这首诗就题在寺院的墙壁上。

（四）梅尧臣

铜官山

碧矿不出土，青山凿不休。
青山凿不休，坐令鬼神愁。

铜陵地区有着丰富的矿藏资源，远在春秋时代就有铜矿开采。但在那社会生产力低下的封建时代，采矿工人是十分劳累辛苦的。青绿色的铜矿石深深地埋藏在地层下，要想开采它，只能靠矿工爬到矿井下一凿一凿地挖取。在当时生产工具落后，开采方式原始，体力劳动繁重，矿工们生活在水深火热之中，那一筐筐矿石，凝结着代代矿工的血与泪，那从无休止的“叮当叮当”的开山声，听上去是那么的凝重而沉闷、单调而凄清，使山鬼土神也为之发愁。梅尧臣的这首《铜官山》造语看似平淡，成句却显艰辛。寥寥二十字，表现出作者对采矿工人生活命运的同情，那”青山凿不休”的重复诗句，如一记记重锤敲击着读者的心灵。后句较前句语气加重，给人以意味深长的咀嚼和思索。两联诗，首联出句为因，对句为果，均为写实；第二联出句变果为因，对句为果，并运用夸张拟人手法增强感染力。这种因果反复的关系造成了诗歌情绪上的复沓跌宕、一唱三叹的艺术效果。没有劳动人民的思想情感、不体察民间的疾苦，是断然写不出这样的诗句来的。无怪乎欣赏他诗作的欧阳修称赞他是“非诗之能穷人，殆穷者而后工也”。此语颇得梅诗之精髓。

注　释：

[1] 出自《淮南子·道应训》。

[2] 出自鲁迅：《门外文谈》，《鲁迅全集》第6卷，人民文学出版社1981年版，第94页。

[3]《文学是什么》傅道彬、于茀著，北京大学出版社，2002年1月第1版，第4页。

[4] 柏拉图《理想国》，郭斌和张竹明译，商务印书馆，1986年8月第一版，第389页。

【本章思考题】

1. 文学的起源有哪几种观点？我们如何认识文学的起源？
2. 文学有哪几种主要的社会作用？试举例说明之。
3. 如何理解文学的生活内容与情感内容？试举例说明之。
4. 选择一部自己最喜欢的文学作品进行鉴赏，并与同学和老师进行交流。
5. 请结合自己的阅读体验，谈谈你所理解的“文学的人文性”。
6. 谈谈自己对中国古代文学的认识。

7. 请在课下搜集 3～5 篇历代文人歌颂铜陵的诗文。

【推荐阅读书目】

陈鼓应著.《老子注译及评介》.中华书局，1984 年版

杨伯峻著.《论语译注》.中华书局，1980 年版

金开诚著.《楚辞选注》.北京出版社，1980 年版

韩传达著.《中国古代文学作品选》.北京大学出版社，2004 年版

钱谷融主编.《中国现当代文学作品选》.华东师范大学出版社，2003 年版

第二章　走近历史学

作为人文科学的历史教育，从根本上讲其实是一种人性化的教育，是通过授予学生历史知识，使其在认识自我、认识社会、处理人际关系和审美等方面得到发展，通过历史的濡染与涵化，提高自身修养与素质，学会做人。

第一节　历史和历史学

历史似乎是一个尽人皆知的概念。但如何清晰地解释历史的涵义呢？

历史总的来说，有三层涵义：一是指以往发生的、过去了的历史现象和事情的客观过程；二是指人们对历史过程的记录或者对历史现象认识与研究的结果，即历史著述；三是指历史学科。三者之间既互相联系，又有不可逾越的鸿沟。

一、什么是历史

(一) 历史与历史著述的区别和联系

1. 什么叫历史

历史，广义说来，是指宇宙间万事万物发生、发展、灭亡的过程，它是一切事物固有的属性。马克思曾经这样给历史界定过范畴："历史可以从两方面来考察，可以把它划分为自然史和人类史。但这两方面是密切相连的；只要有人在，自然史和人类史就彼此相互制约。自然史，即所谓自然科学，我们在这里不谈；我们所需要研究的是人类史……"

与广义的历史相对，人类社会的发生发展史是狭义的历史。通常意义上的历史学就是以这狭义的历史为研究对象的。

历史，是已经过去了的事物、现象及其发展过程，它发生于过去，却与现在有着不可分割的联系。历史具有客观实在性，也就是说，历史上发生的一切事物、现象及其过程是实实在在存在过的，绝不会因任何人对它们加以否定或肯定而改变其存在。

小挂板

人类的发展中，充溢着个性的张扬和聚敛。尽管历史是已经逝去的人和事，不可能完整地重现，但历史是由活生生的人创造的，历史舞台上留下了林林总总、千姿百态的历史人物形象：秦始皇统一六国的不凡气度，汉武帝外柔内刚的包容，唐太宗善于纳谏的谦和，李时珍走遍大山名川亲尝百草的艰辛，谭嗣同面对屠刀大义凛然的气概等等。同时,历史也展示给我们一串串或悲怆或欢愉的真实故事:大禹治水过家门而不入,刘备求贤若渴“三顾茅庐”,红军二万五千里长征艰苦卓绝,天安门上第一面五星红旗升起等等。这些人物和事件带我们超越时空,进入广阔的历史空间,感受到历史脉搏的跳动,让我们在领略历史魅力的同时,卷入历史长河之中,融入历史的变迁。历史是人民群众创造的,但人民群众的创造性是通过具体的历史人物体现出来的。每个特定时代都有自己的英雄人物,特定时代的英雄人物代表了这个时代的特征和思想;每个特定的民族都有自己的英雄,特定民族的英雄是这一民族精神和理想的代表,他的力量来自于这个群体整体的人文理想和历史良知。因此,英雄人物是时代的,是历史精神内涵和发展理想的典型化;英雄人物是社会的,是人类思想与行为的典型化。历史人文素材的丰富在于它是人的历史,历史人文素材具有的可感性,其源泉在于历史人物的典型化。

2. 什么叫历史著述

所谓历史著述,是指历史记录者、研究者、认识者通过对客观历史的记录、描述、研究而形成的历史书籍。它是客观历史经过记录者、研究者的主体加工而形成的含有主体烙印的历史。

强调历史与历史著述之间的差异,并不排斥两者之间的密切联系。事实上,两者之间存在着“被加工原型”与“加工产物”的关系。当代人写当代史或后代人写前代史,都是在不同程度上符合历史本体的著述。甚至一些经著述者故意歪曲过的历史著述也能在不同层面上折射出历史的真实,这是为什么呢?一般来说,经著述者本人故意歪曲的历史著述,是不能直接反映历史真实面貌的,它提供的是一些矛盾的、扭曲的、虚假的信息。但通过对这些信息进行破译、分析,就会得到隐含在其中的真实的历史图像。如明朝官修史书中，根本看不到朱元璋与明教、小明王的关系，是经过篡改的、歪曲的历史著述，但却可以从其历史动因背后对歪曲的史料进行剖析，恢复它所折射的历史本来面目。

由此可见，历史著述是以客观历史本身为基础，离开客观历史本身，历史著述便成为无源之水、无本之木。这就决定了历史著述必然在一定程度上与客观历史相吻合。但无论如何，两者不可能达到绝对的一致。这是由客观真理的绝对性与人的认识能力的相对有限性的矛盾决定的。

历史认识者、研究者不可能直接接触客观历史，他所接触到的研究对象不是历史本身，而是客观历史的残留物，比如遗址、遗迹、遗物、文献资料等。这些残留物与全部历史相比何异于九牛一毛！这决定了我们不可能复原历史上曾发生过的一切。但是可以弄清历史长河中的某些人物、事件、典章制度、风俗民情，并进而对历史运动的整体做出规律性的把握。就拿铜陵来说，通过了解其遗址、遗迹、遗物、文献资料，可以了解铜陵的历史，但即使是这样，我们也不能完全地认识铜陵历史。因为无论哪一个认识者、研究者，都难免受各种主客观条件的制约，使他在自身的社会实践方面，在对历史资料的考察研究方面都不可能达到绝对的完善。所以，任何历史著述在真理性方面只能相对地接近客观历史本身，这个接近可以是无限的，但绝不会重合。

与此相反的情况是，历史著述有时会背离客观历史本身。那些人为、故意地歪曲、篡改、伪造历史且不说，即便是作为严肃的研究成果的历史著述，也难免与历史本体发生背离。这也是由各种主客观条件所决定。如史料不足，会导致研究者做出错误的推测、判断。阶级立场或政治立场的局限往往也会使人们对一些根本性的问题做出错误结论。另外时代的局限也会制约着人们的认识能力，中世纪西方基督教史学观长期占据着历史观的核心地位，这使基督教史学家不能做出符合历史实际的正确描述。还有，人们的认识水平、能力大小、搜集和驾驭史料能力的高低，也会影响其对客观历史的正确描述。

小挂板

近几年来文坛出现了一股历史小说热，一时人人争说，“洛阳纸贵”。最早有姚雪垠的《李自成》，再有二月河的《康熙大帝》、《雍正王朝》，唐浩明的《曾国藩》、《张之洞》等。其实文学和史学是两回事，写小说和写传记也是完全不同的，不能把两者等同起来。写小说就是要大胆想象虚构，因为史料记载毕竟有限，有的还自相矛盾，连历史学家都莫衷一是，要是就按少量靠得住的史料写，恐怕连起码的情节都编不起来，即使写出来也不会好看。其实，《三国演义》、《水浒传》中有多少是三国、北宋的史实？但这并不妨碍它们成为中国古典小说（而非史书）中的精品。

金庸曾在《书剑恩仇录》中描写乾隆皇帝实为内阁学士、浙江海宁人陈元龙之子，与雍正之女同日降生。雍正为增加与其他皇子争夺皇位的筹码，将两个婴儿互换。乾隆即帝位后，数次下江南正是为调查自己的身世。小说还虚构乾隆与以反清复明为主旨的天地会总舵主陈家洛是亲兄弟，以增加戏剧冲突。其实这种说法在清末就流传极广，但却绝非史实。最有力的证据是乾隆为雍正的第四子。另据日本东洋文库孤本《海宁渤海陈氏宗谱第五修》，陈元龙共育有二女一男，最小的儿子生于康熙三十四年（1695 年），比乾隆大 17 岁，更不要说年长的两个女儿了。可见此传说纯属无稽。即使他们真的存在这种血缘关系，也早为政治关系所隔断。此类传说不过为了满足传播者一种低级的猎奇心理，从中获得一种阿 Q 式的虚妄的心理满足感，似乎如此一来，大清的天下又成了汉人的了。

历史是什么？简而言之，它是人类社会经历过的客观存在的过程。

一般来说，确定只涉及一些具体时间、地点、人物、事件等的历史事实的客观性不难。如公元前221年，秦始皇统一中国；公元476年，西罗马帝国灭亡等。不仅具体的历史事物、现象具有客观实在性，历史本身也具有不以人的主观认识为转移的客观实在性。或者说历史现象具有一度性，不可重复性。在人类历史不尽的长河中，我们绝对不会找出完全重合的事情，所谓“年年岁岁花相似，岁岁年年人不同”，历史上只有一个孔子，一个秦始皇，一个希特勒。所谓“历史往往有惊人的相似之处”，也只是指某个方面，而且也只是相似。

可见，客观实在性是历史的基本属性。这一基本属性决定了历史学作为一门科学的存在资格，决定了历史可以为人们所认识。

然而，由于认识者、研究者的历史观、阶级立场、政治立场不同，所占有的资料多寡及对资料理解的不同，往往导致他们对历史事物产生认识上的巨大差异，甚至完全相反。即使是历史观相同的人，往往也会由于观察问题的角度不同而产生不同的看法。这不免会使人产生这样的疑问：那个客观历史是否真实地存在过呢？对于这个问题，马克思主义史学主张：第一，历史本身是客观地存在着的，它独立于认识者、研究者的主体意识之外；第二，人类历史是以往经历过的客观存在的过程，它有自己独特的从低级向高级发展的运动规律；第三，人类历史及其发展规律可以被认识，只是它被认识的途径、特点、方法与其他学科有差别罢了。

小挂板

近十几年来，各地争夺名人诞生地、活动地、重大事件发生地，以及不顾既定的历史事实一味为祖宗翻案等事件频频发生。其实这些有争议的问题，有的本来是早有定论的，有的是根据现存的史料无法做出明确判断的。比如西施的故里到底在哪里，浙江的诸暨和萧山争得头破血流，漫画家华君武先生为此还画过一幅漫画，登在《浙江日报》上，漫画中东施也来凑热闹，让两个人不要再打，干脆一家分一个好了。其实诸暨和萧山两县毗邻，历史上又长期同属会稽郡，县界可能有所变动，西施居住的那个村的原址，哪里还弄得清楚？更何况西施其人不见于《春秋》、《左传》、《史记》等史书记载，而记于《管子》、《庄子》以及东汉的《越绝书》和《吴越春秋》，究竟只是小说家之言抑或实有其人，还是个疑问。今天两地所存的西施古迹，多为后人附会，不可能是春秋遗迹，显然不能当真。再如对孙武的故里，先秦古籍并无记载，《史记》只说“孙子武者，齐人也”，语焉不详。现在山东的惠民、博兴和广饶三地都在争，其实这三说都是以《新唐书·宰相世系表》所载孙武祖父孙书“食采于乐安”为依据的。而《新唐书》的史料，又来源于唐元和年间（806～820 年）所编的《元和姓纂》。有人认为该书中的“乐安”指唐乐安郡，有人认为指汉乐安县，有人认为指先秦齐国乐安邑，一时众说纷纭。且不说孙书的采邑是否一定为孙武的出生地，《元和姓纂》中所列郡望名称，既有郡名，又有县名，既有唐代地名，又有前代地名，三派学者按各自理解来解释这段史料，争来争去争不出个结果来。这种情况下，即便是超脱的历史学家也很难做出判断。

也有的史实本来是很明白的。如诸葛亮躬耕地在今天的湖北襄阳，东汉末属于南阳郡邓县，是南阳郡下辖的 37 个县之一，这一点，东晋习凿齿的《汉晋春秋》记载得很清楚："亮家于南阳之邓县，在襄阳城西二十里，号曰隆中。"（《三国志·诸葛亮传》裴松之注引）当时是刘表的统治区。而今天的河南南阳东汉末虽然同属南阳郡，但从建安四年（199年）张绣降曹开始就一直是曹操的控制区，刘备怎么可能于建安十二年（207年）跑到"敌占区"去三顾茅庐呢？诸葛亮《出师表》中称自己"躬耕于南阳"，只是从当时的郡名而言的。历史学界对此早已取得了基本一致的意见，但到了1990年《三国演义》特种邮票第二组中的"三顾茅庐"、"隆中对"要确定首发式地点时，襄阳、南阳之争就白热化了。如果只是一场学术争论也就罢了，竟然有人公然在文章中声称是为了"南阳两千万人民的利益"，哪还有什么尊重历史事实可言？在这种情况下，某些自封或被封的"历史学家"的"考证"当然不可能是研究历史，连我们所说的"运用历史"也谈不上。

科学和艺术的结合体。在研究历史的时候，需要运用历史相对主义（Historical Relativity）理论。我们研究历史，犹如置身一条前驶的船上，观察另外一条移动的船。第一条船是现在，第二条船是过去。

（二）"科学"与"艺术"之争：历史学的学科性质

历史学是一门什么样的学科？它是像自然科学那样，具有严密的科学性，还是像文学、绘画、电影、戏剧那样，是对社会和人生加以描绘的艺术？还是两者都不是？这就提出了历史学的学科性质问题。

史学是科学还是艺术的争论，在西方学术界已持续了一百年之久。这场争论与近代科学的发展、分化有密切联系。自15世纪下半叶以来，自然科学在西方得到了长足的发展，它的发展也带动了历史学的发展。19世纪便是史学向科学迈步的关键时期。所谓史学的科学与艺术之争,也是在这个世纪提出的。

小挂板

“《诗》亡而后《春秋》作”、“其文则史”、“情欲信、辞欲巧”。

雅各布·布克哈特说:“历史学——一切科学中最不科学的学问。历史在很大程度上仍然是诗;它是最美最生动的篇章。”

马考莱:事实不过是历史的渣子,历史是任人打扮的小姑娘。

克罗齐说,历史只有一个责任,即叙述事实。

卢基阿努斯《论撰史》:“历史学家的首要任务是如实叙述。”“历史必须努力尽它的本分,那就是写出真实。”“历史只有一个任务或目的,那就是实用,而实用只有一个根源,那就是真实。历史中可欣赏的成分无疑是外加的东西,不是历史的本质。”“历史学家的能事也是如此:他的艺术在于给复杂错综的现实事件赋予条理分明的秩序之美,然后以尽可能流畅的笔调把这些事件记载下来。如果听众或读者觉得犹如亲历其境,目击其事,而且称赞作者的技巧,那么历史家的雕像就算达到完美的境界,他的劳动就不是白费了。”

兰克学派:客观主义和科学方法。

实证主义史学:历史学可以借助自然科学的方法进行研究,历史学的任务在于探索人类历史发展的规律性。

布瑞:“历史学是一门科学,不多也不少。”

在历史学是科学还是艺术的问题上,马克思主义历史学在肯定历史学科学性的前提下,也承认艺术对历史学的补充作用。他认为,就学科特性而言,历史学是科学而非艺术。因为,与其他社会科学、自然科学一样,历史学的任务是从客观事实出发,探求历史事物、现象间的因果联系,寻找社会历史发展的一般规律。它在研究对象、理论、方法上具有自己的特点，但这并不妨碍它成为一门科学。同时，历史学也离不开艺术。首先，历史学离不开文字的表达。史学成果和发现要想为人知道，必须借助文字形成书籍传播，而文字表述需要艺术。其次，史学研究在规律的论证上虽主要采取逻辑思维、抽象思维等科学认识形式，但在对个别事物的描述上却离不开形象思维即艺术思维方式。这就是说，艺术对史学著作的编纂、细节描写是具有很大作用的。在这里，史学的艺术倾向显然是以不损害史学的科学性为先决条件的。所以，也可以这样说，史学的内容是科学的，其表现形式是要讲求表达艺术的。

（三）历史学的功能

人们常说，人生在世有两件事，第一是“做人”，第二是“做事”。人文素质教育主要教学生如何“做人”，专业素质教育则是教学生如何“做事”。如果我们教出的学生只会“做事”，不会“做人”，那也未必能把事做好。近年来就出现个别研究生、大学生，用所学的远红外线、计算机等高科技知识盗窃国家财产，有的甚至成了杀人犯、间谍。这就是人文素质教育与专业素质教育关系失调之结果的实例。

大学生的综合素质，包括思想道德素质（或称为思想素质、道德素质）、文化素质、身心素质、专业素质等。20 世纪最后 50 年，由于我国高等教育入学率一直不高，长期处于“精英教育”阶段，应试教育在中小学教育中愈演愈烈，许多中小学连体育课都不上，还谈什么人文素质教育？在当代大学生中有少数人，“ABC”很好，“XYZ”也很好，也懂得美元和英镑，但就是不了解长城、长江、黄河，不知道岳飞、文天祥、林则徐，不知道《离骚》、《史记》、《红楼梦》，只知道外国的月亮比中国的圆。这些人还愿不愿意为中华民族服务，能不能为中国现代化建设服务？

由于众所周知的原因，高等职业院校的新生质量大都不很理想，自然科学知识不扎实，人文科学知识匮乏，更谈不上具有多高的人文素质。与本科院校相比，高等职业院校要培养出合格的毕业生，无论在专业素质还是在人文素质的培养上，肩负的任务都更重，难度都更大。

中华民族具有5000年的历史，祖先留下了丰富的传统文化遗产。这是华夏儿女的骄傲，也是对子孙万代进行人文素质教育、弘扬民族精神的宝贵教材。弘扬优秀传统文化，是人文素质教育的重要内容。例如，我国大教育家、大思想家、大圣人孔子是2500年前的人，受到我国世世代代人民的尊敬，也受到世界各国人民的尊敬，就是因为他的许多思想和言论，至今还有生命力，还有借鉴作用。社会学家认为，人类在21世纪要生存下去，就必须与自然协调发展，这正符合孔子的“天人合一”的思想。

我国古代是“政文合一”，历史上许多政治家留下了弘扬爱国主义的著名篇章，如屈原的《离骚》、范仲淹的《岳阳楼记》；许多运筹帷幄的将帅和血战疆场的英雄，写下了激动人心的佳作，如诸葛亮的《出师表》、岳飞的《满江红》；许多爱国诗人也留下了不朽的诗句，如陆游的“王师北定中原日，家祭无忘告乃翁”；文天祥的“人生自古谁无死，留取丹心照汗青”；还有类似《红楼梦》这样的惊世文学名著。这些传世之作，其影响力远远超越了文学的范畴，渗透到人民生活的各个方面。这种作用是潜移默化的，正如杜甫诗云：“好雨知时节，当春乃发生。随风潜入夜，润物细无声。”

历史学的功用具体说来有以下几个方面：

第一，历史学可以增强人们认识和改造社会的能力。在现实生活中，我们对事物的认识，总是从它的现状入手，如世界的现状、安徽的现状、铜陵的现状。但是，要真正认识事物，仅仅知道它的现状是远远不够的。只有了解和把握它的历史渊源和成因，才能弄清楚它为什么成为现在这种状况。任何事物的发展都有其自身的规律可寻，了解其过去、把握其内在本质和发展规律，就可以很好地认识现实并科学地预测未来。古人说“入其国，先观其史”、“入乡问俗”，就是这个道理。每到一处，都要先做一番调查研究，掌握有关的情况，只有了解一个国家、一个地方、一个单位的历史沿革和现实状况，才能有的放矢，制定符合实际的方针、政策，才能把工作做到实处，才能真正做到“入乡随俗”、收放自如。比如我们要了解铜陵，就得说到铜陵的铜工业，这又得说到铜陵有色金属(集团)公司以及精达集团、三佳集团等以铜加工为主的大型企业，他们在进行铜的物质生产、物质加工的同时，积累创造了丰富的企业文化，丰富和发展了现代铜文化的内容，因而成为中国古铜都强大的基础之一。

第二，历史学可以增强民族的历史意识和创新精神。历史的发展是一个连续不断的过程，不仅是一个运动、变化的过程，更是一个前进、发展、上升的过程，是一个不断创新的进步的过程。所以，古今中外的改革派、革命家都非常重视历史，因为他们不仅要解释世界，而且要改造世界。

第三，历史学可以为人们的实践活动提供借鉴。人们在认识和改造世界的过程中，有的获得成功，有的遭到失败，有的成败参半。无论怎样，都积累了一定的经验教训。对后人来说，善于吸取前人的成功经验和失败教训，这是后人所以胜过前人的一个重要原因。历史借鉴的目的就在于吸取前人的经验教训，作为自身行动的参考。历史借鉴的范围很广，涉及社会生活的各个领域，无所不包。政治家治理国家、工人做工、农民种地、科学家做实验、医生治病、商人做买卖、小贩卖菜等等都可以从前人处获得借鉴和启示。所以“殷鉴不远”、“前事不忘，后事之师也”，“疑今者察之古，不知来者视之往”。唐太宗李世民之所以能够成为一代明君，就是因为他从隋的覆亡中看到了百姓的力量，认识到“水能载舟，亦能覆舟”，并提出了著名的“三镜”说，其一便是“以古为镜，可以知兴替”，从而开创了大乱之后的“贞观之治”。

第四，历史学具有强大的全面的教育作用。历史学通过运用真实具体的历史现象和客观科学的历史评价，用潜移默化的方式对人们的世界观、人生观、价值观产生积极的影响。具体说包括道德教育、理想教育和历史眼光的教育。首先，历史作为道德教育的重要工具，历来受到人们的重视，《易经》里就说“君子多识前言往行，以蓄其德”。我们今天的爱国主义、国际主义精神，良好品德与劳动观念的养成等都可以从历史优秀传统文化中吸取丰富的养分。历史可以激发人们的民族自信心和民族自豪感，激发人们的爱国热情和献身精神，培养人们树立崇高的道德观。其次，历史学还可以帮助人们树立符合实际的人生理想。要树立符合实际的理想，不仅需要了解现实社会对人才的需要，还要了解历史发展的规律与趋势，顺应规律和趋势确定自己的理想。逆历史潮流而动，最终是要失败的。再次，历史学可以培养人们认识事物和人生的历史眼光。使我们认识到人类社会是一个不断运动、变化、发展的过程，新陈代谢、生生不息，没有不变的事物，也没有永恒的存在，凡是存在的，都是应当灭亡的。孔子感叹“逝者如斯夫，不舍昼夜”，何等深沉；苏东坡长吟“大江东去，浪淘尽，千古风流人物”，何等潇洒；毛泽东高诵“俱往矣，数风流人物，还看今朝”，何等的豪迈！

第五，历史学还具有服务决策的功能。历史学不仅对现实有启示作用，还可以服务社会决策。在外交谈判中，特别是涉及国家间边界纠纷和领土主权归属的时候，常常需要历史证据的支撑。如关于钓鱼岛问题，我们可以从清政府的文档中找到证据证明在清代，钓鱼岛在清政府的实际控制之下，是属于中国的领土，而不是日本的。

小挂板

铜陵采冶铜的历史，是中国冶铜史的缩影，同样，铜陵的矿业史也和我们的民族一样，记录着曾经历的屈辱。1840年鸦片战争之后，帝国列强企图以武力瓜分中国，其后又推行经济瓜分的战略。清光绪二十七年（1901），英帝国主义者以软硬兼施的手段，获得了铜官山矿的开采权，引起了安徽人民的强烈反对，地方绅士和商界代表纷纷在省城集会，致电清政府要求废约。由此爆发了一场旷日持久的收回铜官山矿权力运动，进而发展为一场影响全国的反帝爱国运动。宣统二年（1910）3月8日，经过安徽人民坚忍不拔的斗争，清政府被迫做出决定，收回铜官山矿权。至此，英商凯约翰谋办铜官山矿务一案，以安徽人民反帝护矿斗争取得胜利、英帝国主义者侵夺矿权遭到失败而告终。这是一场轰轰烈烈的反帝爱国运动。

1938年11月，铜陵陷入日帝之手。日本人在铜陵建立起“华中矿业股份有限公司铜官山矿业所”，对铜官山矿藏资源进行掠夺性开采，铜官山矿是日寇侵华在长江沿岸所建的重要矿业基地之一，铜官山地下资源被日寇掠夺，铜官山劳动人民遭日寇蹂躏，而铜官山矿业所更是铜矿工人的人间地狱。铜官山下至今仍遗留着日寇修建的碉堡，无声地述说着那段历史，这是铜陵采冶铜历史中充满血泪的一页。

抗日战争胜利后，国民党政府接收原日本人留下的工矿企业。不久国民党大规模发动内战，且节节败退，根本无暇顾及矿山，加上货币贬值，物价飞涨，矿山主管人员开始大肆盗卖残存物资和器材设备，以饱私囊。如此折腾，到解放前夕，铜官山矿已名存实亡。

1952年11月，铜陵有色金属（集团）公司的前身——铜官山矿务局成立，正式开始了铜官山矿的建设。也就是从这时起，铜官山铜矿工程处历经铜官山矿务局、中国有色金属总公司铜陵公司，直到今日的铜陵有色金属(集团)公司，恰如一艘巨舰，开始远航。五十年来，历经艰辛创业的起航、“文革”时期的颠簸、改革开放的重振及资产重组，铜矿业重新注入巨大的动力，一步一步地发展壮大起来。五十年的风风雨雨锻炼和考验着铜都人的毅力和品格，使这艘巨舰坚定执著地航行，不断创造一个又一个新的辉煌。

二、历史学的学科结构

历史学是一个巨大的学科群，它包括了一些更为具体、细密的分支学科。根据研究对象的不同，整个历史学的分支学科粗略地分为以客观历史为研究对象的分支学科、以历史资料为研究对象的分支学科和以历史学本身为研究对象的分支学科等三大类，下面加以具体探讨。

(一) 以客观历史为研究对象的分支学科

对客观历史现象和过程的研究，是历史学的主要研究内容。

按研究的空间范围来划分，有世界史、国别史和地区史；按研究的时间跨度来划分，有通史、断代史；按研究的历史活动领域来划分，有经济史、社会史、政治史、军事史、外交史、科技史、文化史、宗教史等专门史。

(二) 以历史资料为研究对象的分支学科

历史资料主要包括文字史料、实物史料、口碑史料与风俗习惯等。它们都是研究客观历史不可缺少的资料。研究历史，必须首先对史料进行搜集、整理、鉴别工作，以保证历史研究建立在可靠、厚实的基础之上。在我国，以文字史料为研究对象的史料学，在先秦和秦汉时期已开始萌生，到清代和现代已发展为包括目录学、版本学、辨伪学、校勘学、考据学、训诂学等专门学科在内的一门学科。

（三）以历史学本身为研究对象的分支学科

主要包括史学史、历史哲学和史学概论。

史学史是关于史学自身发展的历史，通过阐明史学发展的过程及其规律，提示史学与社会的关系，批判地总结史学遗产，为促进历史科学的发展提供成果和借鉴。

历史哲学即对历史进行哲学的思考，主要包括历史本体论、历史方法论或史学方法论、历史认识论。近现代的"历史哲学"一词，专指西方唯心主义的历史哲学。唯物主义的历史哲学则一般通称为"历史唯物主义"，也就是马克思主义关于人类社会发展的普遍规律的科学。

史学概论是对历史学历史活动本身的审视、反思和总结，概括史学发展的全过程及其规律性，以历史学、历史认识及历史活动为研究对象的分支学科。

第二节　悠久的青铜文化历史

一位历史学家曾说，中国的历史是一部石头的书、青铜的书。毫不夸张，铜文化是一部缩写的中国百科全书。研究中国的铜文化历史，对于弘扬中华民族传统文化有着十分重要的意义。

铜陵作为一个城市，历史只有50年，但她的采冶铜历史悠久而漫长，由古至今数千年都不曾中断，因而积累、蕴藏了丰富的以铜文化为主轴的铜都文化。铜陵作为中国古铜都，秉承了优良传统，现代铜工业又创造了更为辉煌的铜文化。铜陵以铜得名，因铜兴市，自然而然地就以铜文化作为城市文化的内核，这是铜陵人民智慧的结晶。

一、中国青铜文化溯源

以铜为主的金属工具的制造和使用，同人类文明发展历史紧密地联系在一起，是人类文明开始的标志之一。青铜的冶炼和铸造，不仅需要一定水平的技术和技艺，更需要一定的生产组织和生产规模，因此代表了当时生产力发展最高水平。我们的祖先创造了光辉灿烂的青铜文化，同时也创造了辉煌的中华民族。

历史学家对历史时代的划分，通常以当时人类使用的工具来区分。当人类以石器为主要工具时，称这一时期为“石器时代”；当人们开始以青铜为材料制作工具、武器时，历史学家就称这一时期为“青铜时代”。世界各地进入青铜时代的时期不尽相同，技术发展的道路也各有千秋。我国在公元前2000多年原始公社制解体时期就进入了青铜时代。它经历了10多个世纪，相当于夏、商、周、春秋时代，与中国奴隶制国家的产生、发展、衰亡相始终。商代之前和商代初期，黄河流域开始出现了一些青铜器，到商代中后期形成了中国青铜器的鼎盛时期，在青铜铸造技术上达到了当时的世界高峰。现在出土的大量商代、周代铸造的铜器，包括生产工具、兵器，以及生活用具、礼器，种类繁多，应有尽有。其中青铜器的杰作——司母戊大方鼎，是世界上已出土的最大的青铜器。这些足以反映商代后期中国青铜铸造的卓越技术和宏大规模。

春秋末期，中国冶铁技术有了很大突破，至秦汉时期，在武器、农具方面，铁逐渐取代了青铜。“青铜时代”作为一个时代结束了，但是，铜冶炼和铜器制作业并没有因此衰落下去，相反，在更多的领域继续得到纵深的发展，贯穿于我国整个文明史而形成自具特色、丰富多彩的铜文化。

二、铜陵在中国冶金史上的地位

上个世纪70年代以前，由于史料记载的缺乏以及地下考古的局限，中国青铜起源问题一直没得到很好的解决。从考古资料看，商周青铜器数量庞大，但这么多青铜器的铜是从哪里来的，很长时间国内外学者争论不休。

美国一位考古学家卜蒲（Pope）曾当面向郭沫若提出，中国未发现采铜和冶炼、制造技术资料，他断言中国青铜器是从西亚、波斯引进的。其后，郭沫若在其《古代研究的自我批判》一文中，说青铜冶铸技术从中国南方的江淮流域输入黄河流域，“是比较有更大的可能性，因为古来相传江南是金锡的名产地”。这在当时，郭沫若也只是凭借零星不全的史料记载而做的大胆推断。著名青铜器专家马承源先生在他的早期著作中也认为，“安徽沿长江的山区必然有古铜矿存在”。（马承源：《中国青铜器》，1988年版）而历史终于以事实证明了郭沫若的推断是正确的。

事实上铜官山在上世纪五六十年代井巷施工中，曾发现过大量的古铜矿遗址和遗物，只是由于当时人们对文物的认识有限，没有保护起来，也没有系统地开展这方面的研究。

上世纪70年代中期以来，长江流域科学考古工作有了重大发现，随着湖北大冶铜绿山古矿冶遗址被发掘，大量的采冶铜遗址和青铜墓窑陆续被发掘，其后又发现全国六大铜矿都是在古人开采的基础上扩大开采的。与此同时，铜陵铜官山铜矿历史也不断地被展现，尤其是金牛洞古采铜等一大批古采冶铜遗址被发现，其所包含的丰富的文化内涵和极高的考古学术价值引起专家的重视和研究兴趣。铜陵与其他古铜遗址一起，用历史证明了中国青铜文化是中国人独立创造的，还中国青铜起源以真实的面貌。

铜陵作为中国古代重要的古采冶地，在中国青铜采冶史和青铜文化史上曾起到重要的作用，并占有显著的位置。

经初步估计，铜陵境内古铜矿遗址上历代遗存古炼渣现存总量有 200 万吨左右。若按 1∶15 的铜、渣之比推算，至少已生产了 10 万吨以上铜料，古铜矿的规模及地位可见一斑。它当之无愧是我国先秦时期南方重要的铜产地之一，它的发现对解开中国青铜原料来源之谜具有重要意义。

铜陵自商周开始采冶铜，历时唐宋元明清，几千年不曾有大的中断，时间跨度如此之长，是各地古铜遗址中最具代表性的一个。

铜陵古采冶铜遗址不仅具有点多、面广、历史悠久的特点，而且其生产力也经历了一个漫长的发展过程，具有沿袭性、广泛性、多样性和配套性等特点。铜矿开采冶炼的生产力发展水平显然是经历了一个由低级向高级发展的历史过程，若将各处遗址简单地排列一下，本身就是一部地方冶金发展史。因此就它的学术价值而言，它是中国古代铜业生产技术水平发展的一个缩影，在中国冶金史上占有重要的历史地位。

小挂板

铜陵悠久的冶金历史

目前皖南沿江地区初步考古调查已发现古代铜矿遗址近百处。其中大多集中分布在属铜陵所辖的铜官山、狮子山、凤凰山、铜山等地区，形成若干个中心矿区。一般每个矿区附近有各个时期的遗址一二十处，范围在数十至上百平方公里左右，构成一个规模巨大的铜矿遗址群。根据文献记录，我们能够了解它的历史发展脉络。皖南铜矿大规模的采冶活动最迟从西周时期就开始了，经历春秋、战国、秦、汉、六朝、唐、宋等历史时期，延续时间长达3000多年，经久不衰，为国内同类遗址所罕见。铜陵古代铜矿发展史几乎伴随着整个中国古代文明的历史，这不能不说是个奇迹。从铜矿的规模和延续年代而言，铜陵理所当然地成为了中国古铜都。

铜陵木鱼山遗址中的铜炼渣，经炭C14测定，年代距今2885±55年，树轮校正年代3015年，相当于西周早期，这是铜陵西周时期采冶铜的实物证明。

汉代铜陵先后属丹阳郡春谷县、陵阳县管辖。汉代朝廷在铜陵设置了铜官，主领丹阳郡冶铜事，设铜官镇（在今铜陵县五松镇）。铜官山由是得名。汉代丹阳产铜号称“丹阳铜”，又以其质纯而称为“嘉铜”、“善铜”。汉镜有铭文曰：“汉有嘉铜出丹阳，炼冶银锡清且明”，“新有善铜出丹阳，炼冶银锡清而明”。至此，铜陵境内铜矿的开发，逐步走向兴盛。

南朝刘宋时，皖南置有梅根冶，《太平寰宇记》载：“铜陵县有铜山（即今铜官山），在县南十里，其山出铜”，“自齐梁之代为梅根冶以烹铜铁”。

唐朝在铜陵地区设置了义安县，县治在今顺安镇，属宣州。唐代铜陵采冶铜业日渐兴盛，攻山取铜，达十万之众。《元和郡县志》称：“铜井山，在南陵县西八十五里，出铜；利国山在南陵县西一百一十里，出铜供梅根冶。”

南唐保大九年（公元951年），改义安县为铜陵县，属升州。铜陵县设置后，即将县治由顺安镇移至铜官镇。

北宋铜陵县改属江东路池州。《嘉庆重修统一志》记载：“铜官山……宋置利国监。”利国监专司冶铜。池州境内的永丰监为当时全国的四大名监之一。据《贵池县志》载，永丰监岁铸钱二三十万贯，神宗元丰时，最多达四十四万五千贯，折合今铜360～540吨。

其规模之盛，可见一斑。

明朝时铜陵县属池州府，直隶于南京。《明太祖实录》卷七十七载："洪武初年……池州府采铜十五万斤。"时人邱浚说："我朝坑冶之利，比前代不及什之一二。"可见，明代的采铜业有些衰落了。衰落的原因主要是当时采铜技术解决不了深井通风、排水、照明、矿石提升等问题，不足以开采埋藏较深的铜矿。因此，待地表较浅而且铜品位较高的铜矿开采之后，官方采铜就渐渐停止了，虽有民间采铜，但规模已不如昔。

整个满清一代未见官方采铜记载，从实际情况考虑，在封建社会铜矿采冶活动除官府经营外，也不排除民间违禁私采铸。

三、铜陵古代采矿冶炼遗址

铜陵古代铜矿遗址大多分布在铜官山、狮子山、凤凰山等几个现代铜矿周围，大致可分为铜官山、狮子山、凤凰山、金山四个区域。

铜官山区域位于市南郊，包括铜官山、松树山、宝山、笔架山、罗家村、杨家山等。区内古人采冶铜遗迹遍布，老窿、废矿堆、炼渣随处可见。尽管受几十年的矿山建设和房屋开发、道路修筑等诸多因素的影响，古代炼渣现有总量保守估计也尚有 20 万吨左右。

狮子山区域位于市东南 8 公里处，包括狮子山、冬瓜山、大团山、龟山、木鱼山、曹山、老鸦岭、胡村等。古代炼渣以狮子山东部的曹山、木鱼山和朱村的高习、五房自然村一带最为集中。其中木鱼山遗址时代最早，相当于西周早期，数量最多，发现的铜锭经科研部门检测分析，属硫化铜冶炼的产物——冰铜——中国最早的硫化铜采冶遗物。这就把中国使用硫化铜的历史从文献记载的宋代推前到了西周，这是我国近年矿冶考古的一个重大发现，具有重要的学术价值。

凤凰山区位于铜陵市东南30公里，是一个较为集中的古矿区，包括万迎山、虎形山、药园山、金牛洞、铁山头、宝山陶等。区内古代采冶铜遗迹随处可见。

金山区位于铜陵市东南34公里处。该区古代铜矿遗址分布较分散，包括金山、团山、燕子牧、落牛岭、岗巴龙、徐冲林场等。该区古矿坑、古炼渣、废石堆积等古冶遗址明显可见，并曾发现过铜凿、铜斧、铁钎、平衡石等采矿工具和古坑木，不少地方仍然能见到已被淤塞的古矿井，其中金山上世纪70年代曾出土过冰铜锭。

从考古调查的情况来看，铜陵古代铜矿遗址在分布规律和生产格局上有如下几个特点：

一是遗存多分布在铜矿资源比较丰富的地区，除铜陵几个现代铜矿区都发现古人采冶活动留下来的遗址外，一些地层浅、含铜品位较高、不太适合大规模现代开采的“鸡窝型”铜矿点，如金榔的沙滩脚、落牛岭、燕子牧一带，古人也都采冶过。

二是古代铜矿遗址分布相对较集中，一般都有7～10个，左右紧连在一起，规模宏大。另外，一个地区分布的遗址时代跨度都较长，如凤凰山古铜矿区的万辽山遗址年代在西周至春秋，而药园山、金牛洞遗址的年代下限又可能到了汉代，铜官山古铜矿的遗址年代也从秦汉到南宋。

三是生产格局相对独立完整。古代铜矿采冶遗址结合在一起，通常是山上采掘，山下冶铸，附近都有充足的水源和燃料资源，生产上形成封闭完整的综合工业生产区，就近便利，节省运输。

四是从铜矿冶炼的利用率看，皖南一带发现的冰铜锭含铜量为28%～38.58%，炼铜废渣含铜量仅0.34%～1.3%，较其他古铜遗址炼渣平均7%的含量，古铜冶炼技术已具有一定的进步性。

从古铜遗址上，我们看到了古人征服自然所取得的成果，同时也看到了古人采铜的艰辛。面对遗址,我们为古人的聪明智慧深深折服,更向那些创造了奇迹般成就的先人们致以深深的敬意。

小挂板

金牛洞古采矿遗址

金牛洞古采矿遗址位于铜陵县新桥镇凤凰村境内,距铜陵市区34公里,原为一小山丘,因西部山腰有一古洞而得名。自20世纪80年代开始,当地群众不断在此露采铁矿,结果洞毁山平,进而凹陷成一个椭圆形采矿场,在西侧边坡上暴露出一些古代采矿井巷和采掘遗物。1987年以来,安徽省考古研究所和铜陵市文物管理所先后数次对该遗址进行了考古发掘,清理出多处古代采矿井巷和一批采掘生产工具,并在遗址附近的药园山、虎形山、万迎山也相继发现了不少古代采掘遗址和大量古代炼渣堆积。

金牛洞古采矿遗址遗存丰富、场面壮观,现为全国重点文物保护单位,并被安徽省委省政府命名为“安徽省爱国主义教育基地”。不仅是古铜都铜陵矿冶历史的一个有力见证,也是我国有一定代表性的一处重要古铜矿遗址。为了向人们展示中国古代铜矿采冶技术和丰富的文化内涵,开发以铜为主的人文历史景观,1992年以来,铜陵市人民政府在国家文物局、安徽省文物局的重视关心下,拨款着手对金牛洞遗址进行修复保护。修复后的金牛洞遗址气势宏伟、场面壮观。象征着1992年的92根水泥立柱用古铜色铁链相连,一棵棵翠绿的松柏簇拥,将遗址紧紧环抱,给人们以古铜矿遗址特有的凝重和庄严感。入口处正中矗立着重达2吨的铜牛雕塑,花岗岩基座上刻有原文化部部长朱穆之先生题写的“金牛洞古采矿场”七个嵌金大字。西侧为宽敞的停车场,北面是遗址陈列馆,西南面沿相思河岸建有题词廊和铜陵地区矿物岩石林。遗址边坡上支撑的锥空网架，犹如一把撑开的巨伞，将裸露的古矿井遮掩得严严实实，更让人感到神秘并引起无限遐思。遗址北坡即将设置的空中走廊，使观众贴近悬壁上的采矿井巷，尽情领略古遗址的壮观场面。另外，在遗址的围岩上，文物部门还准备设计复原一至两处古代采矿井巷，便于观众身临其境，直接体味古代矿工生活。集文物保护与展示、融自然景观与人文景观为一体的金牛洞古采矿遗址，现已成为古铜都一个重要的文物旅游景点。

木鱼山古铜都遗址

在铜陵县天门镇新民村境内有一座孤山，因形如僧侣念佛敲击的木鱼，当地老百姓就叫它为木鱼山。在它的北侧遍地都是炼渣，并伴有陶片、红烧土和古代炼炉残壁块，这就是铜陵目前已发现的年代最早的古铜矿遗址——木鱼山遗址，分布范围约有10多万平方米。1974年当地群众冬修水利，在遗址取土时曾发现过一件铜鼎和胸罐，还有100多斤重的多块菱形铜锭。1987年11月，经国家文物局批准，安徽省考古研究所和铜陵市文物管理所联合对该遗址调查发掘，发现早期炼铜竖炉一座，以及铜锭、碳屑红烧土等炼铜遗迹和陶器残片。

木鱼山遗址因对于探索和研究中国古代冶金史具有重要的学术价值，而被纳入凤凰山古铜矿范围，被国务院批准为国家级重点文物保护单位。

四、铜陵地区出土文物及铜雕塑

铜陵，地处皖南西北部，与江淮地区隔江为邻，先秦时期曾为淮夷和百越人活动地区，依照习惯说法，归属吴越文化范围。铜陵目前发现的青铜器大多数来源于墓葬和窖藏，部分采自矿冶遗址，数量有 100 多件。这些铜器大体可分为生活用具、乐器、兵器和生产工具等几大类，不但品种繁多、工艺精美，而且特色鲜明，文化内涵丰富。年代上早到商代前期，多数为春秋至战国阶段，文化面貌上既有与中原青铜文化相同的因素，又有吴越铜器所特有的南方风格，还有一些则反映强烈的皖南土著文化色彩。先秦时期，铜陵为吴头楚尾，先后归属于吴、越、楚，又与淮夷文化仅一江之隔，地理位置上处于南、北文化的交汇点，故青铜文化面貌较为复杂，有多方面的特点。

（一）鸟纽铜盖鼎(春秋时期)

1971 年出土于铜陵火车站基建工地。通高 27.1 厘米，口径 13.9 厘米，球腹蹄足，腹饰蟠虺纹和弦纹，并有对称两扉楼间隔，环形双耳，耳作双角兽面。鼎盖中央伫立一鸟，圆眼尖喙、双翅并拢。全器造型生动活泼、构思巧妙，一改中原庄严厚重的传统风格。现藏于安徽省博物馆。

（二）四喜铜娃(清代)

一对活泼可爱的娃娃系着肚兜，一手拿着芭蕉扇，一手紧握金元宝，呈现出调皮嬉闹的神态，一派欢乐祥和的气氛。经过巧妙组合，两个娃娃转化成四童戏耍，意趣盎然，惹人疼爱。在静态中，通过孩童腿脚的屈伸，给人以动态之美。无论从哪个角度观赏，是上是下，是左是右，孩童或立或卧，或背或对，相互构成四个完整的戏耍孩童，这正是此吉祥物的独特和妙趣所在。据清乾隆史书载，在当时婚嫁礼俗中，“四喜娃娃”以“喜神”供养，可见人们对“四喜娃娃”的崇尚和喜爱。古代男子有在腰间悬挂各种饰物的习惯，既是一种装饰，也有避邪趋利之意。该物当为饰物。“四喜娃娃”原器铜质锃亮、铸造精致、造型准确流动、纹饰细腻精美，尤其是娃娃肌体丰满、眉目清秀、双耳硕重、福态稚嫩，表现了古代设计制作工匠的智慧和技艺。现依原样放大，成为铜陵市区铜雕塑之一，并成为有铜陵特色的铜工艺品。

（三）起舞

由铜陵火车站向市区而来，在义安路三岔口矗立着一座近10米高的铜雕塑，那是一尊硕大的铜爵，又是抽象的两个起舞的人形，因此取名为“起舞”。“起舞”这座铜爵雕塑构思可谓奇巧：爵的双柱化为高昂的头颅，流、尾和鋬共同演变为端耸的肩臂，似两个雄健的汉子昂首挺胸、并肩而舞，舞姿表现出古今矿冶工人的坚毅、热情与豪放。“起舞”为铜爵注入生命与活力，似乎古老的青铜也要从传统中欢步舞来，投入崭新的今天。

小挂板

春　晓

铜陵市位于长江南岸，而江南自古即为鱼米之乡，“春晓”雕塑描绘江南水乡牧童骑着水牛悠闲地吹着牧笛的美景，透视出一股浓郁的乡村气息，唤起人们对童年的回忆。雕塑位于人民西村中心游园之中，为附近的居民提供了优美的休憩环境，为少年儿童提供了一个嬉戏、玩耍的场所。

铜陵与牛当有不解之缘。民间传说天上神牛私下凡间，因迷恋凤凰山风景而乐不思返。天帝屡屡唤之，神牛遂钻入此山中，化为金银铜。金牛洞由是得名。金牛洞距市区 34 公里，春秋至汉代时为采铜地，现已辟为古采铜遗址。

金牛洞原本是山，长久以来，人们在此采铜，久而久之，山被挖平了，人们继续在此露天开采铁矿，形成一个数十米深的露天采场，并在边坡上暴露出古代采矿井巷和采掘遗物。从清理出的古代采矿井巷结构和采掘工具、陶制生活用具来判断，金牛洞遗址的年代始于春秋至汉代。1992 年铜陵市政府下令停止这里的铁矿挖采，并对金牛洞进行了抢救性的修复，用 92 根水泥柱将整个遗址环而护之。金牛洞古采铜遗址遗存丰富、场面壮观，现为全国重点文物保护单位。铜陵地下矿藏甚多，自古到今源源不断地被开采出来。神牛终将重见天日，抑或与牧童笛声召唤有关？因此在市区有了“春晓”这座铜雕塑。

五、青铜文化活动

（一）青铜文化活动之兴起

1990 年在铜陵召开了“皖南古文化研讨会”。1991 年，市政府批准了铜陵县天门镇木鱼山遗址、高联村遗址、凤凰山金牛洞遗址、市罗家村大炼渣遗址等九处西周至宋代的铜冶炼遗址为铜陵市重点文物保护单位。由此逐步形成青铜文化的概念。

与此同时，社会上有一批热衷于青铜文化研究、宣传的专业和业余爱好者，他们潜心研究、积极宣传，探索着将传统文化与现代化建设相结合。上世纪80年代末、90年代初社会上已形成一股青铜文化研究宣传之风。由于铜陵市拥有丰富的古代青铜文化资源，又有强大的现代铜工业基础，同时铜文化社会活动也已渐成体系和规模，铜陵市政府集思广益，于1991年下半年决定，1992年10月隆重举办“92′中国青铜文化博览会”，并从1992年初即着手筹备这场铜陵铜文化历史上空前的盛会，使铜文化研究活动由自发的社会活动，转为有组织、有计划的整体活动。博览会的立足点是“搭文化台、唱经济戏”，是一次以文促经的大胆实践。

1992年1月，当时的国务院副总理邹家华来铜陵视察工作，听取了铜陵青铜文化资源情况及“92′中国青铜文化博览会汇报”后，欣然提笔，书写了“中国古铜都铜陵”几个遒劲的大字。

经过近一年的筹备，92中国青铜文化博览会如期举行。博览会期间，全市科技、工交、外贸、商贸、经协、物资等部门和广大企业，通过多种形式与来铜的各地经贸代表团和国内外客商进行了广泛的接触，科技交流、经贸洽谈取得了可喜的成果。通过会间举办的各种活动，奠定了铜陵中国古铜都的地位。专家学者的这一结论，确立了铜陵中国古铜都的地位，进一步提高了铜陵在海内外的知名度和影响力，促进了铜陵人文资源的进一步开发利用，使铜陵能够以铜文化在国内地方文化中独树一帜，进一步改善了铜陵的投资环境，增强了城市的凝聚力和向心力，增强了市民的荣誉感和自豪感，从而推动铜陵改革开放和各项事业向前发展。

十几年的青铜文化活动，在铜陵形成了强大的铜文化氛围，构成了铜陵城市文化的主体：连续举办的青铜文化博览会（节），推动和影响了铜文化活动的不断深入；城市中林立的铜雕塑成为古铜都的城市景观；以古铜都、铜文化为题材和背景的文学艺术创作使城市文化更显得丰富多彩；铜工艺品是铜文化的物质载体，已成为铜陵特色产业之一；以中国青铜文化研究会、铜陵市铜文化研究会为组织形式的不同层次的铜文化研究和宣传，既有社会层面上普及的效果，更有学术理论上高起点的统领。如此等等，丰富多彩的铜陵城市文化和悠久的古采冶铜历史、辉煌的现代铜工业成就一起，构成了中国古铜都的三个基础。

（二）青铜精神与铜都精神

铜陵作为中国古铜都，青铜文化已深深地熔铸在整个社会生活中。自然而然地，青铜精神也是人们常谈论的一个话题，常见于各类文学作品之中，或谓之曰“铜魂”。青铜精神的内核是什么呢？铜陵人有自己的理解与答案。

青铜精神首先是一种不懈的拼搏精神。人类社会的历史，亦是一部征服自然、改造自然的历史，是对自然（包括人类自身）不断了解、认识的历史。青铜的发展和使用，使人类上升到一个新的阶段，开创了人类社会的文明史，这是人类社会发展由量变到质变的飞跃，青铜文化的意义远远超过了青铜自身。由于当时生产力低下，人们开采、冶铸青铜的过程非常艰辛不易。我们去参观金牛洞古采铜遗址，尽管生产方式简陋、生产环境恶劣，古人硬凭着原始的劳动工具创造出灿烂的青铜文化，即便到了宋代，仍然是“青山凿不休，坐令鬼神愁”。一个“凿”字，形象而传神。正是这种“凿不休”的进取，才“凿”出惊天地泣鬼神的事业，这是青铜精神的主体。

其次，青铜精神是一种革命的乐观主义精神。人类发现了青铜，青铜的使用更促进了人类社会的进步，艰辛的劳作取得丰硕的成果，成果慰藉着艰辛，由此，人类充满了对未来的希望、憧憬和追求。采铜苦么？当然苦！冶铜苦么？同样苦！铸铜苦么？尤其之苦！然而人类曾因苦而却步么？未有闻之。何也？自然是苦得其所，其乐也无穷。李白写道："赧郎明月夜，歌曲动寒川。"矿工们的脸被炉火烤得通红，却还在唱着歌，那歌声一定异常的悲壮与热烈，这劳动之歌抒发人们创造的情感，寄托着对美好未来的追求和对未来的信心。用汗水铸造辉煌，这是青铜精神的主线。

青铜精神更体现了一种品质。青铜光洁，不能藏污纳垢；青铜光泽，永远光明磊落；青铜宁折不弯，给人以刚正不阿的启迪。古人称铜为吉金、上金，称铁为恶金、下金，铜和铁常被分别赋予君子、小人的象征意义。屈原有"黄钟毁弃，瓦釜雷鸣"(《卜居》)的诗句，其中的"瓦釜"指庸下之人，"黄钟"(也即铜钟)即喻为正直的人。以"黄钟"自诩，屈原的生活信念、美好追求、无私奉献、正义献身，尽在其中。发现和使用青铜的是人，而人类在冶铸青铜的同时，也冶铸了自身。就铜陵而言，从千年古铜地，到今日工业城，托起她的不正是历代相延的具有青铜禀性的铜都人么？铜的品质，人的品格，便是青铜精神的灵魂。

经过社会各方面多年的酝酿、锤炼和市政府的集思广益，铜陵最终形成了具有鲜明时代特点，同时又极具铜陵地方特色的铜都精神：古朴厚重、熔旧铸新、自强不息、敢为人先。

铜都精神鼓舞着铜陵市人民，增强了市民的向心力、凝聚力，铜陵人以铜自豪。铜陵的企业也围绕铜文化、古铜都这一平台，树立、发展自己的行业文化和企业文化，出现了一批以铜命名的优质产品品牌企业。

铜陵市政府做出了"做大铜文化、壮大铜经济"的战略发展决策。近两年来，围绕铜文化，市政府及政府有关部门又分别制定了城市发展规划、旅游规划、城市文化品位规划等一系列发展规划，在工业上着重抓铜材深加工，同时大力发展高新技术产业。铜文化为铜陵经济发展营造了良好的发展氛围，也造就了良好的投资环境。

（三）青铜文化的传承

1. 铜文化是大海，博大精深

铜文化是人类社会历史实践过程中使用铜所创造的物质财富和精神财富的总和，在历史上曾占有中国文化的重要位置。铜文化自一产生就与中国传统文化的发展同步，而且在每个发展时期都铸铭着时代的印记。

铜文化作为一种社会文化现象，始终体现着民族性、连续性和与其他文化的相互渗透性。春秋时期，由于社会发生了急剧变革，文化也发生了变革，出现了“诸侯异说，百家异说”的局面，以神为主的文化开始转向以人为本。从一些出土的春秋时期铜文物看，奢华色彩大大减弱，出现了较为简朴舒畅的风格，象征奴隶主统治权力的礼器大为减少，适应地主阶级经济、政治、军事等需要的铜制品越来越多。在秦以后的 2000 多年的封建社会里，铜文化向更多的领域发展，如货币、兵器、邮政、佛教、地震、冶金、天文、建筑、气象、中医学等等，铜文化与其他文化相互渗透、相互作用、同步发展，推动了中国文化的发展。

中国的历史是一部石头的书、青铜的书。毫不夸张地说，铜文化是一部缩写的中国百科全书。研究中国的铜文化，对于弘扬中华文化有着十分重要的意义。

进入 21 世纪的今日，我们仍能强烈地感受到青铜文化在汉语文字、建筑风格、艺术造型等诸多方面对我们的影响，而其中体现出的一种刚毅、不懈努力与追求的精神更给我们以启迪与激励。古老而丰富的铜文化定将在建设中国特色社会主义的当今重放异彩，为经济建设和社会发展服务。

青铜文化的内容十分丰富，不是我们一代人、一座城市就能领悟透彻的。因此我们需要极其努力，去挖掘、整理、宣传和利用，汲取青铜文化的营养，为经济建设和社会、文化发展服务。

2. 铜文化是长江，源远流长

铜文化是中华民族共同创造的，因而也理所当然是中华民族共同的资源。其他拥有古采冶铜遗址资源的城市，也十分重视铜文化的宝贵资源，以各种形式挖掘、宣传，用铜文化来丰富城市形象。这是可喜的现象，这说明古老的青铜文化有旺盛的生命力。

铜陵拥有悠久的青铜文化历史和深厚的青铜文化的内涵，又有强大的现代铜工业基础和远大的发展前景，同时又形成了浓烈的以铜文化为主要内容的城市文化氛围，这三个基础使铜陵理所当然地成为了中国古铜都。但是古铜都不是铜陵的专利，铜陵在铜文化研究宣传方面有更大的作为。铜陵不仅要有自己的历史和特色，作为古铜都，更应自觉地站在5000年铜文化历史的高度来进行研究和宣传，这是铜陵人的责任。要保持经常性的铜文化活动，重大活动与日常活动有所结合，特色活动与普及性活动有所结合，创新性的活动与巩固性的活动有所结合，使铜文化活动始终有新鲜的活力，更好地发挥以文促经的作用，为铜陵经济、社会发展服务。

长江不停地流，从源头流来，又将从我们这里流去。明天更美好，尤其需要今日的创造。我们秉承了青铜文化的传统，更重要的任务是发扬光大，铜都人感到了自己的责任和重担。民族的历史和未来要靠我们共同创造，作为古铜都的铜陵人，我们充满信心，为了祖国的明天，为了铜文化的更加辉煌，尽到责任和义务！

第三节　历史与人文

当代社会的巨大变化和飞速发展，对人文素质提出了更高的要求。我国青少年的人文素质，特别是思想道德素质如何，直接关系到中华民族的未来。在基础教育阶段，以马列主义、毛泽东思想和邓小平理论为指导，培养青少年应有的公民素质、民族精神和国际意识，是我们必须面对的课题。同时，随着人文社会科学各学科间的交叉渗透，并逐步趋向融通，注重学科联系的综合认识方式，有利于人们形成对历史与社会生活的整体认识。人文社会科学发展的这一综合化趋势，促进了学校社会人文学科的综合化进程。

历史学作为人文科学，目标是培养"完全的人"，也就是培养集真、美于一身的人，在当前功利主义、物质主义有一定影响的情况下，历史学应该承担起对人类进行人文关怀的职责，反映到高职教育上就是要加强对学生人文精神的熏陶，以此来提高学生的人文素质。

一、政治导向教育

结合国内外历史与现状对学生进行政治导向教育，是历史教育的重要组成部分。人的后天素质是在家庭、学校、社会三大环境中形成的，其中以学校教育最为重要。因此，应利用一切可能利用的时机和场合，向学生灌输正确政治理念，增强他们对形形色色政治病菌的抵抗能力，帮助他们树立起正确的人生观和世界观，让他们分清哪些是美的、善的，哪些是丑的、恶的，哪些是应该学习、发扬的，哪些是应该批评、斗争的，使他们的心灵、品格、情操在潜移默化中得到升华。

作为人文教育的历史学科，其教育功能的发挥不是靠记住一些史实或者一些历史结论可以实现的。从学生心理、精神品格等人格养成的目标看，前提是学生情感的调动。这就要求学生应最大限度地进入历史情境、走近历史人物的精神和情感世界，去感受历史的灵魂并与历史人物的心灵沟通。只有这样，才能真正参与和体验历史真实和历史情感，从而实现人类理想和精神的传承，实现人本身的健康发展。人品质和人格的形成离不开一定的人生阅历和社会知识，而这一点恰恰是青少年学生所缺乏的。历史则以其丰富多彩的事件和人物、波澜壮阔的发展历程，使学生获得极为丰富的情感和精神上的体验。如果只追求对历史知识或规律的把握，在角色上总是局限于历史发展的旁观者，那么再悲壮、再雄美的历史史事也无法激起人内心的波澜，也就不可能获得精神上满足和发展的要求。因此，应引导学生在学习过程中体验一种“经历历史”的感受，而且是以历史主人翁的角色“经历历史”：历史是人类的历史，我们为人类的劳动与创造、发展与进步而激动，为人类发展的挫折和灾难而悲哀。我们将自己融入整个人类发展的潮流中，从而形成与人类整体和谐持续发展相一致的世界观与人生观。我们也应该以主人翁的角色去经历历史，成就与辉煌是我们共有的，失败与堕落也是共有的。如，近代中国的悲剧，那是整个中华民族的悲剧，我们应该以历史主体一员的身份去感受和体验，去锻造作为一个中国人应具备的品格和勇气，去追寻作为中国人的义务和责任，这样的学习才是有意义的。在这个过程中，要注重用正确的政治观引导“体验”的方向。

二、爱国主义教育

爱国主义是一种对自己祖国的深厚感情，它作为一种意识形态，对于一个伟大民族不仅是政治标准，也是道德规范。因此，在历史教育中渗透爱国主义教育，主要表现为爱祖国、爱人民、爱共产党、爱社会主义的教育，使学生增强民族自豪感，自觉抵制不良思想侵蚀，克服自卑感，增强责任感和为国献身的使命感。

国情、乡情教育是爱国主义教育的重要内容。国情教育可以培养学生的忧患意识，并将忧患意识转化为学生的危机感和改变现实的紧迫感；爱不爱自己的家乡，往往反映了一个人的爱国程度，热爱家乡与报效祖国是密不可分的。挖掘国情、乡情中的历史因素，激发学生的自豪感、使命感，对学生人文素质的提高，尤其是优秀品格的形成有事半功倍的效果。

三、和谐观念教育

历史学是认识和阐释人类社会发展进程及其规律的一门科学。通过学习历史，使学生了解人类社会的发展过程，从历史的角度去认识人与人、人与社会、人与自然的关系，对于提高学生人文素养，有着重要意义。

自然是人类进化的源头，是养育人类的母亲。在人类向自然挑战的过程中，人类在获得物质成果的同时，也破坏了人与自然的和谐关系，使人类面临工业污染、耕地不足等灾难性问题。我们只有保护环境、善待自然，与大自然和谐相处，才能得到大自然的回报，人类才能可持续发展。

历史证明，人与人、人与社会同样应保持和谐状态，否则社会难以良性发展，个人也难以顺利成长。当代大学生应当树立良好的合作与竞争意识，学会关爱自己、关爱他人、关爱社会，保持与他人、社会之间的和谐关系。

当前，我国正加快推进社会主义现代化进程，向全面建设小康社会的目标迈进，党中央提出了构建社会主义和谐社会的战略任务。当代大学生应当顺应历史潮流，成为具备和谐发展理念、掌握和谐发展规律、具有建设和谐社会的素质和能力的人才。

总之，历史教学中的人文素质教育内涵极为丰富。整体地、历史地认识社会，有利于学生在获得相关人文社会科学基础知识和基本技能的同时，逐步学会运用历史唯物主义的观点去分析问题，提高自主学习的能力，最终实现人文素质的提高。

小挂板

学会生存，学会合作，学会关心

20 世纪 70 年代，联合国教科文组织提出了“学会生存”的教育口号。他在一份重要报告中指出，现代教育的一个重要目标，是使学生在这个复杂而不断变化的世界中学会与具有不同文化背景的人交往和相处。报告明确指出：“教育有一个使命，就是帮助人们不把外国人当作抽象的人，而是把他们看作具体的人，他们有他们自己的理性，有他们自己的痛苦，也有他们自己的快乐；教育的使命就是帮助人们在各个不同的民族中找出共同的人性。”国际理解、人类友爱、民族间相互依存的意识，是现代人文教育与人文精神所追求的世界性的道德目标之一。进入 20 世纪 80 年代末 90 年代初以来，联合国教科文组织进一步提出了“学会关心”、“学会共同生活”的教育口号，将培养人类间的相互理解、友爱、合作精神作为现代教育的一个普遍理想和准则加以倡导。1989 年联合国教科文组织在中国北京召开的“面向 21 世纪的教育”世界教育大会，就以“学会关心”作为大会的主题，极力倡导人类间关心、友爱、尊重与合作为主体的和谐发展的社会新道德。

这些教育理念和口号的提出，是基于时代发展的需要、面对人类发展所遇到的新问题和新形势而提出的。在此前的时代里，人们习惯于从法律理性的方向寻求解决问题的方法和途径。在当今科技飞速发展的时代，特别在发达国家，人类生存与发展的问题和危机越来越多地反映在人的心灵深处。对他人、对自然、对社会的冷漠，对自身价值和前途的迷惑和怀疑越来越成为人类进步的痼疾；另一方面在日益加剧的国际竞争中，不同文化之间的冲突有进一步激化的危险。在这种形势下，在讲法制、讲制度之外，人们越来越多地把目光投向道德教育以完善人的发展和协调矛盾。历史教育在这方面的教育功能主要表现为两个方面：一是通过学习历史加深对国家民族之间的了解，国家与国家、民族与民族之间要相互宽容友好相处，一个重要前提是相互了解和认识，特别需要在文化传统、历史、宗教和道德价值观等方面理解与沟通。历史教育应该是实现这一目的的主要阵地。二是从传统文化中汲取营养，找到解决现实问题的思路和方法。比如，在处理人与社会、人与自然关系的问题上，中国的传统文化就有非常精辟的见解和理论。在处理人与社会的关系中提出了“能群”的主张，即和谐的家庭和社会生活。怎样才能“能群”呢？儒家建立了一套道德规范，即“仁”、“爱人”，做事首先要为别人着想。在人与自然的关系问题上，我国古代的道家学派提出了“天和”的宝贵思想。“与人和者，谓之人乐；与天和者，谓之天乐”。所谓“天和”，即指人和自然的和谐。中华民族关于人与自然和谐的人文精神，虽然是古代的产物，但它作为关于世界普遍规律的表述，不仅有历史价值，也具有现代意义。

【本章思考题】

1. “历史学一半是科学一半是艺术”的说法是否正确？

2. 谈谈历史学与人文素质其他学科的关系。

【推荐阅读书目】

1. 庄锡昌主编.世界文化史.高等教育出版社，1999年版

2. (宋)司马光.资治通鉴.中华书局，1956年版

3. 吴友如著绘.陈平原主编.点石斋画报选.贵州教育出版社，2000年版

4. 王国维.古今新证：王国维最后的讲义.清华大学出版社，1994年版

5. 张光直.中国青铜时代.三联书店，1983年版

6. 山东画报出版社编.老照片.山东画报出版社，1996年起陆续出版

第三章　走近哲学

哲学是人类最高形式的智力探索，能给人以智慧与启迪。它是由一个个“？”所组成的。问题永存，哲学永存。

第一节　一个难解的理论之谜

什么是哲学？它是如何产生的？这个看似简单的问题，却使许多哲学家伤透了脑筋，被视为一个难以解开的理论之谜。

一、哲学的产生

哲学是一门既古老又常新的学问。说古老，就其历史渊源而论，从人类哲学思想的萌芽到作为世界观理论形态的哲学的产生，经历了一个漫长的历史过程。

人类的哲学思想最初萌芽于原始社会。人类在长期的生产实践中，已经逐步体会到外部世界对人的生活的影响，于是产生了一种力图理解人同周围环境关系的愿望。在人类实践和思维能力逐步发展的基础上，人们逐步形成了对外部世界及其与人的关系的原始的、幼稚的抽象观念。但由于当时生产力非常低下，知识极其贫乏，这种抽象观念带有很大程度的直观性，且夹杂了对自然的崇拜和神话、巫术的成分。这是人类探究世界奥秘的最初尝试，但还谈不上作为一门学问的哲学的产生。

哲学是在人类进入了奴隶社会以后才产生的。这时，随着金属工具的制造和使用，人类社会已经完成了从野蛮时代到文明时代的演变，脑力劳动与体力劳动开始分离。一些专门从事脑力劳动的人，在人类哲学思想萌芽、生长的过程中，发挥了自己的聪明才智，经过长期的积累、概括和发展，创造了哲学最初的理论形态。哲学作为一门学问便诞生了。

哲学的产生是人类进入文明时代的一个重要标志。如果从最初的理论形态算起，经历了2600多年的历史过程。

小挂板

西方哲学的历史源头，是古希腊哲学；而古希腊哲学的历史起点，大多认同起始于米利都学派的创始人泰勒斯。泰勒斯哲学的兴起和发展，经历从公元前7世纪末至公元前6世纪初直至今天，长达2600年左右的发展历史。

中国哲学的历史起点，一般认为，追溯至商周时期成书的《易经》的阴阳观和《洪范》的五行观中所蕴涵的原初哲学思想。商周之际的历史纪年约为公元前11世纪，至今中国哲学已有3000年左右的发展历程。

说常新，是指哲学是时代的产物，任何哲学都是不同历史时代的“时代精神的精华”。由于哲学具有“时代精神的精华”这一属性，因此在与时俱进的动态中发展，是一个随时代的发展而发展的开放的学科体系。当一个新时代到来，哲学总是以它的内容和形式去调整人们的思维方式，反映时代的进步要求，抓住时代的主题，回答时代提出的迫切问题。当新时代到来，哲学中的部分问题，哪怕是最古老的问题，又会以崭新的疑惑横亘在人类面前。所以哲学是常新的学问。

在我们这个时代，哲学受到了冷落。在社会众多的人群中，甚至在高校学府的众多学子中，提到哲学，人们或敬而远之，或不屑一顾，或无动于衷。哲学受到的最好待遇，可能就是被束之高阁。实际上，这是很不正常的。

为什么会这样？原因是多方面的。一方面它没有功利性；另一方面，在很多情况下人们对哲学的误解，主要的责任在教授哲学的人没有把哲学讲清楚；还有一方面，哲学与意识形态的关系太密切了，由于受以往极左思潮、教条主义的影响，条条框框等的限制，以至于一说到哲学问题，几乎就变成了政治问题，人们只好三缄其口。

二、什么是哲学

走近哲学，首先要对“什么是哲学”有一个概要的了解。

什么是哲学？这个问题看似简单，却意义重大。哲学中许多分歧的产生，不同学派的形成，其主要原因就在于对哲学存在不同的理解；人们对哲学的一切误解都源于对这个问题没有认识清楚。事实上哲学到现在尚未有统一定论。这似乎有点不可思议，一门有着

2600多年历史的学科，竟然到现在还不知道自己是什么！事实的确如此。当然，这并不是说哲学家们没有给哲学下定义，问题在于，几乎是有多少哲学家，就有多少关于哲学的定义。不仅如此，在哲学领域中，几乎所有的问题、概念、理论学说和体系都处在“众说纷纭”的境地，套用近代英国哲学家霍布斯的一句话，哲学简直就是“一切人反对一切人的战场”。由此可见，“什么是哲学”这个问题使许多哲学家伤透了脑筋，被视为一个难以解开的理论之谜。

小挂板

哲学所有的领域都众说纷纭：除了哲学的界定外，再如：在哲学本体论中，有一元论、二元论或多元论。一元论中又有唯物论和唯心论之分。朴素唯物论中有中国的“元气论”和“五行说”、古希腊中的“水本原说”和“火本原说”等等。

从哲学概念的来源看，“哲学”一词，来源于古希腊文，它由“爱”和“智慧”两词组成，意思就是“爱智慧”。汉语中的“哲”字，指的也是“聪明”和“智慧”，含有“通晓事理”之意。《尔雅·释言》说：“哲，智也。”一般说来，但凡知道哲学的人都知道这个意思。然而，这个人人皆知的词源背后所蕴含的深意却并不是人人都了解的。为什么哲学通常被看作“智慧”的同义语，而其本义却不是“智慧”而是“爱智慧”呢？因为“智慧”并不是“小聪明”，也不是一般所说的“明智”，它指的是宇宙自然之最深邃最根本的奥秘，标志的是一个至高无上、永恒无限的理想境界。所以古希腊哲学家柏拉图才会说，智慧这个词太大了，它只适合神而不适合人，我们人只能爱智慧。可见，哲学要发现和破解整个宇宙的奥秘以及包括人在内的所有存在物的来源、归宿。哲学家们的理想就是要探寻和破解这些奥秘。不幸的是，哲学家们的“野心”实在是太大了，这个梦想因为违背了哲学的本性而注定是不可能实现的。因此单从词源上看，不足以使人们确切地把握“哲学”这一概念的内在含义和精神实质。

让我们再看一看人们对哲学所持的一些见解。

首先，有人认为“哲学是让人聪明而有智慧的学问”。但没有学过哲学的人并不一定就不聪明，学过哲学的人也并不一定就有智慧。按照哲学的本性而论，哲学不是让人有智慧，而是让人知道自己没有智慧而去追求和热爱智慧。的确，哲学问题并不是世界本身产生出来的问题，而是人产生出来的问题，它们都来源于我们的日常生活。在日常生活中许多事情可能看来不言而喻，在哲学家看来却大有问题。例如，成龙演的一部电影《我是谁》中，主角大脑受伤失去记忆，不知道自己是谁。看起来我们都清楚“我是谁”，然而在哲学家看来，“我”究竟是心灵还是身体，或是心灵与身体的统一？心灵在成熟，身体也在生长，这是不是说“我”也始终在变化呢？……只一个“我”就可以问出一大堆问题来。又如，使桌子成为桌子的究竟是构成桌子的材料，还是桌子的概念？具体的桌子都毁灭了，不存在了，桌子的概念是以什么方式存在？还有意义吗？我们怎么知道它是桌子而不是椅子呢？实际上，日常生活中许多看上去不证自明、一目了然的东西，却又都经不起追问和推敲，非常玄妙。

其次，有人认为“哲学是科学”。科学是指知识的理论体系，按其研究对象大体分为自然科学、社会科学和思维科学。它们的目标都是建立某种确定性的知识体系。大多数人关于科学的观念，可能还停留在十八世纪或十九世纪，那就是将科学看做绝对真理的典型。在现实生活中，人们也经常会听到“要讲科学”、“你的某某说法有科学依据吗”等等诸如此类的话，意思是说要讲道理，要有逻辑，要有真理性。在人们的思想观念中，绝对真理即普遍必然性的科学知识是存在的。现代西方哲学已不再坚持这样绝对的立场。他们认为哲学不是,不具有科学知识所具有的确定性。2000 多年来,许多哲学家竭尽全力来证明哲学是科学,至少在理论上是科学,但在所有哲学问题上都争论不休无法形成共识,这就使哲学陷入了极为尴尬的境地,它的问题几乎都是没有答案的难题,达不到科学知识所要求的确定性。例如 1+1=2,就科学知识而言,它是绝对正确的。哲学则不同,人们面对共同的哲学问题,永远不可能有标准答案,有的只是不同的解答方式,而这些解答方式没有一个可以最终解决问题。言外之意,哲学问题的终极解决是不可能的,以至于 20 世纪哲学家维特根斯坦说:"哲学问题具有这样的形式:'我找不到北'。"

再次,有人认为"哲学是讲道理的学问"。哲学讲的是通晓整个世界的"大道理",其他科学仅仅是关于世界的某一个方面或某一个局部的"小道理"。于是,按照"小道理"要服从"大道理"这个思路的推论,哲学应该是"一切科学的科学"。这一观念可以说源远流长。在长达 2000 多年的时间内,不少哲学家以哲学作为人类所有知识的"女王",始终不懈地致力于使哲学成为科学的科学。例如笛卡尔把人类知识比喻为一棵大树,哲学(形而上学)是根,物理学(自然哲学)是树干,其他学科是枝叶和果实。要认识事物解决问题,需要获得知识,哲学作为一切科学知识的根,也就顺理成章成为所有科学知识的基础和根据,由此确立了哲学至高无上的特殊地位。其实对于"讲道理"要看怎样理解。例如,对于"辩证法是宇宙万物普遍规律和法则"的论述当然不错,但由于种种原因,往往辩证法在任何时候、任何情况下,甚至在相互冲突矛盾的两对立面都能说得通,以至于人们嘲笑这种辩证法是"变戏法"。显然,正如世界上不存在包治百病的灵丹妙药一样,也没有总是有理的道理。如果世上真有这样的道理，那它一定是没有道理的。因此我们更倾向于把哲学看作“分析”道理的学问。

最后，关于马克思主义的哲学观。国内马克思主义哲学教科书给哲学所下的定义多是：哲学是关于世界观的学问，是理论化和系统化的世界观，是关于自然知识、社会知识和思维知识的概括和总结，是关于自然、社会和思维一般发展规律的科学。在此不再赘述。

总之，关于哲学的见解有很多，了解有关哲学的观点有助于我们理解什么是哲学。特别是马克思主义的哲学观，为我们提供了一个基本的理论准则，帮助我们从哲学的研究对象、基本属性和社会功能等方面认识和理解什么是哲学。

综上所述，关于哲学的界定，可谓众说纷纭，从无定论。但就某派某家而言，对哲学又是各有定论。有关哲学的界定始终处在“无定论”与“有定论”的矛盾运动之中，不同学派对于哲学在微观上各有定论却无法在宏观上达成共识。换言之，任何一派哲学都只代表着哲学问题的一种解答范式，而不可能代表哲学问题的所有解答范式。哲学只存在于过去、现在乃至将来所有的哲学问题之中，谁想要以简明扼要的语言表述为各派各家共同认可的哲学定义是不可能的。所以，“什么是哲学”这个问题需要用整个哲学史来回答。

小挂板

“哲学”这一概念从它的起源的严格意义上说，是西方哲学。这并不包含任何的价值评判，只是明确一个历史事实。中国古代并无哲学这一名词，也没有相对独立的哲学学科，只有包容于先秦子学、两汉经学、魏晋玄学、隋唐佛学和宋明理学中的相当于哲学的问题研究。但从词源上看，中国古代有“哲”一词，并有“哲者，智也”一说。由此可见，在把“哲”理解为“智”这一点上，古代中国与古希腊在“哲”的语义内涵上有相通之处。

第二节 哲人之思的启迪

知而获智，智达高远。人类所积淀的各种文化遗产中，深蕴哲学的理趣。在感知、领悟、吸纳先人之思的过程中，是否有新的启发呢？

哲学的每一个问题都是无穷数，没有终极的真理，也没有绝对的标准答案，有的只是哲学家们从不同的途径对它的探索。“路漫漫其修远兮，吾将上下而求索。”因此，哲学是思考，是方法。哲学的意义和价值就体现在永恒的探索之中。为此选取四则哲人之思，旨在使学生感悟哲学的魅力，启迪心智，激发智慧，把哲学睿智贯彻到人生的学习、生活、处世等方方面面中。

一、“一阴一阳之谓道”

所谓“道”就是宇宙万物的变化规律。我们的先人具有了不起的智慧，他们认为面对大千世界的事物，只要紧紧抓住并掌握阴阳对立统一的辩证规律，便可纳入轨道，骊珠在握了。由此推及学习也是如此。学海无涯，特别在当今知识爆炸的时代，一个人不可能掌握所有知识。如何在浩瀚的知识海洋中把握学习的规律，取得对自己最有用的知识，形成合理的知识结构呢？培根揭示了这个问题。他说：“书籍好比食品。有些只须浅尝，有些可以吞咽，只有少数需要仔细咀嚼，慢慢品味，所以，有的书只要读其中一部分，有的书只须知其中梗概，而对于少数好书，则要通读，细读，反复读。”由此不难悟出，合理的知识结构是由三层知识面组成的。第一层，对某些领域的知识非常精通，这些领域通常是自己的特长、专业；第二层，对某些知识，宏观上能掌握就可以，不用钻研得很深透，通常是与自己专业有一定关系的学科；第三层，对某些与自己专业关系甚远的知识，只要懂点“皮毛”，知道大概就可以了。当然，这并不排斥个人的业余爱好。学习是一个艰苦的过程，需要用意志去战胜，要避免“常立志”，坚持“立常志”。把握学习规律，构筑自己合理知识结构的品牌是至关重要的。

小挂板

把握学习的三个规律：(1)循序而进律。循序，循纵序列前进而求其通，循横序列前进而求其博。(2)学思结合律。学是接收、储存信息，思是判断、处理信息。死记硬背舍弃了思，使外在知识不能化为自己的。(3)薄厚互转律。由薄到厚主要是量的变化，由厚到薄是质变。这三个规律是获取知识的能力，是本领。

二、“香汤沐浴”

“香汤沐浴”不仅能洁净身体、荡涤垢腻，还可借助洗涤身垢的启发，对洁净内心产生影响。可见香汤沐浴，既除身垢，又除心垢。爱美之心，人皆有之。真正爱美的人，应是仪表美和心灵美统一。仪表是指人的外表。一般说来，仪表美包括人的仪容、姿态、举止和风度等。心灵美，是指一个人内心世界的美，表现在思想感情、性格品质、道德情操、文化修养等素质方面，是以“善”为其突出标志的。通过人们在实际生活中的言论和行动，透露出内心世界的状态，表现出心灵的美与丑。在仪表美和心灵美中，心灵美始终起着决定性的作用。正如一首民歌所唱的那样："头发梳得光，脸上搽得香，只因不劳动，人人说她脏。"自古以来，哲人们对于自身灵魂的洁净，总是给予十二分的重视。"慎独"、"吾日三省吾身"和"勿以善小而不为，勿以恶小而为之"，无不把眼光集中在防止灵魂的污染上。一个人最伤心的事，莫过于良心的死灭。古今中外能够任重而道远的人，总是反观内心，修其德行，有一颗无限净明的心。不能设想，那些心地卑劣、灵魂肮脏的人会给人类、社会和他人带来光明。但愿你我都在洗尽"身垢"的同时，给自己的灵魂深处也来一番彻底的洁净。"身是菩提树，心如明镜台。时时勤拂拭，勿使惹尘埃。"

小挂板

1986 年在美国的中国留学生请李政道博士讲演，然而许多留学生竟然在台下说闲话、聊天、吃东西、来回走动。如此不尊重讲演者，不懂得起码的做人准则，不遵守社会公德的状况，引起了李政道先生的震惊，以至于他不得不中断讲演，对这些留学生提出严厉的批评。

三、"我命在我，不在于天"

尽管世上的事千变万化，然而事在人为，人定可以胜天，这是先哲智者对于世界的看法。事实上，即使"信天由命"的人，从来也没放弃过凭借人的意志和力量，对于天命、自然所做的抗争。否则这世界怎么可能如此的多姿多彩，哪会有人类发展至今的高度物质文明和精神文明？不想坐以待毙，唯有向命运挑战，开创命运，把命运操纵在自己的手里。由此而反观自身，如果你自以为资质愚钝，那就不妨启动你的恒心，刻苦砥砺，积以时日地加以扭转；如果你自以为学习不如别人，那你就不妨精勤求进、加倍努力、笨鸟先飞，以祈后来居上；如果你暂时身处逆境，落入人生低谷，那么你不妨想到“天之将降大任于斯人，必先苦其心志，劳其筋骨，饿其体肤”，不妨试着卧薪尝胆，十年磨剑……换言之，人生不如意十之八九，最要紧的是你的精神面貌如何，能否正视人生，不忘拼搏。马克·吐温说：“顽强地应付一切，无论运气好坏，始终不气馁。”人的主观能动性是战胜天地自然，乃至所谓的“命运安排”的可贵力量。在命运的颠沛中，最容易看出一个人的气节。当然，由于各人先后天条件千差万别，所以作为每个人来说，虽然经过努力，情况却仍会大不同，这就要正确对待了。正如古希腊寓言家伊索所说：“你应该满足自己的命运，任何人都不可能在每一件事上都超人一等。”这才是千古不变的真理。

小挂板

逆境对人生的发展是不利的，它常常给我们带来焦虑、忧愁、痛苦和不幸，使人丧失前进的信心和克服困难的勇气。但逆境对人生的影响同样具有两重性。巴尔扎克说：“世界上的事情永远不是绝对的，结果完全因人而异。苦难对于天才是一块垫脚石……对能干的人是一笔财富，对弱者是一个万丈深渊。”自古英雄多磨难，从来纨绔少伟男。

四、“人生选择”

时下，同学、朋友见面，寒暄之后，常听到“混得不错”、“混口饭吃”、“混到一点小差事”等等的话。虽以俗语出之，但仅一个“混”字，却映射出一种生活态度。在“混”的反面，另有一种生活态度，那就是做人。人而曰“做”，足见其认真的程度，不但要做，而且还要做一个真正的人。但在“混”人眼中，他们被视为“傻子”。面对两种不同的生活态度，你必须去选择。在选择中，人的本质得到充分的显示，你选择什么，你的本质就是什么。人总是在选择中前进。

小挂板

《钢铁是怎样炼成的》有一段名言："人的一生应当这样度过：当回忆往事的时候，他不会因为虚度年华而悔恨，也不会因为碌碌无为而羞愧；在临死的时候，他能够说：'我的整个生命和全部精力，都已经献给了世界上最壮丽的事业——为人类的解放而斗争。'"

哲学不仅是玄奥的理论，而且渗透在日常生活，乃至琐事里。你的一举一动都可能与它有关。先哲说："道不远人。"只要拨动你的智慧之弦，掌握并顺应"道"，就能在这五光十色的无穷世界中，生活得比以前更明智、更自在、更洒脱，更不怨天尤人。

第三节　哲学与人文精神

人文精神是人类文化的真谛所在。凡在历史上起过重大作用的哲学，即马克思所说的"真正的哲学"，都体现出人文精神。

一、哲学体现人文精神

哲学体现人文精神。为什么？我们的视野可从两个方面扩展。

首先，尤为重要的一个方面，哲学起源于对人类精神的终极关怀。哲学产生于问题，产生于人对自然感到迷惑不解，从而有了探索自然的冲动。这种探索的冲动，要凭借“惊奇”之火才能燃烧。正如亚里士多德曾经说过，求知是人的本性，人是由于好奇或惊异而开始哲学思考的。换言之，一个没有人的世界一定是一个没有意义、没有理想、没有价值的世界。但是自有人以来，这个世界就变成了一个有价值的世界。人既不能忍受一个没有价值的世界，又始终不满足于他所面对的现实世界。于是当人面对现实世界产生一个个“为什么”的疑问时，产生哲学的土壤就成熟了。“为什么”，这是哲学生存的方式，同时也是人文精神的体现。人文精神，如前所述它体现的是对主体与世界的关系、对人自身价值和人生存在意义、对人类命运的思考和探索。随着社会开明、文化发达和知识进步，人们视野更加开阔，思想日益活跃，对人与客观世界的关系，人与社会及人自身的问题就愈加关注。由此可见，人的存在问题成为诸多关注中的中心问题。注重作为主体的人、注重主体的实践，必然体现出一种人文关怀，这正是人文精神的核心。所以我们说，大凡在历史上起过重大作用的哲学，即马克思所说的“真正的哲学”，都体现着人文精神。

走近哲学，纵观哲学思想的发展，其中不乏人文精神，“以人为本”的核心理念深深凝聚其中。以大家熟知的人与规律为例：从赫拉克利特提出“逻各斯”的思想后，哲学家们就对“逻各斯”是什么，以及有什么样的“逻各斯”展开了激烈的争辩，有的认为“逻各斯”是物质的变化和发展，这就是以德谟克利特为代表的唯物论哲学；有的认为“逻各斯”是观念的变化和发展，这是以柏拉图为代表的唯心论哲学。到近代，培根是第一个系统地制定认识的归纳法的哲学家，他主张对大量的经验事实加以整理归纳，得出科学的规律。但是，他的唯物论的经验论后来却受到了种种唯心论者的反对：贝克莱认为凡是经验都是主观的，只是人的感觉；黑格尔认为是绝对观念的发展，而客观世界的发展规律只是绝对观念的外化而已。把黑格尔的唯心论哲学颠倒过来，就是唯物论。以上只是想借以说明，自从2000多年前，人类开始认识物质世界运动有“规律”以来，在这个问题上，人类的认识有过一系列曲折的变化和发展，并进行了艰辛的探索。在人类关于客观规律和主观作用的关系问题上，可能在千万年后，还会存在矛盾，即世界与人的矛盾。当人类意识到有规律的存在，要去发现它、说明它，这才有了科学和哲学的发展，同时也有了人文精神的体现。哲学的任务就是要发现和破解整个宇宙的奥秘，弄清世界的本来面目和人同世界的关系，追求永恒无限的智慧境界。这实际上是我们的认识能力所难以企及的，我们只有对此进行永恒的探索和无限的追问。而在这一历史的进程中，必然显现出对人文精神和人类精神的终极关怀。哲学史就是认识史，是人类精神家园的创造史。众所周知，当人类出现以后，他必须依靠理性在客观世界无数的各种可能性中做出选择：一方面，人受不可抗拒的自然法则的限制，生生死死，不由自己；另一方面人又是有理性的，他不仅以此来认识自然规律，同时也希望知道为什么活着，明白人生的意义和价值。为了超越自身的有限性的理想，终有一死的人向往揭示宇宙的终极奥秘，向往揭示宇宙终极奥秘的人却终有一死，这就是人生在世最深刻最根本的悖论。这一悖论中体现了什么呢？体现的是主体与世界的关系，是对人自身价值和人生存在意义、对人类命运的思考和探索。简言之，从这一悖论中生发了人文关怀和人文精神。人为什么要以有限的生命追求无限的理想呢？根本原因就在于人不同于动物和自然存在物，他需要知道存在的意义和目的是什么，而这些意义和目的并不是自然而然地“写”在自然之中，摆在人的面前的，它们需要被人去探索、发现和创造。我们不能因为生命的有限性就放弃人生的理想和追求，不能因为智慧境界达不到就放弃追求和希望。我们别无选择，因为人生的意义、目的和价值对我们而言性命攸关，这是人生必须经历的痛苦。正是在这种痛苦之中，在人类永恒的探索中显现了人文精神，即对真理和对生命意义的追求。古人之所以在错综复杂的万事万物中发现规律，赫拉克利特把它叫做“逻各斯”，在中国荀子把它叫做“常”，老子把它叫做“道”，这难道不是人文精神的显现吗？近代哲学的诞生，把人从神权的奴役下解放出来，这难道不是充满着人文精神吗？控制论奠基人维纳的著作，书名就叫《把人当人来用》，希望改变把人当机器来用的状况，这不也是充满着人文精神吗？又如，在我们的日常生活中，大家喜欢名人名言：亚里士多德的“我爱我师，但我更爱真理”；培根的“知识就是力量”；孔子的“知之为知之，不知为不知，是知也”；蒲鲁东的“一切谬误都构成科学的阶梯”和古训“失败乃成功之母”；苏格拉底以希腊德尔菲神殿中一则箴言“认识你自己”作为其哲学的座右铭……这些何尝不是人文精神的焕发？哲学是一种思考，人文精神是一种追求。人生就是在思考中追求，在追求中思考。从某种意义上说，人生无处不体现出哲学的思考和人文精神的追求。当然，人文精神的体现不仅仅在哲学中，在任何思想、理论、学科：天文、地理、历史、文学、美学、数学……都可以得到印证、认同和启示。重要的是，这其间的高尚的、健康的精要部分，才是属于我们要追求和发扬的人文精神，切切不可盲目地认同和追求。

小挂板

如果上帝的右手握着全部的真理，左手握着对真理的毕生追寻，你选择哪一只手？

其次，从哲学内涵性研究对象和哲学的归属方面看，哲学体现人文精神。尽管哲学的界定始终处在“无定论”与“有定论”的矛盾运动之中，但在本体论、自然观、历史观、人生观、价值观、审美观、伦理观、认识论、方法论等都是归属于哲学问题上，却有着共同的认可。在这些哲学问题中，几乎所有方面都与人文精神具有密切的内在联系。例如伦理观：它所研究的对象是人与人、人与社会以及人与自然的一种有关行为规范的道德准则。中国儒家所建构的“己所不欲，勿施于人”，至今仍不失为处理人际关系的最基本的道德准则，甚至被世界伦理学界誉为伦理学的“黄金定律”。其中正蕴涵着人文关怀、人文精神。再者，人们常常习惯于把文学、历史学和哲学一类的学科称为人文科学。作为一门人文科学，哲学确实蕴涵人文形式和人文精神。

二、马克思主义哲学是科学精神和人文精神的完美结合

哲学体现着人文精神。我们从以上两个方面的论述过程中可以得到印证。那么，作为时代精神之精华的马克思主义哲学呢？它必然更能体现出人文精神，是科学精神和人文精神的完美结合。其实当我们在学习马克思主义哲学，特别是世界观、人生观、价值观时，就已经触及了人文精神的核心。因为马克思主义哲学的宗旨，最终就是为了实现人的解放和自由，为了人的全面发展。马克思主义哲学对人生的意义、人生的追求、目的、理想、信念、价值等等的关注和思考，使所有晦暗的模糊不清的所谓人生关怀的弊端暴露无遗，使人生境界不断地得到升华，这就是马克思主义哲学对人生终极关怀的显现，正是我们所要大力弘扬的人文精神。作为人我们不能不懂人生的意义而了此一生，如果果真如此的话，那就意味着我们不过是行尸走肉而已。既然马克思主义哲学体现了人文精神，既然开设了人文素质教育讲座，那么大家在接触和学习马克思主义哲

学的过程中，就更要注重自身人文素质的培养并树立正确的世界观、人生观和价值观，弄清什么样的人文精神是我们所追求的人文精神，以便促进自身的全面发展。

小挂板

马克思恩格斯认为，未来社会是个自由人联合体，是"以每个人的全面而自由的发展为基本原则的社会形式"。

随着实践的发展，人文精神的内涵也在不断发展。在当代中国人文精神集中体现为以"三个代表"重要思想为核心的新的人文精神，这主要表现在：第一，以人民为本；第二，以人民利益为最终目标；第三，以人的全面发展为出发点。总之，"以人为本"构建和谐社会正在我国全面健康发展。寄身于当代的大学生们肩负着重任，你们又将做出何种选择呢？

【本章思考题】

1. 什么是哲学？

2. 包罗万象的世界，归根到底究竟是什么？如何理解这个神秘的"自在之物"和我们的关系？

3. 如果追求的目标永远无法达到，追求是否还有价值？

4. 略论社会实践主体——人的美所包括的内容。

5. 简论哲学与人生的关系。

【推荐阅读书目】

1. 肖前.马克思主义哲学原理(上、下册).中国人民大学出版社,1997年版

2. 向世陵.中国哲学智慧(第二版).中国人民大学出版社,2005年版

3. 马克思和恩格斯.共产党宣言.人民出版社,1997年版

4. 陈学明.西方马克思主义教程.高等教育出版社,2001年版

5. 汪青松.马克思主义中国化与中国化的马克思主义.中国社会科学出版社,2004年版

第四章　走近艺术

艺术是人类思想情感的造型化。我们透过艺术欣赏来了解文明，了解人类，维护本民族的文化资产，加深对其他时代及地域的文化了解，开拓我们精神生活的视野。

第一节　艺术的内容与形式

艺术是人们把握现实世界的一种方式，人们通过艺术活动认识自然、认识社会、认识历史、了解人生，潜移默化地影响着人的思想感情、人生态度和价值观念的变化。

一、什么是艺术

广义：凡是含有技术与思想的活动及其制作，皆谓之艺术。

狭义：凡含有审美价值的活动及其活动的产物，能表现出创作者的思想及情感，并予接触者产生共鸣者，谓之艺术。

小挂板

对艺术的定义，古今中外不尽相同。西洋所谓的“艺术”(Art，拉丁文称为 Ars)，大致与“技术”意义相近。中国古文“艺”字也有多种解释“艺术”的定义，所谓“六艺——礼、乐、射、御、书、数”也与才艺或技术有关。

二、艺术的内容

艺术的内容，是指艺术品中所包括的实质或意义。其内容大抵可分为自然界的、人生界的与超现实的三大类。自然界：动物、植物、矿物、风景、天象等；人生界中可作为艺术内容的分为人体与人生两类；以超现实事物作为艺术内容的有雷公、龙凤、灵魂、外星人、魔法等。

三、艺术的形式与门类

艺术之大，起于心，发之毫末，始为作品，形式仅为其面具。

艺术门类可分为以下三类：

表演艺术——音乐、舞蹈、杂技、相声、魔术等。

造型艺术——绘画、雕塑、建筑、工艺、书法等。

语言艺术——小说、诗歌、散文、戏剧文学等。

小挂板

铜陵艺术知多少

（1）青铜雕塑类（又称之为“凝固的音符”）。铜陵位于安徽省中南部，地处长江下游南岸，古属吴楚。铜陵以产铜著称于世，是中华民族青铜文化的发祥地之一。其铜雕塑也各具特色。

示例：丰收门。丰收门位于淮河南路，高 8.8 米，1995 年建成，仲兆鼐创作。雕塑由三个“丰”字造型和一个硕大的球体组成。由三根巨型圆柱各串起三枚古铜刀币组成三个“丰”字，故称“丰收门”。三根巨柱托举着我们的希望，三根巨柱托载着我们的丰收果实，三枚古铜刀币象征着我们物质和精神所取得的财富。三个“丰”字构成一座巨大的门形，门中心竖立着一个直径 2.4 米的球体，犹如丰收的硕果。“丰”字柱上三横采形于古“刀”币，柱上纹饰取样于青铜器上的饕餮纹、龙纹和凤纹，三横笔画呈上斜动态，犹如大鹏展翅，经立柱的托举，形成起飞升腾的趋势。整座雕塑象征铜陵人民在改革开放中不断取得的丰硕的成果。

(2)青铜文学类(青铜诗歌)。铜陵的采铜业在唐代发展到鼎盛时期,李白在唐天宝十三年(公元754年)巡游秋浦,往来于铜陵、贵池之间,写下了组诗《秋浦歌》。自李白之后,历代名人学士纷至沓来,留下诗文传世。李白的作品开了以采冶铜入诗的先河,古往今来,更有大量的以青铜入诗文的佳篇,或以物抒情,或喻物寓志,形成了丰富的铜文学作品。以铜为文,是文学宝库中一支异丽的奇葩。

(3)音乐作品类。《青铜魂》是铜陵市1999年创作的第一部弘扬青铜文化的大型歌舞诗剧。2003年,《青铜之恋》成功上演并进京演出。青铜文化工程"青铜三部曲"的第三部作品《青铜神圣》也已完成创作,它类似于《诗经》"风"、"雅"、"颂"中的"颂"的风格,赋予诗化的成分,有音乐也有舞蹈。

傩戏被称为"古老戏曲的活化石",正在申报"世界非物质化文化遗产"。傩戏是一种有着悠久历史的戏种,它源于原始社会图腾崇拜的傩祭。到商代(公元前1600～公元前1046)形成了一种固定的用以驱鬼逐疫的祭祀仪式,这就是傩舞。傩戏是一种在傩舞的基础之上发展形成的戏曲形式。傩戏表演的主要特点是各角色都戴木制假面,扮成鬼神歌舞,表现神的身世、事迹。傩戏又称傩堂戏、端公戏,是在民间祭祀仪式基础上吸取民间戏曲而形成的一种戏曲形式,广泛流行于安徽、江西、湖北、湖南、四川、贵州、陕西、河北等省。傩戏源于远古时代,早在先秦时期就有既娱神又娱人的巫歌傩舞。明末清初,各种地方戏曲蓬勃兴起,傩舞吸取各种戏曲形式,发展成为傩堂戏、端公戏。傩戏于康熙年间在湘西形成后,由沅水进入长江,向各地迅速发展,形成了不同的流派和艺术风格。湖南、湖北的傩戏吸收了花鼓戏的表演艺术,四川、贵州的傩戏吸收了花灯的艺术成分，江西、安徽的傩戏则吸收了徽剧和目连戏的养料。

傩戏的演出剧目有《孟姜女》、《庞氏女》、《龙王女》、《桃源洞神》、《梁山土地》等，此外还有一些取材于《目连传》、《三国演义》、《西游记》故事的剧目。剧本唱多白少，善于通过大段叙事性唱词交待事件，展开矛盾，塑造形象。演唱用各地方言，唱腔除第一类剧目用端公调外，其他均用本地群众熟悉的戏曲腔调。除湖南沅陵等少数地区用唢呐在句尾伴奏外，多数傩戏只使用锣、鼓、钹等打击乐器。傩戏的角色行当分生、旦、净、丑，多数戴面具表演。面具用樟木、丁香木、白杨木等不易开裂的木头雕刻、彩绘而成，按造型可分为整脸和半脸两种，整脸刻绘出人物戴的帽子和整个脸部，半脸则仅刻鼻子以上，没有嘴和下巴。

由于历史背景和所接受的艺术影响不同，傩戏分为傩堂戏、地戏、阳戏三种。地戏是明初“调北征南”留守在云南、贵州屯田戍边将士的后裔屯堡人为祭祀祖先而演出的一种傩戏，没有民间生活戏和才子佳人戏，所演的都是反映历史故事的武打戏。而阳戏则恰恰相反，它是端公法师在作完法事后演给活人看的，故以演出反映民间生活的小戏为主，所唱腔调亦多吸收自花鼓、花灯等民间小戏。

傩戏是历史、民俗、民间宗教和原始戏剧的综合体，蕴藏着丰富的文化基因，具有重要的研究价值。各地的傩戏主要流传于乡间，随着社会的发展，娱乐活动不断丰富，愿意观看傩戏演出的人日益减少，傩戏传承困难。

安徽的傩戏主要存在于池州地区。池州傩戏源于图腾崇拜意识，主要流传于中国佛教圣地九华山麓方圆百公里的贵池、石台和青阳等县(区)，尤其集中于池州市贵池区的刘街、梅街、茅坦等乡镇的几十个大姓家族，史载“无傩不成村”。它无专业班社和专业艺人，至今仍以宗族为演出单位，以祭祖、驱邪纳福和娱神娱祖娱人为目的，戴面具为表演特征。

池州傩戏有“傩仪”、“傩舞”和“傩戏”等表现形式。整台“正戏”，既有戏剧情节、表演程式，又有角色行当和舞台砌末等戏曲特征的“本戏”。是靠“口传心授”的方式，宗族师承，世代沿袭，每年例行“春祭”和“秋祭”，“春祭”即每年农历正月初七(人日)至十五择日进行，“秋祭”即农历八月十五进行，平时不演出。

池州傩戏汇蓄和沉淀了上古到近代各个历史时期诸多文化信息，涉及多种学科、多个领域，内涵十分丰富，隐藏着博大精深的文化蕴涵和极高的文化人类学、戏剧学、宗教学、美术学、历史学、考古学和民俗学等学术研究价值，仍保持着古朴、粗犷的原貌，是中国古老的民间仪式，是中国最具民族特色的文化象征体系的重要组成部分，是我国现存“最古老、最完整”的古戏曲之一。

第二节　艺术与人文

跨世纪教育改革的精神，在于重视人的生命自身，并以生活为中心，建立人我之间与环境之和谐发展，全面、多元地均衡科技文明与艺术人文的关系。

一、艺术与美

1. 什么是美

人们经常使用“美”这个概念，但是究竟什么是“美”，至今没有一个统一的解释。有学者将“美”分为非美学含义（日常含义）和美学含义两种。

小挂板

“美”的日常含义与“美”的美学含义

美的日常含义包括两个方面：一是用于生理需要满足时的感叹和对满足生理需要的对象的肯定性评价，如对食物、酒称之为“美食”、“美酒”，吃饱喝足之后情不自禁地发出“美极了”的赞语。这里的“美”是“好”的意思。“美”的汉字词源含义之一是羊大为美。日常生活中对“美”的用法，显然是对其古代含义的一种沿袭，即把美等同于甘，指的是感官的快适。二是用于伦理评价，对人的行为、思想、言论符合规范的一种赞同，这里的“美”是“善”的意思，体现了我国文化中“美与善同意”的传统观念。美学中使用的“美”的概念有三层含义，第一层含义指的是具体的审美对象，或者说就是“美的东西”；第二层含义指的是众多审美对象所具有的特征，主要是形式和形象上表现出来的审美属性；第三层含义指的是美的本质和美的规律。“美”的上述三层美学含义是逐步深化、引申的，我们只有深刻认识和理解“美”的美学含义，才能结合自己的专业特点去完成美学的三大任务：(1)促进人生的审美化，这是美学在一定高度上的目标定位；(2)帮助人们进行美的评价、美的欣赏和美的创造；(3)运用日渐完善的美学理论和美学原理去指导各种审美实践，并提升效果。

美是人类符号实践中显现的具有无功利性和感染力的活的形象。美的基本特征是符号性、无功利性、形象性、感染性。

2. 艺术和艺术美

艺术是由艺术家创造出来的、为观众所体验的具有表现性的生命符号。艺术美是一种美的形态，是指人类创造的艺术的美，是艺术符号系统所显现的具有生命活力的活的形象。艺术美的特征在于形式与意蕴的统一，创造与规范的统一，个体与社会的统一。

3. 美育

又称审美教育或美感教育。美育是运用审美形象的感染作用塑造人的知、情、意等符号实践能力的教育形式。美育的目的在于实现人的全面发展。

小挂板

美育在素质教育中的地位与作用

美育是素质教育的重要内容，这是由美育的性质与自身特点决定的。美育在素质教育中的重要地位与作用，主要表现在以下几个方面：

第一，有利于陶冶人的情操。人的行动总是受一定的情感支配的，所以，人的情感对人生实践具有重要意义。美育不同于别的教育，体现为它是一种自由的形态，通过“寓教于乐”，“随风潜入夜，润物细无声”，使人的心灵得以净化。这是因为美与人的心灵是相通的，用康德的话说，“美”是情感知识与道德的桥梁。美育就是运用人类社会创造的一切美，对人进行美化自身的教育，使人具有一个丰富而充实的灵魂，并渗透到整个内心世界与生活中去，形成一种自觉的理性力量。这是其他教育无法做到的。

第二，有利于促进心理结构的“内化”。实施素质教育的关键，就是要将道德、知识等教育转化为人的一种精神素质，使之形成真善美相统一的人格。美育由于冲破了狭隘的功利主义，并且是一种自由形态的教育，所以比较容易与其他教育相结合，并渗透到其他教育中去。孔子说：“知之者不如好之者，好之者不如乐之者。”一个人仅知道什么是不够的，只有从情感上产生爱好，才能心悦诚服，才会在行动中发挥出最大的积极性与创造性。可见，美育具有全方位的作用，能够把其他教育带动起来，形成一个有机体。

第三，有利于提高思维能力。人类认识事物的思维形式分为形象思维与逻辑思维。两种思维密切相关，从思维的发生学来说，形象思维是基础，没有形象思维也就没有逻辑思维。所以，要提高人的思维能力，尤其对于广大青少年来说，更要注重形象思维教育。一般来说，一个人的知识水平和道德修养同思维能力是成正比的，但也并非是绝对的，还要有合理的心理结构，才能将知识、道德转化为一种智慧。日常生活中常有这样的现象：有些人书读得不少，人品也不错，可就是不会运用，甚至成为书呆子，这和平常缺乏美育教育、形象思维能力差、缺乏想象力有着直接的关系。

第四，有利于培养新型人才。我们正面临着知识经济的时代，教育只有面向现代化、面向世界、面向未来，注意知识结构的综合化，而不囿于某一学科的单一知识，才能够培养出符合时代要求的新型人才。教育的精髓是启迪智慧，培养创新精神。美国诗人惠特曼说过，"智慧是从灵魂中引发出来的。"智慧是知识、修养、经验与情感的有机结合，已成为人的素质之一。在现代社会中，一个人不管干哪一行，如果不懂得美学和审美，就不可能真正做好工作，成为优秀人才。事实也表明，真正有名望的大学者，他们的成功和所受到的良好美育是分不开的。1978 年度诺贝尔奖获得者、美国哈佛大学教授格拉索在回答"如何才能造就好的科学家"的问题时说过："往往许多物理问题的解决并不在物理范围之内，涉及多方面的学问可以提供广阔的思路，如多看看小说，有空去看看动物园都有好处，可以帮助提高想象力……"

从上面论述中可以看到，美育的社会功能在于全面培养人，它是从塑造美的心灵着手，使个体成为一种立体。因此，美育着眼的是整个的人，是人的身心的健全发展，所以，美育能从更高的角度体现人的本质要求和理想。

人的个性是由个人的自身条件与特定生活环境造成的。良好的个性，对于一个人取得事业上的成就具有重要的意义。所以，不可把人的全面发展与个性发展对立起来，现在在我们的教育工作中，既对学生的全面发展重视不够，同时对学生个性的尊重、开发、引导也不够注意，这种情况必须改进。

（转自 2000 年 2 月 14 日《中国教育报》）

二、艺术与人文

通过艺术学习、实践能有效提升人文素养，这已经成为人们的共识。很多大学目前都在非艺术专业开展包含音乐、美术、表演艺术等方面在内的学习和实践活动，培养学生兴趣，提升其艺术感受力、想象力、创造力。

小挂板

"学音乐的人特别有创意"

"你知道中国的第一首小提琴奏鸣曲《行路难》是谁谱写的吗？是我国'地质之父'李四光。你知道中国的'两弹元勋'和'航天之父'钱学森早年写过一本科学与音乐艺术的书吗？书名叫《科学的艺术与艺术的科学》。

你知道'中国杂交水稻之父'袁隆平有什么业余爱好吗？你别看他像个农民，他的小提琴拉得非常好，还公开表演过；世界大科学家爱因斯坦也是小提琴家，'量子论专家'普朗克同样是钢琴家，他俩还同台演奏过；美国联邦储备委员会主席格林斯潘也是音乐科班出身，年轻时在一个爵士乐队吹过萨克斯。

这一切说明了什么？说明了艺术修养对一个全面发展的人生是多么的重要啊！"

（摘自李岚清 2005 年 4 月 20 日在浙江大学的演讲）

既是艺术家也是科学家的"全才"

莱昂纳多·达·芬奇，不仅是艺术家，还是音乐家、物理学家、生物学家、数学家。他是意大利文艺复兴时期第一位画家，也是整个欧洲文艺复兴时期最杰出的代表人物之一。他是一位思想深邃、学识渊博、多才多艺的艺术大师、科学巨匠、文艺理论家、大哲学家、音乐家和发明家。他在几乎每个领域都做出了巨大的贡献。后代的学者称他是"文艺复兴时代最完美的代表"，是"第一流的学者"，是一位"旷世奇才"。

达·芬奇比文艺复兴时期中的任何一人，都有更多、更广的幻想。他思想深邃、博学多才。他怀着永无休止的探索精神去研究自然和人生的一切奥秘，把艺术和科学、理智和情感、形体和精神熔于一炉，继承和发扬了前人的人文主义思想和现实主义表现手法，把艺术推到一个前所未有的高度，为自然科学的发展做出了巨大贡献。

第三节　音乐的殿堂

在我国音乐教育具有优良传统，历代统治者都不同程度地关注音乐在社会发展中的作用。在中国传统思想文化的整体结构中“乐”与“礼”一样有重要的地位。“乐”不仅指音乐，还包括诗歌、舞蹈、戏剧、文学等文艺门类的成分，如此丰富的乐教，在历代教育中发挥了积极作用。

音乐是艺术海洋中的精灵，必要的音乐学习有利于当代大学生特别是高职学生美感和情感的培养、提升，在充分理解歌曲情感美，感受旋律节奏美的基础上达到知情意的统一。

一、音乐基础理论介绍

（一）音乐的产生

音乐是艺术门类的一脉。作为一种文化现象，它是人类社会发展到一定阶段的产物。

小挂板

音乐起源“六说”

古往今来诸多音乐史学家对音乐的起源作出不同的研究与论说，比较有代表性的有六类不同的见解。

1. 异性求爱说。这种说法是由英国著名的生物学家达尔文提出的。这一学说曾轰动一时。达尔文认为史前动物常常是以鸣叫声来追求异性的。它们的声音越优美则越能吸引异性，于是动物们纷纷竞相发出婉约优美的声音以期得到对方的青睐，这种鸣声，特别是鸟类的鸣声已具有乐音或节奏。达尔文由此联想到音乐的起源，认为声音是在语言产生之前便具有的。原始部落中有些民族的歌就是模仿各种鸟类的鸣叫声，动人的啁啾，起伏的旋律感，从而形成动听的民歌传唱百世。

2. 劳动起源说。关于音乐起源中主张此说的代表人物是奥地利音乐学者瓦勒谢克（1860～1917）和西德的经济学者布赫（1847～1930）。瓦勒谢克在其著作《原始音乐》中认为音乐的起源是由非洲原始民族在战争狩猎时的舞蹈及强烈的伴奏发展而来的。布赫则在其著作《劳动与节奏》中将音乐的起源归纳为人类的集体劳动，且系统地收集了从古代到现代的歌谣及南洋原始民族的各种劳动歌曲287首，来研究劳动与节奏的关系。将音乐起源归结于在原始社会的集体劳动中，人们为了求得统一及效率所产生的节奏。

3. 语言抑扬说。法国哲学家卢梭(1712～1778)及英国哲学家史宾塞(1820～1903)认为人与人的语言交流有着一种自然的抑扬顿挫,人类在兴奋或激动以及悲伤、发情时产生的昂扬语调即是歌曲。19世纪德国作曲家华格纳亦赞同此说。他们认为在市集上的叫卖声大多成为旋律,由此得知音乐与语言有着相当密切的关系。

4. 模仿自然说。持有此说的代表人物是英国的音乐出版家克罗威斯特(1850～1922)。他认为自然界有许多声音,如虫叫、鸟鸣、风声、动物的吼声、水流声……人类从这些自然的声响中得到了灵感,因而创造出音乐。

5. 信号说。信号说的说法是由德国的音乐心理学家修顿普佛(1848～1936)在他的著作《音乐的起源》中提到的。他认为原始时代人们为了与远方的成员联络,便相互喊叫,发出保持一定时间的声音,这种声音便是音乐。如果男女老幼几个人同时发出叫喊声就会出现八度音程,更多的人同时叫喊即产生协和音程和不协和音程,于是便产生识别音高的观念。

6. 巫术起源说。法国的音乐学家孔百流(1859～1916)主张音乐是从原始民族巫术中产生出来的。我国著名学者王国维也有类似的观点,认为"歌舞之兴,其始于古之巫乎"。都是主张音乐与巫术有着源远流长的不解之缘。

其实,关于音乐的起源,任何人都不能做出一个肯定的答复,因为音乐的起源是纷繁复杂的,我们无法用一个单一的理论来解释和定义它,因而产生和提出用多元的理论来探求音乐的起源。这个问题也许需要我们用一生的精力来探讨研究,未来的你,又何尝不会为人类展现出另一个音乐起源的圣地呢?让我们静静地等待又一片掩映天空的彩霞吧!

（二）音乐语言的主要构成要素

（1）速度：泛指音乐进行的快慢程度。

（2）节奏：指各音在进行时的长短关系和强弱关系。

（3）节拍：是指强拍和弱拍的均匀的交替。

（4）力度：指实际演奏或演唱声音的强弱与音量大小程度。

（5）音色：不同人声、不同乐器及其组合的音响上的特色。

（6）和声：指两个以上的音按一定规律同时结合。

（7）旋律：又叫曲调。按照一定的高低、长短、强弱关系而组成的音的线条。

小挂板

小提琴协奏曲《梁祝》赏析

蝴蝶的故事：

富家小姐祝英台女扮男装，与梁山伯同窗三载产生深厚感情。回家后，祝父逼迫英台与马文才订婚，英台誓死不从，山伯到祝家探望英台，方知英台女儿身。因受到婚变的打击，山伯回家病故。英台在被迫出嫁途中吊祭山伯，一时天昏地暗，山伯坟台断裂，英台投入坟中，两人化作蝴蝶。

作者：陈刚、何占豪

小提琴简介：

小提琴是弓弦乐器中流传最广的一种乐器，也是自 17 世纪以来西方音乐中最为重要的乐器之一。属提琴族乐器中的高音乐器，艺术表现力丰富，音色优美、表达含蓄、变化多端，具有歌唱般的魅力。

乐曲分析：

此曲描述了梁、祝二人的真挚爱情。对封建礼教进行了愤怒的控诉与鞭笞，反映了人民反封建的思想感情及对这一爱情悲剧的深切同情。乐曲的结构为奏鸣曲式，由引子、呈示部、展开部、再现部组成。作品从故事中择取“草桥结拜”、“英台抗婚”和“坟前化蝶”三个主要情节，分别作为乐曲呈示部、展开部及再现部的内容。运用西洋协奏曲中的奏鸣曲式，很好地表现了戏剧性的矛盾冲突。并吸收了我国戏曲中丰富的表现手法，使之既有国际性又有民族特色。

二、音乐欣赏的方法及示例

（一）音乐欣赏

欣赏者通过听觉去感受音乐，从中获得对音乐美的享受，得到精神的愉悦和感官上的满足。

（二）如何欣赏

细心倾听音乐中出现的各种不同的音高、节奏、音色等要素。深入体会音乐所表现的感情。对音乐产生丰富的想象和联想。

（三）示范曲《第五（命运）交响曲》

1. 交响乐的形成和发展史

交响乐起源于意大利的歌剧序曲。产生于16世纪末17世纪初，最初是几类乐器的临时组合。1637年意大利诞生了用于伴奏的管弦乐队，18世纪维伐尔的《四季》成为早期交响音乐作品的典范。海顿将器乐合奏曲发展成为具有高度艺术性的交响音乐。贝多芬完善与丰富了交响乐，其作品达到了交响乐的顶峰。

2. 交响乐结构

交响乐一般包括四个乐章：（最常见的布局）第一乐章（主调）快速度；第二乐章（副调）慢速度；第三乐章（主调）中速度或快速度；第

四乐章（主调）快速度。

3. 著名的交响乐作品及作曲家

海顿《G 大调第九十四号“惊愕”交响曲》；贝多芬第三、第五、第七、第九交响曲；莫扎特《第 39 交响曲》；门德尔松《苏格兰交响曲》等等。

4. 作品有关背景

《第五（命运）交响曲》第一乐章：此曲完成于 1807 年末至 1808 年初，是贝多芬最为著名的作品之一，表达了“通过斗争获得胜利”的思想。本曲声望之高，演出次数之多，可谓交响曲之冠。整部作品精练、简洁，结构完整统一。

5. 分部讲解

第一乐章奏鸣曲式。

呈示部：乐章的开始由单簧管与弦乐齐奏出著名的四个音动机，并发展为第一主题（主部主题）即命运主题，圆号引出明朗、抒情的第二主题（副部主题）。

展开部：作者巧妙地运用了模仿、对比的手法和频繁的转调，使音乐增加不稳定性，展现了正义与邪恶、光明与黑暗的殊死搏斗，最后达到高潮。

再现部：与呈示部基本相同。音乐势不可挡，进一步呈现出人们战胜黑暗势力的坚强意志和必胜信心。

小挂板

贝多芬的故事

就在贝多芬一心准备投身音乐，准备大干一场时，命运向他露出了狰狞的面孔。从 1796 年开始，贝多芬就发现自己的听力急剧下降，对于一位风华正茂、踌躇满志的钢琴家和音乐家来说，听力的

衰退不啻于世界末日。但贝多芬进行了顽强的抗争,并说出了那句传颂千古的名言:“我要扼住命运的咽喉,它决不能使我屈服。”当时的贝多芬还爱恋着一位叫朱丽叶塔的姑娘,著名的钢琴奏鸣曲《月光》就是献给她的。然而幼稚风流的朱丽叶塔辜负了贝多芬的一番情意,后来竟与一位男爵订了婚。治愈耳聋的希望日渐渺茫,又痛失心仪已久的恋人,这双重的打击使顽强的贝多芬支持不住了。1802年他写下了一封绝笔信,即著名的《海利根施塔特遗书》。在信中他淋漓尽致地表达了内心深处的理想和痛苦。凡是误解贝多芬的人,如果仔细读了他的遗嘱,都能发现其中真实的原因,从而原谅他的种种缺点。不过他还是重新振作了起来,他那坚强的个性不可能屈服于命运摆布。在那篇遗嘱中,贝多芬说道:“是艺术,就只是艺术留住了我,啊!在我尚未感到把我的使命全部完成之前,我觉得我是不能离开这个世界的。”

音乐是比一切智慧、一切哲学更高的启示。——贝多芬

(四)示范曲《春江花月夜》

1. 作品简介

《春江花月夜》原本是一首琵琶独奏曲,早在1875年前即有传抄本。原曲名为《夕阳箫鼓》,并列有一系列的小标题。20世纪20～30年代,上海的一些音乐家将这首曲子改编为丝竹合奏,取名为《春江花月夜》并组合若干段落,每个段落都加有形象生动的小标题:《江楼钟鼓》、《月上东山》、《风回曲水》、《花影层叠》、《水深云际》、《渔歌唱晚》、《回澜拍岸》、《桡鸣远濑》、《欸乃归舟》及《尾声》。

新中国成立后，音乐家们又在丝竹合奏曲的基础上，将此曲编配为民族管弦乐合奏曲。

2．作品结构特点

(1)“鱼咬尾”结构：乐句一头一尾的音都是用同度音贯串连接的。

(2)“换头合尾”结构：每段的结尾乐句相同。

(3)乐曲分析：第一段《江楼钟鼓》描绘出夕阳映江面，熏风拂涟漪的景色。然后，乐队齐奏出优美如歌的主题，乐句间同音相连，委婉平静；大鼓轻声滚奏，意境深远。第二、三段，表现了“月上东山”和“风回曲水”的意境。如见江风习习，花草摇曳，水中倒影，层叠恍惚。接着进入第五段《水深云际》，那种“江天一色无纤尘，皎皎空中孤月轮”的壮阔景色油然而生。乐队齐奏，速度加快，犹如白帆点点，遥闻渔歌，由远而近，逐歌四起。第七段，琵琶用扫轮弹奏，恰似渔舟破水，掀起波涛拍岸。全曲的高潮是第九段《欸乃归舟》，表现归舟破水，浪花飞溅，橹声“欸乃”，由远而近的意境。归舟远去，万籁皆寂，春江显得更加宁静，全曲在悠扬徐缓的旋律中结束，使人回味无穷。

(4)音乐库：欣赏琵琶演奏的《春江花月夜》片断。

小挂板

《铜陵有色公司之歌》(合唱曲)

合唱：将许多人分成几个声部，同时演唱有两个或两个以上不同曲调的歌曲。常见的合唱形式有：混声二部合唱(由男女声混合组成)，混声四部合唱(由女高、女低、男高、男低四个声部组成)，同声合唱(分男声、女声、童声的二部、三部合唱)等形式。合唱有着丰富的表现力，讲究整体音响的谐和与协调。

铜陵有色公司之歌

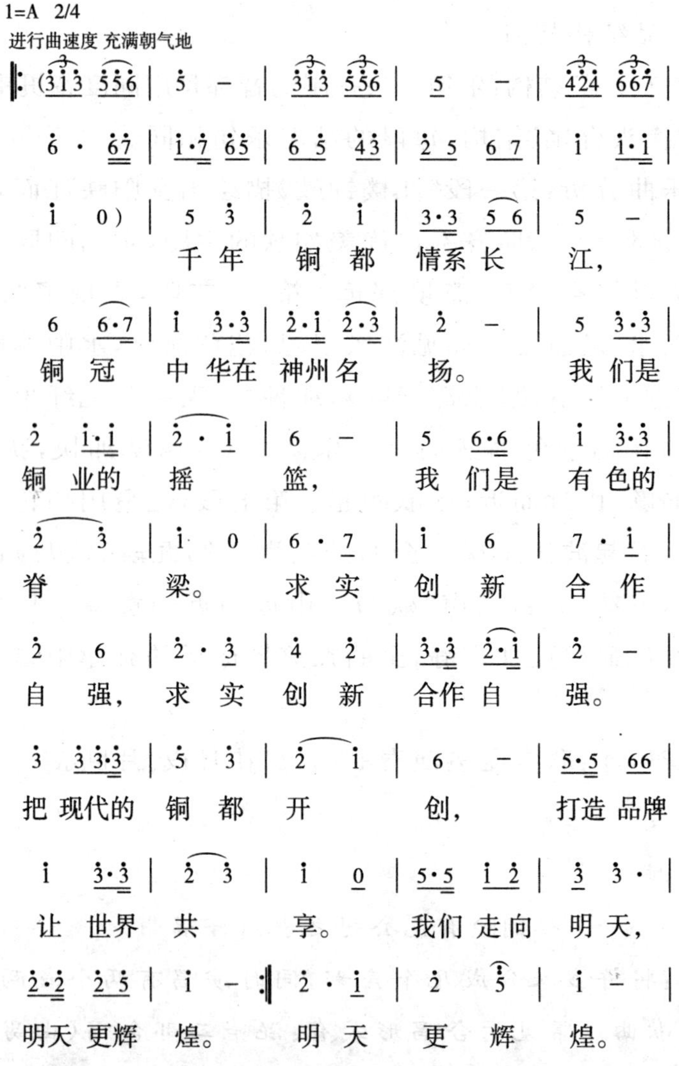

说明：公司之歌是一个企业的文化灵魂。集团公司之歌既是对历史的总结，又是对今天的描述，更是对未来的展望。词的思想境界和艺术境界必须融为一体，构成一个理想平台，要用号角般的音乐激励人心、鼓舞士气，从而展现厚重、蓬勃向上的铜陵有色金属（集团）公司整体形象和精神风貌。整首词抑扬顿挫、铿锵有力，现实性、文学性结合得比较完美。

歌的起句："千年铜都情系长江"，把中国青铜文化发祥地——铜陵的历史与未来和祖国母亲的命运紧紧相连，"我们是铜业的摇篮，我们是有色的脊梁"是对上两句的扩展，点出了集团公司曾为新中国铜工业的发展输送了大批的技术人才和技术，是新中国铜工业的摇篮，是充满自豪感的浪漫抒怀；"求实创新合作自强"是集团公司与时俱进的企业精神。"把现代的铜都开创"是"对千年铜都"的呼应，对企业精神的延伸。歌词的核心句是"打造品牌让世界共享"，这是超越梦想的胸怀，结尾"明天更辉煌"是今天展望未来的理想境界。

三、校园民谣

校园民谣，属于音乐领域的一个特别分支。它的产生，与大陆原创音乐的流行及外来音乐的影响均有联系。在港台地区音乐的影响中，台湾校园歌曲的影响力最为直接与深远；在大陆原创音乐中，又以摇滚乐（以崔健为代表）对校园歌曲的产生较有推动力。此外，欧美流行音乐及中国民族音乐，均对校园民谣的产生有一定的影响。

1．校园民谣的特点

校园民谣以它特有的风格占据音乐的舞台，它的曲风都是以小调为主，速度中速，歌词以叙述回忆为主，配器也比较简单，常用口琴、吉他、手风琴、手鼓等，给人一种淳朴淡雅之感。在音阶方面一般采取小调。曲式结构上采用 A—B—A 形式。歌词简单易懂，直接淳朴，越能体现作者内心对校园的眷恋越好。

2. 校园民谣的发展

校园民谣概念的首次出现,应该是在20世纪70年代初的台湾。如扬弦的《渡口》、赵树海的《子夜徘徊》、胡德夫的《少年中国》及"木吉他"全辑等。这些人包括台湾民谣时代后期的大批校园歌手,如罗大佑、齐豫、侯德建、黄大成、红蚂蚁等,他们的涌现,构成了一个绝对经典的时代。

校园民谣在传入大陆后,逐渐成了一种音乐现象:它首先被那些对音乐有着执著追求的校园歌手们所吟唱,使之流行于中国内地的各个高等学校,然后因为一个成功的商业运作迅速风靡整个社会并产生了极大反响。校园民谣,它记录了一个时代、一种学校的文化氛围、一代莘莘学子的梦想与追求和对易逝的青春岁月的怀念。

自20世纪90年代以来,受欧美以及港台文化的影响,中国内地也出现了新一轮的文化变革。其中大众文化更是发生了巨大的变化。有意思的是在不同时期都出现了典型的文化现象。从最初的校园民谣到现在独立电影的兴起,都体现出了中国内地人们对外界文化的吸收、并融合了对本土文化的重新认识和再次发展。

3. 经典的校园民谣(欣赏及教唱)

★《童年》(罗大佑)经典歌词:等待着下课/等待着放学/等待游戏的童年

★《光阴的故事》(罗大佑)经典歌词:流水它带走光阴的故事改变了两个人/就在那多愁善感而初次流泪的青春/时间如流水,转瞬即逝,难忘的依旧是青春的歌

★《同桌的你》(老狼)经典歌词:谁娶了多愁善感的你/谁看了你的日记/谁把你的长发盘起/谁给你做的嫁衣

★《那些花儿》(朴树)经典歌词:她们都老了吧/她们还在开吗/我们就这样/各自奔天涯

【本章思考题】

1. 艺术与人文的关系是什么？
2. 请谈谈你对《梁祝》的感受。
3. 写一篇文章，介绍你最喜欢的一部艺术作品。

【推荐阅读书目及音像资料】

1. 王宏建主编. 艺术概论. 文化艺术出版社，2002 年版
2. 陶辛著. 流行音乐手册. 上海音乐出版社，1998 年版
3. 杨民望. 世界名曲欣赏. 上海音乐出版社，1993 年版
4. 《世界名曲欣赏》(DVD) . 吉林省长白山音像出版社，2004 年发行
5. 《中国古典音乐欣赏》(CD). 中国唱片总公司，1998 年发行

第五章 走近心理学

人的心理活动及其表现是丰富多彩、极其复杂的，作为一门独立学科的心理学，和其他学科一样，不但有自身的研究对象和学科体系，而且还有自身的发展轨迹和独特功能。本章重点阐释什么是心理学，心理学与人文的关系怎样，它与高职学生的健康成长有怎样的关系。通过回答上述问题，为大家打开一扇通往心理学神秘殿堂之门。

第一节 心理学研究的对象

人的心理是地球上最美的花朵。

——恩格斯

心理学是一门研究心理现象的发生、发展及其规律的科学。人的心理是物质的派生现象，它的产生需依附于一定的物质实体；人的心理是对客观现实的反映，是人脑与客观现实相互作用的结果；人的心理取决于人的社会生活环境，同时也依存于作为反映主体的个人主观状况。

一、心理学的研究对象

俗语说“知人知面不知心”，这里所说的“心”指的就是心理。正因为有这种说法，人们才认为心理学是一门特殊学问，有特殊门道，有奥秘诀窍。真的是这样吗？初次接触心理学，人们常常有神秘玄妙之感。甚至有些人把心理学视为“玄学”，把心理学工作者与看相算命先生划为一类，致使一些心理学工作者在待人接物之时经常遇到这样一些问题：“哇，你是学心理学的，一定知道别人心里想些什么啦!”或者“你是学心理学的，什么鬼把戏也瞒不过你，得防着点。”真使人感到啼笑皆非。其实，这些都是出于对心理学的误解。同其他科学一样，心理学有着自己的研究对象、研究方法和完整的理论体系和发展历史。心理学是一门研究心理现象的发生、发展及其规律的科学，既研究人的心理现象，但也研究动物的心理现象，以研究人的心理现象为主。

人的心理现象也就是心理活动，是我们最为熟悉的。无论在学习、工作，还是在娱乐、休息中，每个人都会有种种心理活动产生。正是在心理活动的支配与调节下，我们才能进行各种活动，实现活动的目的。因此，在一定意义上，心理活动是我们第一个直接接触、认识和体验的现实。但是，心理又是宇宙间最复杂、最奥妙的现象之一。心理现象丰富多彩、绚丽多姿，表现形式多种多样，一般把它分为心理过程与个性心理两大方面。

（一）心理过程

心理过程是指人对现实的反映过程，是一个人心理现象的动态过程，包括认识过程、情感过程和意志过程。

1. 认识过程

认识过程是人最基本的心理过程，是人脑对客观事物的属性及其规律的认识，包括感觉、知觉、记忆、思维、想象等。它是人脑接受、储存、加工各种信息的过程。

2. 情感过程

情感过程是个体在实践过程中对事物的态度体验。如获得学习成功的喜悦，失去亲人的悲伤，对不道德行为的憎恨，对祖国名山大川的赞美等等。

3. 意志过程

意志过程是个体自觉地确定目的，并根据目的调节支配自身的行动，克服困难去实现预定目标的心理过程。

认识、情感与意志这三者不是彼此孤立的，而是相互联系、相互制约的。一方面，认识是情感和意志的基础，只有正确与深刻的认识，才能产生强烈的情感和坚强的意志，所谓“知之深，则爱之切”；另一方面，情感和意志又会影响认识活动的进行与发展，因为情感和意志既在人的认识中起过滤和动力的作用，又是衡量人的认识水平的一个重要标志。同样，情感也会对意志行为产生推动作用，而意志行为又有利于丰富和升华情感。因此，各种心理过程及其相互关系是心理学研究的一个重要内容。

小挂板

感觉剥夺实验

1954 年，心理学家贝克斯顿等在加拿大麦克吉尔大学进行了首例感觉剥夺实验研究。他们在付给大学生每天20美元的报酬后，让他们呆在缺乏刺激的环境中。具体地说，就是在没有图形知觉（让被试者戴上特制的半透明的塑料眼镜），限制触觉（双手和双臂上都套有纸板做的手套和袖子）和听觉（实验在隔音室里进行，用空气调节器的单调嗡嗡声代替其听觉）的环境中，静静地躺在舒适的帆布床上。实验结果显示，感到无聊和焦躁不安是最起码的反应。在过后的几天里，被试者注意力涣散，不能进行明晰的思考，智力测试的成绩不理想等。通过对脑电波的分析，证明被试者的全部活动严重失调，有些甚至出现了幻觉（白日梦）现象。

"迟延满足"实验

发展心理学研究中有一个经典的实验，称为"迟延满足"实验。实验者发给4岁被试儿童每人一颗好吃的软糖，同时告诉孩子们，如果马上吃，只能吃一颗；如果等20分钟后再吃，就给吃两颗。有的孩子急不可耐，把糖马上吃掉了；而另一些孩子则耐住性子、闭上眼睛或头枕双臂做睡觉状，也有的孩子用自言自语或唱歌来转移注意、消磨时光以克制自己的欲望，从而获得了更丰厚的报酬。研究人员进行了跟踪观察，发现那些以坚忍的毅力获得两颗软糖的孩子，长到上中学时表现出较强的适应性、自信心和独立自主精神，而那些经不住软糖诱惑的孩子则往往屈服于压力而逃避挑战。在后来几十年的跟踪观察中，也证明那些有耐心等待吃两颗糖果的孩子，事业上更容易获得成功。实验证明，自我控制能力是个体在没有外界监督的情况下，适当地控制、调节自己的行为，抑制冲动，抵制诱惑，延迟满足，坚持不懈地保证目标实现的一种综合能力。它是自我意识的重要成分，是一个人走向成功的重要心理素质。

（二）个性心理

个性心理指一个人在社会生活实践中形成的相对稳定的各种心理现象的总和，也称个性。个性倾向性和个性心理特征有机地、综合地体现在一个人的身上，就构成了一个人完整的个性心理。

1. 个性倾向性

个性倾向性是关于人的行为活动动力方面的心理特征，包括需要、动机、兴趣、理想、信念、世界观、自我意识等。个性倾向性决定着人对现实的态度，决定着人对认识和活动对象的趋向和选择，是个性结构中最活跃的因素。它制约着所有的心理活动，表现出个性的积极性和个性的社会实质。

2. 个性心理特征

与个性倾向性相关联，在人们的认识、情感、意志和行为中，也常常反映着个人许多不同的心理特点。人们在能力、气质和性格等方面所表现出来的这些差异，心理学统称为个性心理特点。

- 心理现象（活动）
  - 心理过程
    - 认识过程（感觉、知觉、记忆、思维、想象）
    - 情感过程（情绪和情感）
    - 意志过程
  - 个性心理
    - 个性倾向性（需要、动机、兴趣、理想、信念、世界观、自我意识）
    - 个性心理特征（能力、气质、性格）

心理活动的具体结构图

心理现象虽然分为心理过程和个性心理两方面，但它们是密切联系不可分割的。在实际生活中，人们所表现的各种心理现象都是密切联系、交互影响，具有高度的整合性。一方面，个性心理是通过心理过程形成的，如果没有对客观现实的认识，没有对外界事物的情感体验，没有对客观事物积极改造的意志、行动，人的性格、能力、信念、世界观是不可能实现的；另一方面，已形成的个性又影响着心理过程，并在心理过程中得以表现，使人的各种心理过程带有个人的色彩。事实上，既没有不带个性特征的心理过程，也没有不表现在心理过程中的个性特征，二者是同一现象的两个方面。

总之，心理过程和个性的相互制约关系，从整体上反映着心理活动的共同规律和差异规律的辩证统一。心理学就是要研究和揭示这些心理现象及其规律。

二、对心理现象的基本认识

对心理现象的基本认识，即对心理实质的理解问题，是科学心理学必须首先回答的一个最基本的理论问题。诸如人的心理是怎样产生的，它依存于什么，来源于何处等。这些问题既涉及根本的哲学观点，又涉及现代科学研究的许多成果。

（一）心理的物质载体

心理现象与物理现象不同，心理是物质的派生现象，它的产生需依附于一定的物质实体。现代科学表明，脑是心理的器官，心理是脑的机能。人脑是人的心理活动的物质载体。早在1830年，我国清代著名医生王清任就较早通过科学观察和实践确立了“脑是心理的器官”的认识。19世纪以来，随着科学技术的发展和解剖生理学的实验研究，人们对人脑的结构和功能逐渐有了更清楚的认识。例如“言语运动中枢”和“言语听觉中枢”的相继发现，皮层运动机能定位图的绘制等。可见，人的各种心理和行为不仅直接依赖于大脑的有关部位，同时也是神经系统中各部分协同活动的结果。

从生物演化的历史来看，心理是物质发展到一定阶段的产物，即生物演化到具有一定神经组织的动物机体时才开始出现简单的心理现象。人脑则是生命物质发展的最高阶段，被称之为“自然的王冠”。

人脑是人体整个神经系统最重要的部分，特别是位于脑顶部的大脑，更是心理的高级神经中枢。人类正是依靠人脑的这种特有机能，制造出每秒运算 150 000 000 次的电子计算机和遨游太空的宇宙飞船。

（二）人的心理的环境依存性

脑是心理的物质载体，一切心理活动只有依附于脑器官及其机能才能实现，但这并不等于说人脑本身就会自动产生心理现象。从心理的内容和源泉来看，人的心理是对客观现实的反映，是人脑与客观现实相互作用的结果。

客观现实是不依赖于人的意志而独立存在的，包括自然界和社会环境。而对人的心理和行为具有直接影响的则是人生存的周围环境，即人的现实社会生活条件。人的心理对生存环境依存性的有力佐证就是所谓“狼孩事件”。人和动物不同，人不是生活在纯自然的环境中，而是生活在一定的社会环境中，社会包括政治、经济、法律、伦理、道德和文化的许多社会规范，以及各种社会关系等等。社会环境对人的影响是广泛的，也是最主要的。可以说，人的一生，从胎儿开始，其生活的经历就已经纳入了社会化过程。

小挂板

卡玛拉的故事

1920 年在印度加尔各答东北的山地上的一个狼窝里发现了一个“狼孩”卡玛拉。由于她从出生到 8 岁一直在狼群中生活，因而失去了人的心理，代之以狼的习性：用四肢行走，舔食扔在地上的肉，怕强光而夜视敏锐，害怕水而不愿洗澡，寒冷天也不肯穿衣，深夜嚎叫等。后经人化训练，2 年学会站立，4 年学会 6 个单词，到 17 岁死时只有相当于 4 岁儿童的心理发展水平。

（三）人的心理的主体性

人的心理活动不仅依附于人脑这个器官，决定于人的社会生活环境，同时也依存于个人主观状况。

第一，人的心理的主体性表现在心理是人脑的主观映象。人对客观现实的反映过程，就是在人脑中形成被反映事物的映象过程。但人脑中形成的事物映象与它所反映的事物本身，二者性质是不同的。事物的映象只是以观念的形式存在于人脑中，而被反映的客观事物则是独立存在于现实中的实在的客体。例如，客观现实中存在一个杯子，它被反映在人脑中，就出现了这个杯子的映象。前者是现实中实在的客体，看得见、摸得着；而在头脑中出现的杯子的"映象"，则是观念性的东西，属于个体的主观映象，看不见、摸不着。

第二，心理的主体性还表现在人对现实的反映总是通过其主观世界的折射来实现的。客观事物不断在人脑中形成各种映象之后，会留下痕迹，痕迹不断积累，构成人们绚丽多彩的主观世界。因此，人们对事物的反映就不会像镜子照物那样机械、呆板，必然要受到个人的知识经验、个性倾向和特征，以及当前的心理状态等等因素的影响，带有一定的主体特点。譬如说，对于"夕阳"，唐代诗人李商隐的诗句"夕阳无限好，只是近黄昏"，表现出的是一种惆怅、伤感的情调；革命家叶剑英却写出"老夫喜作黄昏颂，满目青山夕阳照"的佳句，表现出老当益壮的革命乐观主义精神。

第三，心理的主体性质更表现在人的主观能动性方面。人对客观现实的反应并不是消极被动的，而是和周围世界积极地相互作用的过程。人对客观现实的反映是在生活实践活动中发生的，是在人积极作用于客观世界的过程中进行的。在这一过程中,人们不仅丰富着自己的主观世界,也不断地认识客观世界,改变着客观世界,创造着客观世界。

第四,人的心理的主体性最重要的特点在于人的意识性。人类的意识是心理发展的最高水平,所以人的心理,也可以叫做意识。人不仅能意识到周围事物的存在,而且能意识到自身的存在,意识到自己的感觉、知觉和思维活动,意识到自己所体验的情感和行为,并且能够对自己的心理活动和行为进行评价,从而可以有目的地、自觉地调节自己的心理活动和行为方式。意识是人类心理的主要特征。动物没有意识,它们只能以本能的和有限的个体经验去适应环境,而不能对环境施加有意识的影响,只有人类才能够在地球上和宇宙空间打上他们意志的印记。可以说,人有了意识,才能成为真正的主体。

小挂板

情绪实验

古代阿拉伯学者阿维森纳,曾把一胎所生的两只羊羔置于不同的外界环境中生活:一只小羊羔随羊群在水草地快乐地生活;而在另一只羊羔旁拴了一只狼,它总是看到自己面前那只野兽的威胁,在极度惊恐的状态下,根本吃不下东西,不久就因恐慌而死去。医学心理学家还用狗做嫉妒情绪实验:把一只饥饿的狗关在一个铁笼子里,让笼子外面另一只狗当着它的面吃肉骨头,笼内的狗在急躁、气愤和嫉妒的负性情绪状态下,产生了神经症性的病态反应。实验告诉我们,恐惧、焦虑、抑郁、嫉妒、敌意、冲动等负性情绪,是一种破坏性的情感,长期被这些心理问题困扰,就会导致身心疾病的发生。一个人在生活中对自己的认识与评价和本人的实际情况越符合,他的社会适应能力就越强，越能把压力变成动力。

第二节　心理学与人文

假如我想知道人类精神成长、价值成长或道德发展的可能性，那么我们要坚持，只有研究我们最有德性、最懂伦理或最圣洁的人，才能有最好的收获。

——马斯洛(Abraham H. Maslow)

心理学在科学主义与人文主义相互对抗斗争的过程中得以发展壮大，但科学主义与人文主义的对立斗争也导致了心理学面临的危机。科学主义与人文主义的融合是心理学发展的方向。

一、心理学在科学主义与人文主义相互对抗斗争过程中得以发展壮大

1879年，德国莱比锡大学创立了世界上第一个有影响的心理实验室，开设了实验心理学。这标志着心理科学的诞生和独立，也意味着心理学作为一门学科发展历史的开始。从此，科学主义和人文主义就与心理学相生相伴了。

冯特在构建整个心理学框架时，采用以科学主义取向研究个体心理过程(感觉、知觉等)与以人文主义取向研究高级心理过程(思维、想象等)并重的方法。然而初生心理学为了能彻底摆脱哲学母体，实现真正的“脱胎换骨”，便不遗余力地追随并模仿自然科学。冯特也偏向于采用科学主义取向。

与此同时，心理学的人文主义并没有因为"心理学之父"的偏袒而被废弃，意动心理学旗帜鲜明地与以科学主义为取向的心理学相抗衡，主张以观察的方法研究意识活动。由于两个主义的对立，关于意识的研究陷入对峙的僵局中。深受实证主义影响的行为主义依据客观性原则，干脆将意识从心理学研究中剔除，这种令人耳目一新的大胆观点立即受到人们重视，博得一致响应，获取巨大的成功。如此，心理学作为一门科学得到了进一步的认同，随之也带来了心理学飞跃性发展，同时，这些成绩确立了科学主义取向的行为主义在心理学界长达半个世纪之久的统治地位。心理学中的科学主义也获得了霸主的地位。

心理学中的人文主义并不甘于沉默，它始终没有放弃自己应有的一席之地。一方面，格式塔心理学主张对直接经验进行现象学的研究；另一方面，精神分析学派在临床应用领域发挥着影响，它不仅根本没有精确的实证，且不关注人的理性层面，而是深入到潜意识，将非理性发挥到极致，以人文主义的视角开掘了一个鲜为人知的心理领域。而作为人文主义研究典范的人本主义心理学更是大张旗鼓地宣扬心理学研究中人的尊严、价值，主张人自我实现。它们纠正了心理学的科学主义只将人视为自然物（动物、机器），只关注其自然属性（客观性、精确性）的观点，而从人文主义角度提出人作为社会存在所该具有的社会属性，以其生动、亲切、鲜活的面目引得众人瞩目，把心理学从实验室拉回到了现实生活，使心理学真正成为一门"人学"。

正是通过科学主义与人文主义之间的对立斗争，相互否定、扬弃，推动着心理学不断发展。只有不断地否定、批判，科学才能获得发展前进。

二、科学主义与人文主义的对立斗争也导致了心理学面临的危机

1. 理论琐碎

科学主义与人文主义的长期分裂排斥，使得历史本非久远、理论相对贫乏的心理学难以形成合力，找不到统一的理论基础，各派理论之间不能沟通，难成体系。

2. 视野狭窄

科学主义以自然科学为楷模，按照自然科学的原则要求自己，将视野限定在自然科学划定的界域之内，存在着“近视”问题，导致了它与人们现实生活相距甚远；人文主义同样有顾此失彼的毛病，始终未能取而代之，只能在各自有限范围内发挥一定作用，无法将各种心理现象相互联系，揭示真相。

3. 方法单一

科学主义以实证方法为唯一方法，认为只有实证才能最大限度地保证科学研究的客观性。人文主义中也存在此类方法上的问题，如罗洛·梅就认为只有现象学方法是科学的。由于方法单一，使得各类方法不能相互补充，只能各行其是。

正是由于科学主义与人文主义之间相互指责、互不信任所引起的内讧、分解，耗散了心理学原本就欠丰实的理论基础与体系。

三、科学主义与人文主义的融合是心理学发展的方向

由于主流心理学存在这样或那样的局限性，才导致了新的心理学取向的兴起。文化心理学就是其中之一。为解决主流心理学忽视人性、强化自然科学性所带来的问题，文化心理学转而重视人性，突出心理学的人文科学性。人的精神属性可分为理性、人性和超越

性。这里的人性是狭义的人性，主要是与理性相对应的一面。理性追求的是“本质”或“真理”，自然科学模式的心理学主要以此为基础；人性表述和追求的是“存在”，以往的人本主义心理学主要是对它进行探讨；而超越感主要追求宗教式的体验，超个人心理学可以说以此为基础。主流心理学发展了自然科学传统，主要重视人的理性层面；而文化心理学则继承了人文主义传统，重视人性，强调心理学的人文科学性。文化心理学复兴的是冯特的民族心理学，在其发展过程中，明显地受到文化人类学、解释学、语言学、符号学、社会学等人文学科的影响。因此，文化心理学是一种人文性质的心理学取向和学科，由此决定了它所采用的方法主要是人文学科的研究方法。文化心理学的研究对象是刺激的文化意义，而意义是以人为中心或基础，因此其主要的研究方法之一是解释学方法。解释学方法是施莱尔马赫、狄尔泰等人力图确立的与自然科学的实验方法相对应的人文科学研究方法。人文科学是以人而不是以物为研究对象，它研究的不是自然科学所研究的事物本身和事实，而是相对于人的各种意义。

由此文化心理学重新确立了人性在心理学研究中的地位，复兴了人文主义的心理学取向，这使得心理学更加完整，协调发展。但它有点矫枉过正，因重视“人性”而否定了“物性”，强调了主观性、建构性而忽视了客观性、本体性，突出了心理学的人文科学性而否定了其自然科学性。这样做，必然也会使心理学片面发展。从心理学研究和发展来说，它既需要对刺激本身进行研究，又需要研究刺激的意义，因而具有自然科学性和人文科学性的双重属性。

可以说科学主义促使了心理学的独立，使之朝着精确化、客观化方面发展，提高了心理学的科学价值；人文主义关注人生存的价值、意义，使心理学贴近人们真实的心理。两者各有所长，相互弥补，不可代替。最高层次上的两个主义的统合应该是一种全新的科学人文主义，即在辩证唯物法基础上实现两者的统合。正如马克思曾预言的，自然科学通过工业进入人文科学，人文科学的拓展离不开自然科学，二者将变为“同一门学科”。

正如我们所见，心理学研究正朝着多元、交叉、综合化趋势发展。当前心理学发展的两大主题是科学化与本土化，这“两化”亦可视为心理学中的两个主义在新形势下的一种表现形式，即科学主义指导下的科学化与人文主义指导下的本土化。科学化秉承了科学主义将心理学不断客观化、定量化、规范化并最终达到普适性目标的思想，本土化则吸取了人文主义关注具体环境中特殊心理现象，采纳民间、日常生活素材、反中心、反霸权的思想。将科学人文主义落到实处就能处理好科学化和本土化的关系，如此，心理学必会繁盛发展。

第三节　高职学生的心理健康

健康不仅是疾病和体弱的匿迹，而且是身体上、心理上和社会适应的健全状态。

——WHO 成立宣言(1947 年)

心理健康与否，与每一位学生息息相关。如何解读高职生心理健康标准？高职学生有哪些常见的心理问题？应如何维护心理健康？

一、心理健康与高职生息息相关

大学生活对每一位学生来说，都是一段难舍的人生体验。在这里，不管我们愿意与否，都要开始独立地面对真实的生活，自主地解决人生难题。但当我们以极大的热情去直面生活时，会发现生活之舟是那么难于驾驭。在痛苦的反思之后，有人开始调整目标、重塑生活，以积极的心态去迎接新的生活；有的人则选择了逃避与自暴自弃，以消极的心理与行为去对抗生活。积极的接纳与奋进是美好人生的起点，而消极的对抗则有可能一事无成。

小挂板

黑熊“毁容”事件的分析

2002 年 2 月 23 日，北京动物园的两只黑熊被人蓄意用浓硫酸“毁容”，造成严重烧伤，凶手被当场抓获，经查是清华大学四年级学生刘海洋。据这名电机专业的高才生供认，用硫酸泼熊是为了测试黑熊的嗅觉灵敏度。

刘海洋出身于工人家庭，少小承受家庭离异冲击。在母亲与外婆关爱的目光中成长，他懂得学习，酷爱读书，在学习中成长，在各种各样的奖状中成长，优异的学业成绩带给他所需要的一切。恰恰是作为一个社会人所必要的心理的正常成长却被忽视与弱化，“高才生”的称号与社会评价掩盖了个人成长中的缺陷，致使他做出极端的举动。

教育部副部长袁贵仁认为：今天学生的教育至少存在四方面的欠缺。一是心理教育。无论是家庭教育、学校教育，都应该重视学生的心理健康，以增强他们对复杂影响的抵抗力。二是从环境教育来说，立足教育，应该提供宽松环境。三是人文精神教育。即教学生怎样做人，与自然、人和社会和谐相处。我们教育的目标应该把他律变成自律，内化为自觉。四是家庭、学校和社会教育要形成整体，形成三位一体的教育理念，朝一个方向用力，为学生制定一个统一的努力目标。

大学生自杀现象一直是教育界关注的热点问题之一。调查显示，近年来大学生自杀现象主要有以下特点：人数逐年增长，理科生多于文科生，毕业班学生自杀最多，学业和恋爱是自杀的两大诱因。专家认为导致这些现象的原因在于：社会、学校、家庭、班集体还有大学生自身的生活目标共同构成了一个网络，网络中的一个支点倒塌了，另外几个支点也会支撑着个体坚强地站立起来。但是如果学校、班级等集体的力量得不到发展，社会、学校、家庭几方面的联系又不紧密，那么大学就成了一个空洞的象牙塔。剩下的只有学生自我关注、自我安慰、自我寻觅，最终导致自我的膨胀，除了自己之外，找不到任何可以支撑下去的理由。一次别扭、就业压力、考试没有通过等任何一个在常人看来微不足道的小事，都会成为压垮这些脆弱生命的最后一根稻草。

因此，在大学阶段，自身的心理健康状况关系着我们每一个人的快乐成长。

二、高职生心理健康的标准

世界卫生组织（WHO）提出，健康是一种生理、心理与社会适应都臻于完满的状态，而不仅是没有疾病和摆脱虚弱的状态。并进一步指出健康的十条新概念：一是有充沛的精力，能从容不迫地担负日常工作和生活，而不感到疲劳和紧张；二是积极乐观，勇于承担责任，心胸开阔；三是精神饱满，情绪稳定，善于休息，睡眠良好；四是自我控制能力强，善于排除干扰；五是应变能力强，能适应外界环境的各种变化；六是体重得当，身材匀称；七是牙齿清洁，无空洞，无痛感，无出血现象；八是头发有光泽，无头屑；九是反应敏锐，眼睛明亮，眼睑不发炎；十是肌肉和皮肤富有弹性，步伐轻松自如。可见，健康是生理与心理健康的统一，二者是相互联系、密不可分的，健全的心理与健康的身体是相互依赖、相互促进的。

国内外学者分别就心理健康的标准发表了自己的观点和态度，迄今为止，还没有一个统一的概念，国内外学者一般认同心理健康标准的复杂性，既有文化差异，也有个体差异。综合起来，广义上，心理健康是一种持续高效而满意的心理状态；狭义上，心理健康是知、情、意、行的统一，是人格完善协调，社会适应良好。

高职生的年龄一般在18～23岁之间，正处于青年中期，心理发展具有诸多特点。根据我国学生的实际情况，评判高职生的心理健康水平应从以下几个方面考虑：

1. 智力正常

智力是指人的观察、注意、记忆、想象、思维、创造及实践活动能力等的综合，这是我们学习、生活与工作的基本心理条件，也是适应周围环境变化所必需的心理保证。因此，衡量高职生的智力是否正常，关键在于其是否正常、充分地发挥了自我效能，即是否有强烈的求知欲，是否乐于学习，是否能够积极参与学习活动。

2. 情绪健康

情绪稳定和心情愉快是主要标志。以愉快情绪为主、乐观开朗、富有朝气，对生活充满希望；情绪较稳定，善于控制与调节自己的情绪，既能克制又能合理宣泄自己的情绪，情绪的表达既符合社会的要求又符合自身的需要，在不同的时间和场合有恰如其分的情绪表达；情绪反应与环境相适应。高职生应带着敬畏、兴奋、好奇甚至狂喜，精神饱满、天真无邪地体验人生之乐。每一次看落日都像第一次看见那么美妙；每一朵花都温馨馥郁，令人喜爱不已；日常生活中偶然间转瞬即逝的事物也会使我们感到激动、兴奋和入迷。我们要善于从生活的基本经历中得到喜悦、鼓舞和力量。

3. 意志健全

指我们在行动的自觉性、果断性、顽强性和自制力等方面表现出较高的水平。意志健全者在各种活动中都有自觉的目的性，能适时地做出决定，并运用切实有准备的方式解决所遇到的问题，在困难和挫折面前，能采取合理的反应方式，能在行动中控制情绪和言而有信，而不是行动盲目、畏惧困难、顽固执拗。

4. 人格完整

是指有健全统一的人格，个人的所想、所说、所做都是协调一致的。人格完善包括人格结构的各要素完整统一，具有正确的自我意识，不产生自我同一性混乱，以积极进取的人生观作为人格的核心，并以此为中心把自己的需要、目标和行动统一起来。

5. 自我评价正确

正确的自我评价是心理健康的重要条件，高职生在进行自我观察、认定、判断和评价时，要做到自知，恰如其分地认识自己，摆正自己的位置，既不以自己在某些方面高于别人而自傲，也不以某些方面低于别人而自卑，面对挫折与困境，能够自我悦纳，喜欢自己，接受自己，自尊、自强、自制、自爱适度，正视现实，积极进取。

6. 人际关系和谐

良好而深厚的人际关系，是事业成功与生活幸福的前提。表现为：乐于与人交往，既有广泛而深厚的人际关系，又有知心朋友；在交往中保持独立而完整的人格，有自知之明，不卑不亢；能客观评价别人和自己，善取人之长补己之短，宽以待人，乐于助人，积极的交往态度多于消极态度，交往动机端正。

7. 社会适应正常

应与客观环境保持良好关系，既要进行客观观察以取得正确认识，以有效的办法应付环境中的各种困难，不退缩；又要根据环境的特点和自我意识的情况努力进行协调，或改变环境适应个体需要，或改造自我适应环境。

8. 心理行为符合年龄特征

高职生是处于特定年龄阶段的特殊群体，他们应具有与自己年龄与角色相适应的心理行为特征。

正确理解高职生心理健康的标准要注意以下三个方面：一是相对性。心理健康与不健康并无明显界限，而是一个连续化的过程，就像将正常心理比做白色，将不正常心理比做黑色，那么在白色与黑色之间存在着一个巨大的缓冲区域——灰色区，世间大多数人都散落在这一区域内。这说明，对多数人而言，在人生的发展过程中面临心理问题是正常的，不必大惊小怪，应积极加以解决。与此同时，个体灰色区域也是存在的，高职生应提高自我保健意识，及时进行自我调整。人的健康状态的活动是一个发展的问题，一个人产生了某种心理障碍并不意味着永远保持或行将加重。在心理上形成心理冲突是非常正常的，而且是可以自行解决的。二是协调性。把握心理健康的标准，应以心理活动为本，考察其内外关系的整体协调性。从心理过程看，认识是健康心理结构的起点，意志行为是人格面貌的归宿，情感是认识与意志之间的中介因素。从心理结构方面看，一旦它们不能符合规律地进行协调运作时，就可能产生一系列的心理困扰。从个性角度看，在没有明显的剧烈的外部因素影响下，个性是不会轻易发生变化的。从个体与群体的关系看，每个人可划分成不同的群体，不同群体间的心理健康标准是有差异的。三是发展性。例如，高职生从中学升入大学，来到一个陌生的城市，面临完全陌生的生活与人际环境、未知的专业领域，有人感到“新生活适应”与“角色转换”的适应困难，有人积极地适应新环境并很快寻找到乐趣与意义，而有人却对新环境产生退缩、恐惧，甚至休学、退学。一位来自农村的新生倾诉：“我不能看到学校食堂的饭菜，特别是油条；我也不习惯听大家讲普通话，失去了家乡的乡音，我觉得生活失重了。”这是典型的大学生活适应不良。随着时间的推移和个体的心理成长，高职生会逐渐调整好心态而使心理趋于健康。

心理健康的标准是一种理想尺度，它一方面为人们提供了衡量心理是否健康的标准，另一方面也指出了提高心理健康水平的努力方向。每个人都可以在自己现有基础上做出努力，追求自身心理发展的更高层次，不断发挥自身的潜能。归结起来，高职生心理健康的基本标准，是看我们是否能够进行有效的学习和生活。如果正常的学习和生活都难以维持，就应该及时予以调整。

三、高职生常见的心理健康问题

高职生心理健康中值得重视的八类问题主要如下：学业问题、情绪问题、人际关系问题、焦虑问题、情感问题、性健康、特殊群体心理健康问题和生活适应问题等。

1. 学业问题

主要表现在学习压力大，学习动力不足，学习目的不明确，学习成绩不理想，学习困难几个方面。有70%的新生和54%的老生感到“学习难度加大，非常困难”。当问及为什么学习时，很多学生的回答都是：“为学习而学习。”一位大二学生也在日记中写道：“学习始终不能进入状态，总感到在巨大的考试压力下被动地学，而静下来想为什么学习时，会感到很苦恼。”特别是一年级学生，有70%认为“学习负担重，难以应付”。上自习的路上永远有匆匆的身影，但问到学生的学习目的时，却不能得到令人满意的答案，有的学生甚至直截了当地回答，为了能够考试过关。有学生这样写道："在中学时代，各方面表现都很出色，进入大学后，沿着中学的惯性学习，尽管成绩还算理想，但学习虽然努力却常常感到心力交瘁，学而无所获。"更多的学生是"懒得精益求精，但求蒙混过关"。面对人才市场的巨大压力，很多学生也感到发自内心的危机感，但要努力学习，却提不起精神来。市场经济的利益杠杆也使高职生表现出空前的功利意识。对还没有学的课，问的第一个问题是"我学习这门课有什么用"。因而出现了专业课、基础课"门前冷落车马稀"，而技能类课程如计算机等证书班摩肩接踵、门庭若市的鲜明对比。"考证热"正是学习功利化的直接表现。

小挂板

大学生如何学习？

1. 认真进行自我发展设计，规划出最适合自己的学习生涯发展路线；

2. 意识到大学的学习与中学的学习差异，特别要走出"应试教育"误区；

3. 制定出适合自己的长期、中期、近期学习目标及详细计划，并坚持执行；

4. 选用适合自己的学习方法，探索出个人学习风格；

5. 选择恰当的学习策略，发挥最大学习效率；

6. 主动进行探索性和研究性学习，而不只是被动地接受学习；

7. 合理分配自己的学习时间，特别是有效利用课余时间；

8. 学习的内容不仅仅局限于课本，更要联系实际，进行实践；

9. 不只是学习自己的专业，还要了解其他学科知识；

10. 学会查阅资料，了解自己专业研究的最新进展；

11. 抓住自己学习中的灵感，发挥创造性，想办法将它实现；

12. 多向老师、同学请教学习经验、学习感受；

13. 多参加学术交流活动，听专题报告、讲座；

14. 正视学习中的困难和挫折，及时调整自己的消极心理；

15. 培养和发现自己的学习兴趣，坚持学习自己喜欢的学科；

16. 善于肯定自己的每一次进步和成功，寻找学习的成就感；

17. 坦然面对考试，消除自己过于紧张和焦虑的状态；

18. 更广泛地学习，学习生活、学习交际、学习休闲、学习运动、学习爱。

2. 情绪问题

主要表现为抑郁、情绪失衡。以持久的低落情绪为主要特证，常伴有身体不适、睡眠不足等，心情压抑、沮丧，无精打采，什么活动都懒于参加，什么事也提不起精神，逃避参与。情绪波动大，高低不定，喜怒无常，会因一点小小的胜利而沾沾自喜，也易为一次考试失败、情感受挫而一蹶不振，甚至无法控制自己的情绪。对负性情绪的控制相对较弱，如一次考试失败，就很难从失利的阴影中走出。群体负性情绪又是校园事端的直接制造者。如某大学十年的违纪处分的 71 例中，打架的占到 45%，起因多数为生活中小的摩擦，学生的群体情绪一旦激发，很难受到理性与校纪校规的约束，为“朋友而战”，为“义气而战”，当情绪稳定下来，又多是后悔不及。

3. 人际关系问题

表现为人际关系不适、社交不良、心灵闭锁及焦虑等问题。进入大学，远离原来熟悉的生活与学习环境，面对新的人际群体，多少有些不适。不免感叹：“在大学，没有一个可以谈得来的朋友，心里真的感到好孤独。”“心里话儿对谁说？”部分学生缺乏在公众场合表达自己思想的能力与勇气，面对各种各样的活动，充满了兴趣，却又担心失败，只是羡慕却不敢积极参与，久而久之，开始回避参与，感叹“外面的世界很精彩，外面的世界很无奈”，特别是到周末，学生普遍感到无处可去，甚至出现了“周末恐惧症”，“盼周末，又怕过周末，那种孤寂的感觉真难受”。学生从校门到校门，缺乏人际交往经验，而自身在人际交往中的不自信又不利于增加自身的人际魅力，妨碍了良好的人际交往圈的形成，认为没有朋友孤独、寂寞，但又不愿与人主动交往，这些都不利于学生的健康成长。

小挂板

怎样处理好同寝室同学之间的关系

由于适应导致的问题中，人际关系问题对新生来说更为普遍，特别是寝室人际关系。由于彼此的生活习惯的不同和相互误解，致使生活在这一团体中同学感觉特别别扭。有的同学被室友孤立感到很苦恼：“也不知怎的，可能是我不大注意自己的说话方式，我感到大家开始用讽刺的口吻跟我说话，我若无意说了哪位同学，大家就一起帮她。我感到很苦闷，觉得回宿舍也没有什么意思，怕说错话引起更大的麻烦。所以每天很早起床，背着书包到教室看书，晚上很晚才回宿舍，有时即使看不进去，也不愿回宿舍，就顺着操场逛，一圈又一圈，估计快要熄灯了才回宿舍。”而那些生活在对立面的同学也难过：“我们宿舍的一位同学很过分，不过她现在已经被孤立了，但我现在也感到很压抑，因为宿舍气氛不好，形成对立局面。其实，我觉得那位同学也不是一无是处，也很想和她说话，但大家都不理睬她，我若主动与她好，势必也造成她那样的结果，不被大家所理睬。”还有一部分同学，即使没有这种情况，也觉得在宿舍不是很开心：“我们宿舍关系还可以，没有争吵，但大家都很客气，没有什么话好说，觉得挺闷的。”这些是新生都可能遇到的问题。怎样处理好这类问题，理顺同宿舍同学间的关系呢？

第一，要正视这一问题，多找找自己身上存在的问题及其对宿舍人际关系造成的影响。“远亲不如近邻”。但对当代大学生来说，“近邻”往往不一定能“先得和睦”，反而因为交往的频繁，同学个性和阅历的差异，造成各种摩擦和冲突。学生对于寝室矛盾的反映意见，突出地表现在各种各样的零碎事中：乱扔垃圾、制造噪音、计较小钱、随便吸烟、作息紊乱、言论霸权和亲密过分等等。若自己有不妥的地方，可以适当调整自己的生活习性，改变自己的说话方式，以他人可以接受和理解的方式进行。

第二，争取多沟通多交流。不要因为大家有些误解而避免交流和沟通，而应主动与大家沟通，参与大家的讨论与活动。只有这样才能更好地了解自己和他人，消除彼此之间的误会，加强相互的理解和信任。

第三，心胸宽广，对别人多加理解和包容。一个新时代的中学生应海纳百川，多吸收别人的优点，对他人的缺点，应多加理解和包容。平时对生活中出现的一些鸡毛蒜皮的纠纷，不要太耿耿于怀，该忘的忘，该原谅的原谅，该和解的和解，不要太放在心上。所谓“大事聪明，小事糊涂”，把有限的精力用在做主要的事情上，比如说，搞好自己的学习。

第四，真诚地对待他人。俗话说，“种瓜得瓜，种豆得豆”。只有播种真诚，展现真实的自我，才会收获别人的真诚。因为人们无意识中遵守着“人际关系互惠”原则，根据你袒露真诚的程度，会得到相应的回报。有的人害怕自己的缺点被别人看到会影响自己在别人心中的形象，但心理学研究表明，人们并不喜欢一个各方面都十分完美的人，而恰恰是一个各方面都表现优秀而又有一些小小缺点的人最受欢迎。所以你不用太在意自己的缺点，对这点要有足够的信心。

第五，发自内心地赞美他人。学会欣赏、赞美他人，每天至少说一句让人感觉舒服的话，比如："你太棒了！""你这个发型很好看！"这种赞美的话语会给被赞扬者带来快乐，引起积极的情绪反应。情绪具有传染性，即也会传染给周围的人给他们带来快乐。快乐会消融人际关系的僵局，使寝室关系变得融洽。

4. 焦虑问题

主要表现在考试焦虑与自我焦虑。大学阶段的学生比任何年龄群体更关注自己在他人尤其是异性心目中的形象，学生受很多因素的影响如长相、胖瘦、高矮、能力、魄力、魅力，会产生各种各样的焦虑，有的学生担心自己长得不够漂亮，不能获得异性的好感，甚至部分女生因没有男生追求而苦恼；有的学生总感到自己的先天条件不够理想，因而非常自卑，不能建立自己的社交形象与公众形象。尽管所有的学生都经过了黑色六月的严峻考验，考试对基础较差的高职学生，尤其是入学第一学期考试就失败的学生而言，担忧尤其突出，无端担心考试失败，甚至产生厌倦考试的心理状态。

5. 情感问题

爱情、友情、亲情是学生情感方面的三个重要问题。大学时代，学生从各个方面开始自己的情感之旅，恋爱，成为大学生活中重要的一章。正确处理爱情与学业的关系是学生的一门必修课。在处理个人情感问题上，看不清友谊与爱情，不能很好地把握男女同学交往的尺度，希望珍惜友谊又不经意地使友谊失之交臂。很多学生的反映是，与家长没有太多的话讲，写信基本是缘于实质性问题如经济供给、物质补充而非情感沟通，尽管自己也认识到不应该这样，但却懒得提笔，而且也并不感到内疚，即使通电话，也仅仅是"我一切都好，不用牵挂”之类的客套话。相反，恋人之间的信件越来越厚，电话越来越频。

6. 性教育问题

主要表现在性生理适应不良和性心理问题。青春期性生理的成熟，必然带来相应的心理变化，渴望获得异性的好感与承认，产生性幻想、性冲动等，18％的新生和30％的老生产生过“性幻想”，用一种自慰的方法解决自身的生理冲动，这是正常的心理反映。由于性教育的严重缺失，很多学生不能正确认识自我的性反应，产生了堕落感、耻辱感与性罪错感，把性与不洁联系起来，一位大学生因性梦产生性幻想不能自拔，以至于萌发轻生的念头。

7. 特殊群体学生的心理健康问题

主要表现在独生子女心理健康问题、特困生心理调适等。独生子女大学生有着自身的特点，有较好的家庭条件，缺乏直接的竞争压力与经济压力，是大学生中“洒脱”的一部分学生。同时，独立生活能力、自立能力、进取意识显得不足，对集体生活不适应，考虑他人较少，而考虑自己则很多。不容忽视的是，困难学生不仅仅是经济困难，他们的心理问题也值得引起高度重视。尤其是“双困生”，学业成绩不理想，家庭经济又很困难，心理负担很重。经济条件影响与制约着他们的成长，自卑、过多的自责使部分学生不能走出家庭经济条件的阴影。“因为面子，不愿写困难补助申请，而拮据的经济又始终困扰着我，我不愿走在校园里，像贴上标签一样让同学用特别的目光注视。”因而出现了一方面学校存在着很多困难学生，另一方面学校的寒衣补助又无很多人申请的尴尬局面。

8. 大学生活适应问题

主要表现在自主生活能力弱、对挫折的心理承受力差。作为社会一员，学生普遍不能很好地处理自己的事务，连简单的劳动都不愿从事，衣服找人洗，被子请人洗。有的学生宿舍集体请“钟点工”，帮助收拾内务、清洗衣物。面对激烈的人才市场竞争，部分学生思想和心理准备不足，不知所措，只等待家里想办法。丢失毕业证书、户粮证明等事件每年都有发生，从一个侧面反映出学生处理日常事务能力的不足。“一路高歌到学校”，“老师宠着、父母捧着”的学生，面临挫折时显得无所适从，感到失去了生活的意义，甚至怀疑人生。多数学生只能听顺耳话，听不进不同意见，更别说批评与自我批评了。

四、大学生心理健康的维护

大学生心理健康的维护需要引起学生、家庭与社会的关注。

1. 关注自己的心理健康

首先，要坚持健康、文明的生活方式。健康的心理与健康的身体密不可分。健康的生活方式包括：一是合理作息，起居有常，早睡早起，充足睡眠；二是平衡膳食，坚持吃早餐，体重保持正常水平；三是科学用脑，实行时间管理，提高学习效率，劳逸结合，有张有弛，避免用脑过度；四是积极休闲，选择文明高雅的休闲娱乐方式，愉悦身心；五是适量运动，积极参加体育锻炼，不吸烟，不喝酒。不文明的生活方式有网络沉溺、暴饮暴食、节食瘦身、晚睡晚起、饮食不规律、不从事体育运动、抽烟酗酒、做危险动作等。

其次，培养和完善人格。人格的健全是心理健康的重要组成部分，高职生应当正确评价客观事物，正确对待自己与他人；善于管理情绪，情绪反应适度正常，体验正常的情绪情感，主动有效地适应社会环境与学校生活。

再次，投身社会实践，扩大人际交往，建立广泛的社会支持系统。应当积极主动地参加各类社会实践活动，并在活动中全面提高自身素质，通过群体交往活动，理解人与人之间的关系，体验友谊与沟通的快乐，开阔视野，并寻找广泛的社会支持。当面临挫折与压力时，广泛宽厚的社会支持会帮助大学生走出沼泽地，走向开满鲜花的岁月。

2. 学校开展心理健康教育，提高学生心理素质

首先，学校教育中应着重“五学”教育，即“学会生存，学会生活，学会关心，学会学习，学会发展”。在我们现行的教育中，普遍存在重道德灌输，轻道德践约；重成才教育，轻成人教育；重知识传授，轻养成教育的倾向。心理健康不是单纯的心理，也与社会与教育有关。学校要培养的是“社会人”与“文化人”，社会人必然是具有健康心理的人。教会学生适应环境，能够妥善处理自身事务，学会遵守社会规范，成为一个适应社会需要的社会人，这是前提；学会关心，关心国家大事，关心国际局势，关心我们生存的社会，关心朋友，体谅父母，珍惜友谊，善待爱情，以热情、积极、主动的态度介入社会生活中；学会学习就是教会我们的学生不仅学习书本知识，还要学习观察问题、解决问题的方法与途径，学习将书本知识转化为社会实践的能力。人的发展是永恒的课题，可以说，自我塑造、自我发展、自我完善是人生中非常重要的内容。

其次，逐步形成学校、社会、自身共同关心大学生心理健康的良好氛围。目前高校普遍认识到心理素质在人才培养中的重要作用，建立了相应的机构，加大了心理健康教育的力度。部分高校将心理健康教育纳入课堂教学中，使心理健康教育逐步走上科学化、规范化的轨道。大学生也逐步认识到心理健康的重要性，开始注重自身心理素质的培养与提高，以主动的姿态调整自身的状态，以适应社会的需要。家庭教育中也在逐步重视学生的心理健康教育。在大学校园中营造宽松的心理氛围，建立良好的班风、学风、校风，消除

不良文化的影响，逐步形成积极向上的校园文化，形成人人重视自身心理健康的良好氛围。

再者，建立以发展咨询为核心的大咨询观念。很长一段时间内，人们对心理咨询的认识停留在心理疾病的治疗上。事实上，有严重心理障碍的学生毕竟是少数，更多的学生面临成长与成才、情感与事业、日常生活事件的处理等问题，而这些问题虽不构成心理疾病的主要方面，但又直接影响着学生的心理健康与大学生的健康成长。发展咨询应当成为教师教书育人职责中的重要组成部分，引导学生正确处理生活中的一些事件，将发展咨询贯穿于学生成才的始终。这是一项非常繁重的任务，值得引起重视。

【本章思考题】

1. 心理学的研究对象包括哪些方面？

2. 怎样理解人的心理实质？

3. 如何看自身心理健康中出现的问题？你希望通过学习解决什么问题？

4. 请阅读下文，谈谈自己的感受。

在非洲草原上，有一种不起眼的动物叫吸血蝙蝠，它身体极小，却是野马的天敌。这种蝙蝠靠吸动物的血生存，它在攻击野马时，常附着在马腿上，用锋利的牙齿极敏捷地刺破野马的腿，然后用尖尖的嘴吸血。无论野马怎么蹦跳、狂奔，都无法驱逐这种蝙蝠。蝙蝠却可以从容地吸附在野马身上、落在野马头上，直到吃饱喝足才满意地飞走。而野马常常在暴怒、狂奔、流血中无可奈何地死去。

实际上，吸血蝙蝠吸取的血量甚少，根本不至于让野马毙命，野马真正的死因是缘于自身不可扼制的狂怒和内心的烦躁。现实生活中，不也往往会出现类似的情况吗？有不少的人，凡事都过于较真，对琐屑之事也是斤斤计较，绝不愿意自己有丝毫的吃亏，一旦得理，更是毫不让人，纠缠不已。这样，最终好像是自己胜利了，可在处理的过程中，势必要徒然耗费自己宝贵的时间、精力，损害自己的情绪，从而影响自己的生活质量，倒是实实在在让自己成为了一个人生的失败者。

对于生活中的琐事侵扰，甚至是来自外界的些微侵犯，有时还是置之不理为佳。一位哲人说得好：如果你被疯狗咬了，难道非要把侵犯你的疯狗也反咬一口吗？

是啊，遇事还是要有一种平和的心态，这样才能生活得更加理智，知道自己该何去何从，才不至于让琐事影响自己真正要做的事！

【推荐阅读书目及网络资源】

1. 张厚粲. 许燕. 大学心理学. 北京师范大学出版社，2000 年版
2. 曹日昌. 普通心理学. 人民教育出版社，1987 年版
3. 林崇德. 学习与发展. 北京师范大学出版社，1999 年版
4. 理查德・格里格. 心理学与生活. 人民邮电出版社，2003 年版
5. 中国高校心理在线 http://www.chinapsy.net
6. 陈会昌心理网站 http://www.chenhc.com
7. 学生心理在线 http://www.studental.com
8. 段鑫星心理课堂 http://www.xxduan.com

第六章 走近管理学

在如今这样一个飞速发展、五光十色的社会中，管理作为一个永恒的话题，正以极高的频率出现于社会各个领域之中，并以它日益显示出的重要性而得到人们的重视。本章主要阐述了管理的概念和管理的职能，探讨了管理理论从产生、发展，到逐渐走向成熟的历程，希望学生通过本章的学习对管理学的知识有初步的了解，并能在生活、学习和工作中得以应用。

第一节 管理学概述

人类的管理实践活动源远流长，在某种意义上，有了人类，就有了管理活动。管理是人类活动中最重要的活动之一。就一个社会而言，如何管理国家，如何管理企业，如何管理学校；就个人而言，如何管理行为，如何管理时间，如何管理财富，这是我们几乎每天都要碰到的问题。从一定意义上，每个人既是管理者，也是被管理者，生活中管理无处不在、无时不在，它既是成功的要素，也是失败的根源。

一、管理的概念

管理作为一种人类的实践活动虽然古已有之，但形成一门科学却是在工业革命以后，19 世纪末 20 世纪初的事。遗憾的是，关于管理的定义，至今仍未得到公认和统一，中外学者从不同的研究角度对管理做出了不同的解释：

(1)把管理当作任务的人认为“管理就是由一个或多个人来协调其他人的活动，以便收到个人单独活动所不能收到的效果”。

(2)强调个人管理艺术的人认为“管理就是领导”。

(3)强调决策作用的人认为“管理就是决策”。

(4)强调管理过程的人认为“管理就是为了达到一定的组织目标所进行的计划、组织、控制过程”。

(5)强调管理中人的因素的人认为“管理就是调动人的积极性，通过他人的努力达到组织的目标”。

综观这些不同的认识，各有特点、各有所长，但也各有一定的局限性和片面性。为了对管理进行比较广泛的研究，我们综合了各种对管理的理解，给管理做了如下的定义：管理是通过计划、组织、指挥、协调、控制、激励等环节，有效地争取和使用人力、物力、财力、信息、时间等资源，以期达到组织目标的过程。

小挂板

如何进行管理

在系学生会举办的学生干部经验交流会上，张班长和王班长分别论述了他们对如何进行班级管理的看法。张班长认为，只有充分调动同学们的积极性，大家都把班级当成自己的家，把个人言行和班级的荣誉紧密联系在一起，才能充分发挥大家的智慧和力量，为班级服务。因此，管理者有什么问题，都应该与同学们商量解决，平时要十分注重对同学需求的分析，有针对性地给同学提供锻炼、娱乐的机会和条件，每月的黑板报上应公布出当月过生日的同学的姓名，并祝他们生日快乐。在小张班里，同学们都把班级当作自己的家，全心全意地为班级服务，班级的各项活动开展得有声有色。

王班长则认为，只有实行严格的管理，才能保证实现班级目标所必须开展的各项活动的顺利进行。因此，班级要制定严格的规章制度和责任制度，建立严密的控制体系，实行严格的奖惩制度。在小王班里，同学们都非常注意遵守规章制度，努力完成班干部布置的任务。

思考题：这两个班长谁的观点正确，为什么？

二、管理学的涵义

管理学是专门研究管理活动及其基本规律和一般方法的科学。作为一门独立的学科，管理学把与管理活动有关的生产力、生产关系与上层建筑等方面的问题作为研究对象。

1. 研究生产力方面的问题

管理学主要研究如何合理高效地协调和使用管理组织的人、财、物等资源，以实现预期的目标。包括对各种资源在使用中的计划、组织、协调、控制等问题。

小挂板

美国管理大师彼得·德鲁克曾经举过一个例子：在小学低年级的算术入门书中有这样一道应用题："两个人挖一条水沟，要用两天时间；如果四个人合作，要用多少天完成？"小学生回答是一天。而彼得·杜拉克说，在实际的管理过程中，可能要一天完成，可能要四天完成，也可能永远完不成。那么，为什么会这样呢？

其实道理很简单，因为 4 个人挖沟涉及了计划、组织、领导、控制等较为复杂的管理问题。

2. 研究生产关系方面的问题

管理学主要研究如何正确处理管理活动中人与人之间的关系，尤其是管理者与被管理者之间的关系问题。与之相关的还有管理组织与其他组织之间的关系，管理组织与其成员之间的关系等。

3. 研究上层建筑方面的问题

管理学主要研究管理组织在追求经济效益的同时，如何注重社会效益，促进社会文明全面进步，促进组织的民主建设，使组织成员得到全面发展；研究如何根据国家和社会的要求，建立合理的管理体制，制定健全完善的规章制度，促进管理组织系统的改革，培养和发展具有自身特色的组织文化，以维护社会生产关系，促进社会生产力的发展。

小挂板

好制度如何设计

澳大利亚从前只有土著人居住，后来英国人把那里当作流放犯

人的地方。而在运送犯人的途中,发生过这样的事情:

承担运送犯人任务的都是些私人船主。一开始,英国政府根据上船时的犯人人数付给船主费用。于是,船主们为了牟取暴利,想尽各种办法虐待犯人,克扣犯人的食物,甚至把犯人活活扔下海,造成运输途中犯人的死亡率最高时达到94%。

后来,英国政府想出了一个办法:他们改变了付款规则,根据活着到达目的地的人数付款。于是,船主们又想尽办法让更多的犯人活着到达澳大利亚,饿了给饭吃,渴了给水喝。大多数船主甚至聘用了随船医生,犯人的死亡率最低降到1%。

船主们一开始奸狡心毒,为何后来又变得人道了呢?看来坏的制度能使人变成魔鬼,好的制度能使人变成天使。

三、管理学的形成和发展

(一)中国古代管理思想

中国古代有着十分丰富的管理思想,而且这些思想影响深远,甚至现代西方的许多管理理论中都有着对中国古代管理思想的学习和模仿,许多管理大师给予中国古代的管理思想以很高的评价。

1. 中国古代朴素的系统管理思想

万里长城是人类历史上的一项奇迹,它是一个完整的战争防御系统。这项工程本身就告诉我们,当时的设计者、建造者、使用者具备且运用了朴素的系统管理思想。比如,它有一个多层级的管理系统,命令自上而下层层下达,遇到敌情,信息由烽火台到关城守备,再到各路总兵,一直报到朝廷。

2. 中国古代的用人思想

汉高祖刘邦的一句话充分体现出管理中用人之长的原则:“夫运筹于帷幄之中,决胜于千里之外,吾不如子房;镇国家,抚百姓,给饷馈，不绝粮道，吾不如萧何；连百万之众，战必胜，功必取，吾不如韩信。三者皆人杰，吾能用之，此吾所以取天下者也。”

3. 中国古代的经济管理思想

早在战国时期，思想家商鞅和韩非子就提出了“以农为本，集富于国”的宏观经济管理思想，在几千年的中国封建社会中，这一思想始终居于主导地位。战国时期的另外一位思想家荀子，集先秦诸子百家思想之大成，以孔子“百姓足，君孰与不足；百姓不足，君孰与足”的富民思想为基础，提出了“上下俱富”的经济管理思想，把富国与富民统一起来，并把富民视为富国的基础。

总之，古代的管理思想是适应当时的社会需要，在人们不断总结实践经验的基础上产生的。随着人类社会实践活动的深入开展和社会文明的进步，人类的管理水平也达到了相当高度，不少管理思想都闪耀着人类智慧的火花，至今仍不失其真理的光辉。这些思想构成了人类管理思想的一部分。我们学习管理学，不能割断历史，而应继承古代管理思想中的精华；对古代管理思想的局限性，也应有清醒的认识并慎重地加以鉴别和批判。

（二）古典管理理论

从19世纪末到20世纪初，被视为管理理论体系正式形成的时期，是管理科学发展的第一阶段，我们称之为古典管理理论阶段。它包括以泰罗为代表的科学管理理论、以法约尔为代表的一般管理理论和以韦伯为代表的行政组织理论。其中最有影响力的是泰罗的科学管理理论。

1. 泰罗的生平

泰罗（1856～1915）出生于美国费拉德尔菲亚的一个富裕的律师家庭。1875～1878年期间，他在费拉德尔菲亚的一个小机械厂做学徒工，1878年进入米德维尔钢铁厂当机械工人，直到1890年。

在此期间，他从一般工人先后被提拔为车间管理员、技师、小组长、工长、维修工长、制图部主任，并于 1884 年被提升为总工程师。他在管理方面的主要著作有《计件工资制》、《工场管理》、《科学管理原理》等等。他被后人称为“科学管理之父”。这个称号被刻在他的墓碑上。

2. 科学管理理论的要点

(1)科学管理的中心问题是提高劳动生产率。泰罗在 1911 年出版的《科学管理原理》一书中曾强调指出了提高劳动生产率的重要性，认为当时工人提高劳动生产率的潜力是很大的。他选择合适而熟练的工人，把他们的每一项动作，每一道工序的时间记录下来，将这些时间加起来，再加上必要的休息时间和其他延误时间，就得出完成该项工作所需的总时间，据此得出一个工人的“合理日工作量”，即工作定额。

(2)实行有差别的计件工资制。按照工人是否完成其定额而采取不同的工资率，如果工人达到或超过了定额，就按高工资率付酬；如果工人的生产没有达到定额，就按低工资率付酬，以此来鼓励和督促工人完成和超额完成定额。

(3)把计划职能与执行职能分开。计划职能归企业管理当局，并设立专门的计划部门来承担。计划部门从事全部的计划工作并对工人发出命令。现场的工人和工头则从事执行的职能，即按照计划部门制定的操作方法和指示，使用规定的标准化工具，从事实际的操作，不得自行改变。

(4)实行例外管理。例外原则，就是企业的高级管理人员把一般的日常事务授权给下级管理人员去处理，而自己只保留对例外事项(即重要事项)的决策权和监督权，如有关企业重大政策的决定和重要人事的任免等。泰罗提出的这种以例外原则为依据的管理控制原则，后发展成为管理上的分权化原则和实行事业部制等管理体制。

小挂板

列宁对泰罗制的评价：泰罗制也同资本主义其他一切进步的东西一样，有两个方面，一方面是资产阶级剥削的最巧妙的残酷手段，另一方面是一系列最丰富的科学成就。

（三）行为科学理论

1. 行为科学产生的背景

古典管理理论的代表人物泰罗、法约尔、韦伯等，都把人看成是只为钱而干的“经济人”，因此将问题的重点放在操作方法、规章制度、管理原则上，而对人的关心较少。但上世纪 20 年代以后，一方面工会组织日益发展，劳资关系日趋紧张；另一方面，经济发展和周期性危机的加剧，以及科学技术的发展和应用，使越来越多的资本家感到，单纯运用古典管理理论方法已不能有效地控制工人为提高劳动生产率和利润而努力，有些管理学家、心理学家也意识到社会化大生产的发展需要与之相适应的新的理论，于是行为科学就应运而生了。

2. 梅奥的霍桑试验

较早开始行为科学研究并产生较大影响的是梅奥，他进行了著名的霍桑试验。1924～1932 年期间，由美国国家研究委员会和西方电器公司共同主持了一项研究活动，由于研究是在西方电器公司的霍桑工厂进行的，因此被人们称为霍桑试验。

霍桑试验得出了三点结论：(1)人是“社会人”；(2)企业内部存在着“非正式组织”；(3)工作条件和工资报酬不是影响工作效率的首要因素。这三点结论为以后行为科学的发展奠定了理论基础。

3．马斯洛的需要层次理论

20 世纪 50 年代美国的马斯洛提出了著名的五层次需要理论，他认为人的需要是多种多样的，同时人的需要又是多层次、多类型的。他把人的需要分为五个层次，即生理需要、安全需要、社交需要、尊重的需要、自我实现的需要。

4．赫茨伯格的双因素理论

赫茨伯格把多种影响人们心理和行为的因素分为两大类，即保健因素和激励因素。他认为具备保健因素只能消除职工的不满，维持各项活动的顺利进行，但不能起到调动积极性的作用。激励因素的存在才能真正调动职工的积极性，产生激励的作用。

5．麦格雷戈的“$x-y$”理论

麦格雷戈归纳了基于对人性的不同看法而形成的两种理论。“x”理论把人看作天性厌恶工作、逃避责任、不诚实等。因此，为了提高劳动生产效率，就必须采取强制、监督、惩罚的方法。与之相对的是“y”理论，其基本观点是，人并不是被动的，人的行为受动机支配，只要创造一定的条件，人就会主动把工作干好。

小挂板

李科长的难处

李科长每年发奖金时都犯愁，科里有十几个人，工作积极性和成绩参差不齐。其中小张表现最好，他研究生毕业，聪明能干，工作积极，虽然来的晚，但成绩最突出。去年给了小张最高的奖金，却引起了其他人的不满。这使李科长很犯愁，不知如何是好。恰巧公司办了一个中层干部培训班，请了学校的教授讲课，课上讲了有关激励的多种理论，其中的双因素理论讲到，影响人们积极性的因素有保健因素和激励因素，保健因素指与奖酬和工作环境等外在条件有关的因素，激励因素是指与工作本身的特点和工作内容有关的因素。二者在调动人的积极性上有着不同的作用。这些内容对李科长的启发很大，他逐渐有了主意。

这一天，他找小张谈了话，首先肯定了他一年的贡献，特别表扬了他的成绩，并仔细地讨论了明年如何使他的工作更有趣，责任更大，也更富有挑战性。最后谈到了奖金的事，告诉他这次的奖金他同大伙是一样的。

没想到小张听了这话立刻就火了，他说："什么？到头来我就值这么点儿，你那些好听的话留给别人去听吧，我不稀罕，表扬又不能当饭吃。"

听了这话，李科长真不知如何是好了。

（四）现代管理理论

第二次世界大战后，特别是进入 20 世纪 60 年代以后，西方管理理论又出现了许多新的学派。现代管理理论的基本特征是众多学派并存。这些学派分别从不同的角度对管理理论进行了卓有成效的探讨，呈现出"百花齐放，百家争鸣"的局面，美国管理学者称之为"管理学派丛林"。

（五）现代管理理论发展的新趋势

从整个管理理论发展的趋势来看，现代管理理论的发展具有以下特点：

1. 管理内涵进一步拓展

现代管理理论的内容不应限于怎样让投资者满意、员工满意，而更应注重顾客和社会的满意度。

2. 管理组织的多样化发展

从管理学发展历史来看，管理组织的形式呈现出多种多样的特点。

3. 管理实践的丰富化

现代社会快速发展，没有固定的适应一切变化的管理体系，只有合适的才是正确的。组织必须根据自己的特点和现代管理的基本原则，在实践中形成自己的管理风格。管理实践的丰富化更进一步推动管理理论、方式方法和手段的发展。

小挂板

世界管理的十大变化趋势：创新——未来变化的主旋律；知识——最重要的资源；学习型组织——未来成功企业的模式；快速的应变能力——时代的新要求；权力结构转换——变正“金字塔”为倒“金字塔”；弹性系统——跨功能、跨企业的团队；全球战略——21世纪企业决战成败的关键；跨文化管理——管理文化的升华；“四满意”目标（顾客满意、员工满意、投资者满意和社会满意）——企业永恒的追求；没有管理的管理——管理的最高境界。

第二节　管理的职能

管理的职能是指管理者为了实现有效的管理所必须开展的基本活动，它是具体回答管理者“干什么”和“怎么干”的问题。周密的计划、灵活的组织、正确的领导、有效的控制是管理必不可少的职能。

一、计划职能

凡事预则立，不预则废，讲的就是计划的重要性。管理，作为一项有意识的活动，必须经过周密的规划与运筹。任何管理者，要实施有效管理，都必须执行计划职能。

计划就是通过调查研究，指出在未来一定时期内要达到的组织目标以及实现目标的方案途径。

我们在日常的生活、学习和工作中都离不开制定计划。计划的内容可以概括为六个方面，即做什么，为什么做，何时做，何地做，谁去做，怎么做。制定的计划要切实可行。

小挂板

老鼠开会

在一个粮库里，老鼠们因深受猫的侵袭，感到十分苦恼。于是，他们在一起开会，商量用什么办法对付猫的骚扰，以求平安。会上，各有各的主张，但都被否决了。最后，一只小老鼠站起来提议，他说在猫的脖子上挂个铃铛，只要听到铃铛一响，就知道猫来了，便可马上逃跑。大家对他的建议报以热烈的掌声，并一致通过。有一只年老的老鼠坐在一旁，始终一声没吭。这时，他站起来说："小鼠想出的这个办法是非常绝妙的，也是十分稳妥的；但还有一个小问题需要解决，那就是派谁去把铃铛挂在猫的脖子上？"

从这则故事中你能得到什么启示？

二、组织职能

组织职能是通过全体成员设计一个基本的组织框架，在这个基本的管理平台上集合全体成员的努力以有效地完成目标。一个良好的计划，常常因为管理人员没有适当的组织管理予以支持而落空。有效、灵活的组织结构是组织适应环境变化，谋求生存发展机会，在日益激烈的竞争环境中取胜的保证。

小挂板

谁来管仓库

有一家企业，准备淘汰一批落后的设备。董事会说："这些设备不能扔，找个地方存放。"于是专门为这些设备建造了一间仓库。董事会说："防火防盗不是小事，找个看门人。"于是找了个看门人看仓库。董事会说："看门人没有约束，玩忽职守怎么办？"于是又委派了两个人，成立了计划部，一个人负责下达任务，一个负责制定计划。董事会说："我们应当随时了解工作的绩效。"于是又委派了两个人成立了监督部，一个负责绩效考核，一个负责写总结报告。董事会说："不能搞平均主义，收入应该拉开差距。"于是又委派了两个人成立了财务部，一个负责计算工时，一个负责发放工资。董事会说："管理没有层次，出了岔子谁负责？"于是又委派了四个人，成立了管理部。一个人负责计划部工作，一个人负责监督部工作，一个人负责财务部工作，一个总经理，总经理对董事会负责。

一年之后，董事会说："去年仓库的管理成本为 35 万，这个数字太大了，你们一周内必须想办法解决。"于是，一周之后，看门人被解雇了。

扁平结构和锥型结构的比较

扁平结构是指组织规模已定、管理幅度较大、管理层次较少的一种组织结构形态。它的优点是层次少，信息的传递速度快，失真的可能性小，有利于下级发挥主动性和积极性；缺点是主管不能对每一位下属进行充分的指导，对信息的处理和利用也会因数量太大而受到影响。

锥型结构是指管理幅度较小、管理层次较多的高、尖、细的金字塔组织结构形态。它刚好与扁平结构相反，优点是主管人员能仔细处理信息，对下级进行详尽的指导，缺点是过多的管理层次使信息在传递过程中易失真，使管理工作复杂化。

三、领导职能

领导是指管理者指挥、带领和激励下属努力实现组织目标的行为。管理者在顺序进行计划、组织职能之后，就要执行领导职能，即领导所属人员去实现组织的目标。这是管理者最经常性的职能。

领导实质上是一种对他人的影响力，是对人们施加影响的艺术或过程，从而使人们情愿地、热心地为实现组织目标或群体目标而努力。

小挂板

看球赛引起的风波

机械总厂发生了这样一件事：金工车间是该厂唯一进行倒班的车间。一个星期六的晚上，车间主任去查岗。发现上二班的年轻人几乎都不在岗位。据了解，他们都去看直播的足球赛了。车间主任气坏了，在星期一的车间大会上，他一口气点了十几个人的名。没想到他的话音刚落，人群中不约而同地站起几个青年，他们不服气地说："主任，你调查了没有，我们并没有影响生产任务，而且……"主任没等几个青年把话说完，严厉地警告说："我不管你们有什么理由，如果下次再发现谁脱岗去看电视，就扣发当月的奖金。"

谁知，就在宣布"禁令"的那个星期的周末晚上，车间主任去查岗时又发现，上二班的10名青年中竟有6名不在岗。主任气得直跺脚，质问当班的班长是怎么回事。班长无可奈何地从口袋中掏出三张病假条和三张休假条，说："昨天都好好的，今天一上班都送来了。"说完，班长瞅了瞅大口吸烟的车间主任，然后朝围上来的工人挤了挤眼，凑到主任身边劝道："主任，说真的，其实我也是身在曹营心在汉，那球赛太精彩了。您只要灵活一下，看完了电视大家再补上时间，不是两全其美吗？上个星期的二班，据我了解，他们为了看电视，星期五就把活提前干完了，您也不……"车间主任没等班长把话说完，扔掉还燃着的半截香烟，一声不吭地向车间对面还亮着灯的厂长办公室走去。剩下在场的十几个人，你看看我，我看看你，都在议论着这回该有好戏看了。

四、控制职能

控制就是在计划和指令发出后，把执行的情况及时反馈回来，与原定的计划、指令相比较，发现差异，找出原因，及时采取措施加以纠正，以确保计划目标实现的一类管理活动。

控制工作的主要内容包括确立标准、衡量绩效和纠正偏差。一个有效的控制系统，可以保证组织的各项活动朝着达到组织目标的方向不断逼近。

在管理控制中，通常根据实施控制活动的时间进程把控制分成预先控制、同步控制和反馈控制。

小挂板

扁鹊的医术

魏文王问名医扁鹊说："你们家兄弟三人，都精于医术，到底哪一位最好呢？"扁鹊答："长兄最好，二兄次之，我最差。"文王再问：

"那么为什么你最出名呢?"扁鹊答:"长兄治病,是治病于病情发作之前。由于一般人不知道他事先能铲除病因,所以他的名气无法传出去;二兄治病,是治病于病情初起时。一般人以为他只能治轻微的小病,所以他的名气只及本乡里。而我是治病于病情严重之时。一般人都看到我在经脉上穿针管放血、在皮肤上敷药等大手术,所以以为我的医术高明,名气因此响遍全国。"文王说:"你说得好极了。"

第三节 管理与人文

管理学和人文科学是两个不同的概念,从表面上看二者似乎联系不大,但从管理活动在现实生活中的实际应用以及管理所涉及的对象来看,管理与人文是相互贯通,有着密切联系的。

一、管理学中蕴涵的人文知识和方法

管理学是社会文化与科学技术相结合的产物,管理学中蕴涵了人文知识,体现了人文方法。

1. 管理学中的哲学思想

哲学中系统思想和系统理论的发展,极大地影响了管理科学的建立和发展。管理学中的整体观念、动态观念、开放观念和系统观念,与马克思哲学辩证唯物论的系统的、动态的、发展的认识论是息息相通的。整体性、系统性是管理学最重要的哲学思想,是一切经营活动的出发点。在彼得·圣吉的《第五项修炼》中"系统思考"也被誉为“发动机”。

2. 管理学中的伦理道德

在整个管理过程中，离不开对伦理道德的把握。就企业管理而言，无论是内部的人力资源管理、财务管理、生产管理，还是外部的市场营销、广告宣传和公共关系的拓展，都是在一个基本目标下，通过对人力、物力、财力的调动与支配来达到某种目的。在这整个活动中，可以说每一件事情都涉及对道德准则的把握。例如，在企业的生产经营活动中，如何才能兼顾企业和社会的利益？企业的管理者与被管理者在对财、物的支配中，怎样才能不违背道德原则？这些都离不开一种清醒的道德意识和对伦理道德原则的把握。尤其是被经济学家认为最重要的效率问题，企业在讲究效率的时候如何处理效率与公平的关系，这些都和伦理道德有关。

3. 管理学中的艺术性

管理不仅是一门科学，还是一门艺术。这是因为影响管理的因素既有确定性因素，又有不确定性因素；既有稳定性的因素，还有突发性、偶然性因素；有物质性、技术性的硬因素，还有观念性、文化性的软因素。影响管理的因素的复杂多变性，就决定了管理的艺术性。管理艺术就是要给人一种美感，具有一种美的感召性。具体说，就是说话使人爱听，办事使人信服，做人使人向往，思想使人共鸣。这样才能在管理中形成强大的感召力和凝聚力。

管理学之所以成为科学，并不是单纯地因为其采用了自然科学的研究方法，而是由于在很大程度上渗透了科学精神。而这种科学精神又恰恰是人文的。管理学所提供的并非是枯燥的数据、理性的技术，而始终是与活生生的人的具体利益及社会发展相关的思想、理论、方法、观念。所以离开了人文价值的指导，离开了文、哲、德等人文基础学科的支持，管理学只能是无本之木、无源之水。

二、管理的人本性是人文精神的体现

1. 泰罗科学管理中的人本管理思想

泰罗创立的科学管理是人类人本管理思想的一个里程碑，虽然存在一定缺陷，但其中隐含了大量朴素的人本主义管理思想。主要表现在以下几个方面：首先泰罗强调企业内部和谐的人际关系，发挥人的潜能，强调消除工作环境中的不愉快因素，使工人心情愉快地工作，以发挥他们最大的能力。其次泰罗强调科学管理的实质是对包含管理部门和工人在内的、现有工业状态的一场彻底的“精神革命”，是劳资双方对其各自的责任和各自的对手在精神状态上的一次彻底变革，这种变革可以变相互对立为相互协作，共同为提高劳动生产率而努力。泰罗的逻辑是，雇主关心的是低成本，工人关心的是高工资，只有劳动生产率提高了，他们才能达到自己的目的。所以，双方必须变相互指责、猜疑、对抗为互相信任和合作。再次泰罗认为人的潜力是无限的，泰罗科学管理的中心问题就是挖掘人的潜力，提高劳动生产率。为了提高劳动生产率，必须为工作挑选第一流的工人。什么是第一流的工人呢？泰罗认为人有不同的天赋和才能，只要工作对他合适，人人都能成为第一流的。

2. 现代管理中的人本管理

进入 21 世纪，随着社会的发展和进步，理解人、尊重人的价值观将会得到广泛认可，人本管理的内容将得到进一步丰富和发展。首先重视人的需要，把人看作管理活动的目的，把管理工作从“以事为中心”转移到“以人为中心”上来，通过认识人的需要、满足人的需要去实现对人的管理。从本质上来说，重视人的需要是理解人、关心人、爱护人的体现。其次重视人力资源的开发，尊重知识，尊重人才，为他们提供理想的工作环境和工作条件，最大限度地发挥他们的作用，重视人才的合理使用和提拔，使他们感到有用武之地和有成就感。再次以人的不断解放和全面发展为最高追求目标，这是高层次的人本观念，强调人的价值观的实现和服务于社会、服务于人类的意识。

现代社会里几乎人人都在从事管理的实践，管理贯穿于各个行业、各个领域的一系列活动之中。从泰罗的“科学管理理论”创立以来，纵观管理学的发展过程，不难发现，管理要处理人与物的关系、物与物的关系，但最根本是要处理人与人的关系。在各种形式的管理活动中，人在其中充当了管理者与被管理者的角色，因此，人是管理的积极因素，任何管理都要从人的本性和人的需要出发，把提高人的素质、处理人际关系、调动人的积极性和创造性放在中心地位，把关心人、尊重人、培养人、发展人作为管理的最终目的。而人文精神是一种普遍的人类自我关怀，表现为对人的尊严、价值、命运的追求和关切：维护人的尊严，重视人的价值，张扬人的理性，升华人的精神。人本管理的核心就是要维护人的尊严，挖掘人的潜力，提升人的价值，而这正是人文精神的核心所在。

小挂板

某宾馆经理接到处分职工王大成的报告，他觉得问题不大清楚，就做了一番调查。事实是王大成的母亲患病住院，想喝鸡汤。由于王白天上班，晚上去医院陪母亲，连去市场买鸡的时间都没有，在这种情景下，他在餐厅里偷了一只鸡，犯了错误。经理了解了情况以后，批准了餐厅对王记大过一次、扣发当月奖金。然后带着慰问品去医院看望王的母亲，并对他母亲说：“王大成在工作中表现很好，在家里对你也很孝顺，他是你的好儿子。”患病的母亲含笑听着。次日，经理找王大成谈话，先肯定他工作好，接着又指出偷公家东西是十分错误的，并征求其对处分的想法。

王大成对这种赏罚分明、合情合理的处理十分感动，并表示自己错了，愿意接受这种处分。这时，经理离开座位说："你母亲生病半个多月，我们都不知道，没有给予关心，我们很对不起你。"说后，经理毕恭毕敬地向王大成鞠了一个躬。

讨论题：请从管理与道德的关系，分析王大成的行为。

【本章思考题】

1. 管理是怎样产生的？
2. 管理在社会发展中有哪些作用？
3. 现代管理理论的发展趋势是什么？

【推荐阅读书目】

1. 周三多. 管理学. 高等教育出版社，2000 年版
2. 泰罗. 科学管理原理. 中国社会科学出版社，1984 年版
3. 刘庆 . 孙子兵法——中国智慧之海. 北京大学出版社，1995 年版

第七章　走近经济学

萨缪尔森认为“经济学是一门可以把科学的精确性和人文方面的诗意集一身的科学”。经济学是以“快乐”为人类行为的最终目的。经济学在其本身所具有的思想性、完美性、阶级性与逻辑性上，以及在经济学学科性质上都体现出人文精神；同时，经济学理论在其学术观点、分析方法上也体现出人文精神，故经济学是人文学科，它是科学精神和人文精神的统一。本章主要介绍经济学的本质、产生、现状以及发展趋势，宏观经济政策的内容、类型及应用等内容，帮助大学生学习了解经济学知识中渗透着哪些人文精神。

第一节　经济学产生与发展

经济学是研究市场经济的科学，也是解决经济资源相对不足与人类无限需求之间矛盾的科学，包括微观经济学与宏观经济学。经济学的发展经历了萌芽、形成与发展等各个阶段，出现了诸如重商主义学派、古典经济学派、新古典经济学派等经济学派系，涌现出如斯密、李嘉图、凯恩斯等一大批经济学家，提出经济自由人思想、相对成本说、宏观调控理论、边际分析法等一系列经济学观点与分析方法。

一、经济学研究的对象

（一）经济学研究的对象

一般认为，经济学是关于选择的科学，是研究节约的科学。美国经济学家J·斯蒂格利茨认为："经济学研究我们社会中的个人、厂商、政府和其他组织如何进行选择，以及这些选择如何决定社会资源的使用方式。"曼昆则更简单地概括为"经济学研究社会如何管理自己的稀缺资源"。从上述对经济学的不同定义看，至少应该有以下五点认识：第一，经济资源是稀缺的。经济资源的稀缺性是指相对人们无穷的欲望，经济资源的数量、质量和种类是不足的。这一点决定了有效利用资源的重要性。第二，经济学是选择科学。由于人们的欲望是无穷的，而用于满足人们多种需要的资源是有限的，所以人和社会都要进行选择，即家庭、厂商、政府和涉外部门进行选择，以使资源有效利用。例如，厂商选择有限的有多种用途的资源，用以生产什么、生产多少，获得利润最大；家庭选择有限收入用于购买什么商品、购买多少商品，以获得效用最大；政府和涉外部门选择资源合理配置的最优方案，以实现社会福利最大化。总之，西方经济学是研究市场经济的科学，包括微观经济学与宏观经济学。

小挂板

铜陵市是典型的资源型城市，重化工业是主导和支柱产业，发展的需求、资源的稀缺和环境的制约从根本上要求我们走资源节约型的可持续发展道路。目前，铜陵市年矿山开采量已经超过1000万吨，向大气中排放二氧化硫和工业粉尘的强度是全国平均水平的2倍以上。环境保护与经济发展的矛盾十分突出，环境资源已经成为制约铜陵进一步发展的瓶颈。只有大力推进循环经济，才能实现资源利用的最大化和污染物排放的最小化，这是通过发展解决环境污染问题的根本出路。因此，市委市政府高度重视发展循环经济工作，将其作为城市发展的最重要的战略之一，提出并进行了积极的探索，并将其纳入国民经济和社会发展“十一五”规划，高起点筹划循环经济发展战略。在总体规划的指导下，分项制定循环型工业、生态农业、绿色服务业、循环经济示范区等专项规划和分阶段实施方案，遵循“减量化、再利用、资源化”的原则，以政府为引导、企业为主体、科技为支撑、法律为保障，从企业、产业、社会三个层面展开，在整个社会范围内形成“自然资源——产品——再生资源”的经济环路，推动经济增长方式的根本转变，实现人、社会、自然和谐发展。铜陵市循环经济分三个阶段实施，即到2010年为典型示范阶段，到2015年为全面推进阶段，到2020年为提高完善阶段。铜陵市发展循环经济既是经济科学发展观的要求，又缓解了资源稀缺问题。

（二）微观经济学的研究对象

微观经济学研究个别经济单位的经济行为，即研究单个经济主体的经济行为或单个经济变量问题，如某一厂商或市场的商品价格、产量等。

小挂板

保罗和彼得在同一条河上经营航运。他们各自拥有一个航运公司，整日在河上运送货物和旅客。保罗共有 20 条大船，彼得只有 10 条，保罗比彼得的资本雄厚得多。而且，彼得还欠下银行的大笔债务。保罗想："如果河上只有我一家航运公司，生意该更红火了。"于是，保罗降低了票价，打起了价格战。彼得没有办法，只得跟着降价。保罗再次降价，彼得再次跟上。如此反复交锋，乘客大占便宜，两位大老板都受到重大损失。保罗亏损巨大，彼得更是欠债累累、行将破产。最后彼得不得不将所有的船都出售给保罗。保罗获胜了，成了河上唯一的航运公司。保罗逐步提高了票价，很快成为当地首富。来往的乘客一面抱怨着票价太贵，一面却只能坐他的船，让自己的血汗钱填满了保罗的口袋。

对于劳动市场，我们可以思考：

1992 年，一般的大学毕业生的收入比高中毕业生高 82%，为什么他们的收入有这么大的差距？

如果工资增加，人们将工作更长时间吗？（深圳出现了"少挣钱，多休闲"的时尚一族）

为什么妇女的平均收入只有男人的 75%？

最低工资的增加对那些只能拿到最低工资的人有帮助吗？

（三）宏观经济学的研究对象

宏观经济学是从国民经济角度研究和分析资本主义整体经济活动，即主要研究经济主体的总体经济行为和经济总量问题，如一国产出、就业、失业和价格的总水平。

在资本主义国家，西方经济学不仅是所有经济学的基础，如国际经济学、比较经济学、发展经济学、财政学和货币银行学等的理论基础，而且是厂商、家庭和政府等经济行为主体决策的根据，对各经济主体的经济行为有指导作用。

尽管经济学揭示出市场经济条件下经济运行的一般规律或原理，如资源有效配置的规律，福利最大化的规律，有限的生产要素合理使用取得最大利润的规律，有限的收入合理购买取得最大效用的规律，国民收入或就业的影响因素和决定原理，促进经济正常发展的财政政策、货币政策、就业和价格政策及对外经济政策选择的原理等，但由于我国经济条件、国情、“经济人”假设、信息不对称等因素与西方国家不同，在研究我国社会主义市场经济的运行时，西方经济学可以应用或借鉴，但不能完全照搬。

二、经济学的产生与发展

（一）经济学萌芽

经济学是从研究原始积累开始的。在封建社会晚期和资本原始积累阶段，由于商品经济的迅速发展，城市手工业的逐渐扩大，自然经济被商品经济取代，于是产生了重商主义。重商主义认为流通领域是财富的源泉，国民财富增长的唯一途径是开展对外贸易，主张用货币平衡与贸易平衡来增加积累或扩大财富。重商主义产生于 15 世纪至 17 世纪中叶西欧大陆，其杰出代表人物为英国的托马斯·孟。从经济学说史角度考察，重商主义只能属于资产阶级经济学史的史前阶段。

（二）经济学形成或产生时期

从17世纪中叶开始，在欧洲各国特别是英国，产业资本取代商业资本而占据统治地位，英国资产阶级革命的胜利（1640～1648年），标志着世界近代史的开端。这时古典经济学逐步代替了重商主义。古典经济学的代表人物，在英国以威廉·配弟为起点，以亚当·斯密为标志；在法国以布阿吉尔贝尔为起点，以重农学派为标志。一般认为，从威廉·配弟、布阿吉尔贝尔之后到18世纪末叶的魁奈、亚当·斯密的这一历史阶段，是古典经济学逐渐形成或产生时期。

威廉·配弟是英国资产阶级古典政治经济的奠基人，代表著作是《赋税论》（1662年）。他在价值论、分配理论、地租理论以及货币理论等理论研究方面做出了贡献。

亚当·斯密是英国产业革命前期工场手工业时期的资产阶级经济学家，是古典经济学理论体系的创立者，其代表作为《国富论》（1776年）。《国富论》的基本观点是，劳动是供给国民一切生活用品的源泉，而一国的国民消费品供应情况的好坏取决于年产品与消费者人数的比例。作为古典经济学的杰出代表，斯密理论的内容极为丰富，包括供求理论、国际贸易与分工理论、价值理论以及货币理论等。其中最重要的是价值理论，为马克思劳动价值理论的形成奠定了基础。这一时期称为资产阶级古典经济学的产生或形成时期，是因为魁奈和斯密等人否定了重商主义观点，提出了古典经济学的基本理论和体系框架。

小挂板

亚当·斯密

亚当·斯密是一位对伦理学、法理学和经济学都做出过贡献的大学者。他1723年出生于苏格兰爱丁堡附近的一个小渔村克尔卡迪，斯密是该镇一个海关官员(他在斯密出生之前去世)的独子。他在28岁时获得的第一个学术职务是哥拉斯格大学逻辑学教授。他此后成为富有的苏格兰公爵的私人教师，陪公爵到欧洲大陆旅行了两年，并获得了一年300磅的年金——这是当时平均收入的10倍。依靠这份年金在经济上的保障，斯密用10年的时间写作《国民财富的性质与原因的研究》，并于1776年出版。在亚当·斯密之前有许多人写过经济问题著作，但他使经济学成为一门学科。斯密的考虑如此广泛和权威，以至于以后研究经济学的学者不追溯到他们与亚当·斯密这些贡献的联系，就无法推进思想。

(三) 经济学完善和发展时期

1. 19世纪初期

这一时期主要有两类经济学说，一类是对古典经济学中的矛盾和不足进行研究，成为资产阶级古典经济学的完成者，如大卫·李嘉图和西斯蒙第等人；一类是篡改和歪曲古典经济学的理论，成为资产阶级庸俗经济学的创始人，如萨伊和马尔萨斯等。

李嘉图是英国产业革命时期的经济学家，是英国古典经济学的代表和完成者，其代表作为《政治经济学及赋税原理》(1817年)，简称《赋税原理》。李嘉图在价值理论、货币理论、分配理论和经济发展理论方面都比斯密有所发展，使古典经济学更加成熟。如关于价值理论，李嘉图继承了亚当·斯密关于“区分交换价值和使用价值”的论断，纠正了斯密的“没有使用价值的商品也会有交换价值”的错误观点，提出了“必要劳动”的概念，指出不是实际耗费的个别劳动，而是社会必要劳动决定了商品价值，并提出商品价值不仅包括投入在商品中的直接生产过程的活劳动，还包括投入在生产所需的生产资料上的物化劳动。活劳动创造新价值，物化的积累劳动不创造新价值，只体现所耗生产资料的价值。这一点构成了马克思主义剩余价值学说的来源之一。李嘉图的分配理论以价值理论为基石，以地租理论为核心，论证了地租不是自然的恩赐，而是劳动创造价值的一部分，并考察了级差地租的两种形态。李嘉图的比较成本说是对斯密的国际分工论的发展和修正，对发展对外贸易有重大和深远影响。

西斯蒙第是法国古典政治经济学的完成者，其代表作为《政治经济新原理或论财富同人口的关系》(1819 年)，简称为《新原理》。西斯蒙第在经济学上的贡献在于最早揭露了资本主义的矛盾，提示了资本主义制度产生过剩经济危机的必然性。马尔萨斯和萨伊则是资产阶级庸俗经济学的创始人。庸俗经济学产生于 18 世纪末 19 世纪初(1830 年)，资产阶级经济学从古典学派的阶段完全走上了庸俗的道路。庸俗经济学家们用效用论或生产费用论取代古典经济学的劳动价值论，提出商品价值是由劳动、资本、土地这三个要素“协调”创造的，并提出“供给会自行创造需求”等理论，来否定古典经济学提示的资本主义制度下必然存在生产过剩经济危机的理论。由此，可看出他们的理论具有庸俗性的一面。

2. 19 世纪中末期

这一时期英国和法国资产阶级革命相继成功，资产阶级掌握了政权，无产阶级和资产阶级之间的矛盾日益尖锐化。这时李嘉图的古典经济理论，被资产阶级视为危险的学说。在这种形势下，资产阶级经济学代表人物分成两派：一派承认无产阶级的矛盾，但采取折中主义手法加以调和，表现在经济理论上把各种庸俗经济学观点加以综合，用来修正古典经济理论，其主要代表人物为约翰·穆勒。后来，阿弗里德·马歇尔继续了穆勒开创的折中主义传统，成为19世纪末和20世纪初最著名的经济学家。另一派否认无产阶级和资产阶级的矛盾，宣扬阶级利益一致的调和论，其理论特点是以对交换领域现象的描述代替古典经济学对生产关系的研究，其代表人物有法国的马斯夏和美国的凯里等。

阿弗里德·马歇尔是19世纪末20世纪初最著名的经济学家，他的经济学体系是古典政治经济学的继续和发展，因此，他又被称为新古典学派的创始者，也是剑桥学派的创始人。马歇尔在古典经济学和现代西方经济学之间，起着承先启后的作用，在资产阶级学说史上占有极重要的地位，一般将18世纪末的斯密经济学到19世纪末的马歇尔经济学，称为资产阶级的正统经济学。他的代表作为《经济学原理》(1890年)。

马歇尔的经济理论除继承穆勒的折中主义经济理论外，还吸收了边际效用论，把需求理论、供给理论、均衡价格理论、边际生产力理论和生产费用理论等融合在一起，构成了较为完整的庸俗经济学体系，和马克思的劳动价值论与剩余价值论相对抗。

在这期间经济学领域最大的革命，就是在19世纪中叶马克思、恩格斯创立了无产阶级的政治经济学。当时，资本主义生产方式已在西欧的一些主要国家居统治地位，该生产方式所固有的内在矛盾也充分显露出来，阶级矛盾日趋尖锐，而无产阶级作为一个自觉的阶级出现在政治舞台上，要求自己的思想家对资本主义制度和无产阶级的斗争出路做出理论说明。马克思从资本主义最小的经济细胞——商品入手，以劳动价值论为基础，创造性地提出了剩余价值论，彻底揭露了资本主义的剥削实质，揭示出资本主义制度为社会主义、共产主义所代替的必然性。其代表作是《资本论》。

3. 20世纪初期

20世纪初，资本主义世界进入一个新的发展阶段，其显著特征是垄断的形成和加强、经济危机的频繁和加剧。面临这种新形势，以自由竞争立论的从亚当·斯密到阿弗里德·马歇尔的传统经济学已不再适应时代的需要，抛弃传统经济学说，建立与资本主义相适应的新学说，是摆在资产阶级学者面前的重要任务。在此情况下，凯恩斯经济学应运而生。

小挂板

凯恩斯生平(1883～1946)

约翰·梅纳德·凯恩斯是个神童。以优异的成绩完成了在伊顿和剑桥的学习后，凯恩斯参加了国家公务员考核。可笑的是，糟糕的成绩使他失去了梦寐以求的在财政部工作的机会。几年后，回想起他考分最低的功课竟是经济学部分时，他毫不谦虚地说："主考人大概不如我懂得多。"他可能是对的。

一战期间，凯恩斯被招到财政部帮助制定战时财政计划。在那儿，他大胆而智慧的独特思维使他很快成为核心人物。战后他代表英国财政部参加了在凡尔赛召开的和会。凡尔赛和会成为凯恩斯一生的转折点，尽管在这次和会上他犯了大错。他极力劝说协约国对侵略成性的德国采取较少的惩罚。劝说无效后，他冲出大会，写下了《和平的经济后果》(1919)。在这篇文章中，凯恩斯认为德国永远不会遵从条约中苛刻的经济条款，而且邪恶的德国会对欧洲持续的稳定造成威胁，还可能发动另一场战争。

在政府部门不受欢迎后，凯恩斯回到了剑桥。1925年，他娶了为他放弃职业舞台的漂亮的前苏联芭蕾舞演员吕迪雅(后来她在凯恩斯开的剧院演出）。

在两次世界大战之间，凯恩斯致力于赚钱、经济理论研究。1936年他发表了成名作《就业、利息和货币理论》，奠定了现代宏观经济学的基础。

二战期间他又回到了财政部，参加了几次同美国的棘手的财政谈判。1944年，他的事业达到顶峰，代表大英帝国参加了在新罕布什尔召开的布雷顿森林会议，制定了影响西方世界达27年之久的国际货币体系。

由于心脏病发作，1946年凯恩斯勋爵死在家中。凯恩斯几乎得到了他所追求的一切，除了一个小小的遗憾：想多喝点香槟。

(1)凯恩斯经济学产生的经济背景和学术背景。凯恩斯经济学产生于20世纪30年代。它的出现不是偶然的，而是有其复杂而深刻的经济根源。它是“30年代大萧条”的直接产物，是国家垄断资本主义发展的必然产物。

①凯恩斯经济学——30年代大萧条的直接产物。1929～1933年，资本主义世界爆发了空前严重的经济危机。这次大危机席卷了所有的殖民地和半殖民地。面对着空前严重的危机和失业，统治阶级和统治集团不再欣赏那种否认危机和失业的可能性的传统经济学，而是希望出现一种新经济学，这种新经济学要承认危机和失业，但不要承认危机和失业的根源在于资本主义制度；要论证资本主义制度可以防止危机和失业，而不要只是空泛议论；要攻击马克思主义和社会主义制度，而不允许任何转向马克思、转向科学社会主义的思潮存在和蔓延。凯恩斯经济学正是这样一种符合统治阶级和统治集团愿望的新经济学。

②凯恩斯经济学——国家垄断资本主义的必然产物。第一次世界大战前，国家垄断资本主义出现以后，统治阶级和统治集团希

望一种新经济学，要反对自由放任主义，主张国家干预主义；要讲“一只看得见的手”的作用，不要只讲“一只看不见的手”的作用；要维护国家垄断资本主义，要在理论上论证在实践中已经在做的事，而不是持反对或批评立场。

凯恩斯经济学正是这样一种符合统治阶级和统治集团愿望的新经济学，它是国家垄断资本主义的必然产物。

③凯恩斯经济学产生的学术背景。在凯恩斯经济学产生和传播以前，占统治地位的经济学是以马歇尔、庇古等人为代表的传统经济学。而凡·勃仑在1900年第一次用“新古典”一词来描述马歇尔经济学。后来西方经济学普遍接受“新古典学派”、“新古典经济学”这些固定含义的用语来称马歇尔、庇古等人和他们的经济学。

新古典经济学无论在理论方面或政策方面，都支配着统治阶级和学术界的经济思想。凯恩斯本人也是在新古典经济学的熏陶下成长起来的。

(2)就业通论概论。在凯恩斯看来，社会的总产量、国民收入和就业量在短期中是大致等价的概念。他认为政府提高国民收入，国家可以达到充分就业状态，最终消除资本主义的失业问题和生产过剩的经济危机。

在经济学发展与完善时期，资产阶级经济学呈现以下三个特点：第一，宏观经济学和微观经济学作为独立学科分为两门科学；第二，凯恩斯主义占主导地位；第三，垄断竞争理论的提出。

(四) 当代经济学的发展

20世纪中叶以来，凯恩斯的《通论》问世后，不仅在经济理论上居主导地位，其政策主张也被许多资本主义国家采用。但是其理论体系还需要进一步完善，凯恩斯的继承者之一——萨缪尔森，比较出色地完成了该项任务。萨缪尔森代表作是1948年出版的《经济学》,现已发行第16版。萨缪尔森在该书的第五版(1961年)中正式使用新古典综合这一范畴,并对凯恩斯理论进行继承和发展。其理论派别是新古典综合学派,在第二次世界大战时期,特别是20世纪50年代以来,在当代资产阶级经济学界一直居于正统地位,并且其政策主张相继被主要资本主义国家作为基本政策,付诸实施。当然,这个学派在形成过程中始终受到以琼·罗宾逊为代表的新剑桥学派的反对和责难。

这一时期,也是非凯恩斯主义宏观经济学形成和发展时期。20世纪70年代以来,由于资本主义经济陷入新的困境,严重的通货膨胀和大量的失业并存,新古典综合派不能从理论上说明滞胀的原因,也提不出卓有成效的对策,再加上受到货币主义和理性预期学派的攻击,萨缪尔森放弃了新古典综合派这面旗帜,打出后凯恩斯主义主流经济学或现代主流经济学的招牌(1972年),希望保持其在经济学中的正统地位。现代主流经济学的基本特点是保留新古典综合派的理论,吸收货币学派和理性预期学派的观点。1985年萨缪尔森在《经济学》第12版中,把后凯恩斯主义主流经济学又称为"现代主流经济学的新综合"。

1993年和1998年斯蒂格利茨的《经济学》和曼昆的《经济学原理》相继出版,这是两本反映最近20多年来经济思想革命的经济学教科书。斯蒂格利茨被誉为关注现实的经济学家,曼昆的书以其明快生动而引人入胜。

(五)未来经济学发展方向

从诺贝尔经济学奖获奖者研究领域来看,未来经济学发展可见一斑。诺贝尔经济学奖是当今世界上最有影响力的经济学奖,被称为当代经济学家的"王冠"。他们获奖的理由,或是因为建立了一种新的分析方法,或是提出了不同观点,角度各异地为当代经济学的发展做出了独创性或奠基性的研究。授奖的范围从横向覆盖了微观经济学、宏观经济学、国际经济学和发展经济学四大部分；从纵向上包括了经济理论、数理经济学和计量经济学三个层面；从流派上涉及剑桥学派、奥地利学派、瑞典学派、芝加哥学派、新古典综合派等欧美经济学众家之说。因此说，获奖的经济学家的理论基本上代表了西方经济学的主要成就、最高水平以及未来经济学的发展方向。未来西方经济学的发展有以下特点和趋势：

（1）数学在经济学中得到广泛而深入的应用。经济学要反映经济中的数量关系，因此，经济学与数学有着千丝万缕的联系。

（2）经济学的研究逐渐拓展到政治学、社会学、法学、心理学等领域，反映了其人文社会化的趋势。一些诺贝尔经济学奖得主成功地从政治学、法学、社会学和心理学等不同角度来分析经济问题。

（3）经济学在内容上也得到拓宽和深化。

（4）围绕国家干预问题，既有斗争，又有妥协。

（5）理论研究贴近现实，为解决实际问题做出贡献。

小挂板

近年诺贝尔经济学奖获奖者及其主要成就

1999 至 2004 年六年间，获奖者名单及其主要成就如下：

1999 年，美国哥伦比亚大学加拿大籍教授罗伯特·芒德尔。他通过对“不同汇率体制下的货币与财政政策”以及“最佳货币区域”进行分析，发展了开放型经济的宏观经济理论。

2000 年，美国经济学家詹姆斯·赫克曼和丹尼尔·麦克法登因。他们的主要贡献是在微观计量经济学领域。赫克曼发展了对选择性抽样数据进行分析的理论和方法，麦克法登因则发展了对自行选择行为进行分析的理论和方法。

2001年,美国经济学家乔治·阿克尔洛夫、迈克尔·斯彭斯和约瑟夫·斯蒂格利茨。他们在"对充满不对称信息市场进行分析"领域贡献突出。

2002年,美国经济学家丹尼尔·卡尼曼和弗农·史密斯。卡尼曼成功地把心理学分析法与经济学研究结合在一起,为创立一个新的经济学研究领域奠定了基础。史密斯则开创了一系列实验法,为通过实验室实验进行可靠的经济学研究确定了标准。

2003年,美国经济学家罗伯特·恩格尔和英国经济学家克莱夫·格兰杰。他们分别用"随着时间变化的易变性"和"共同趋势"两种新方法分析经济时间数列,从而给经济学研究和经济发展带来巨大影响。

2004年的诺贝尔经济学奖颁发给卡内基大学、加利福尼亚大学圣巴巴拉校区的基德兰德教授(挪威公民)和亚利桑那州立大学、联邦储备银行明尼阿波利斯分行的普雷斯科特,以表彰他们对动态宏观经济学所做出的贡献:经济政策的时间连贯性和商业周期的驱动力量。

基德兰德1943年出生于挪威,是挪威公民。1973年从匹兹堡的卡内基梅隆大学获得博士学位。他现在是卡内基梅隆大学和加利福尼亚圣巴巴拉校区的教授。

普雷斯科特1940年出生在美国的纽约州,是美国公民。1967年从匹兹堡的卡内基梅隆大学获得博士学位。他现在是亚利桑那州立大学教授、联邦储备银行明尼阿波利斯分行的研究员。

(六)国内经济学发展

1. 国内经济学的发展

在中国,经济学的发展历经了曲折的道路。自1901年严复翻译亚当·斯密的《国富论》,至今100多年。100多年来,中国的经济学发生了相当大的变化。主流的话语系统经常在转换。在新中国，经济学主流的变化可以划分为三个大的阶段：第一个阶段是解放后到1978年以前，第二个阶段是1978年到20世纪90年代初，第三个阶段是20世纪90年代初期以后。第一个阶段也即新中国成立到1978年以前，我国经济学基本是单一的马克思主义政治经济学。第二个阶段，西方经济学开始逐渐被人们重视和应用。第三阶段，马克思主义政治经济学居于主导地位，西方经济学更加被重视。

改革开放以前，西方经济学在我国基本上属于被批判的对象。我国经济学界在很长时间里都是严格依据马克思等经典作家当年对资产阶级庸俗经济学的批评，严厉地批判西方经济学的。

改革开放以后，我国经济学界思想解放的进展非常迅速，但是在相当长的时间里，对待西方经济学的态度是消极的和否定的。在改革开放后最初的10余年时间里，国内出版的西方经济学教科书，在介绍西方经济学内容后都要加上批判性的评论。高鸿业先生为萨缪尔森《经济学》中文本所作的"译者序"反映了这一时期中国经济学界对待西方经济学的基本态度。这种态度可以称之为"本质上否定，现象上肯定；全局上否定，个别方面肯定；理念上否定，工具上肯定"。尽管如此，在20世纪80年代初到20世纪90年代初的10多年时间里，中国经济学界还是通过翻译引进了大量的西方经济学著作，同时，一大批年轻学者纷纷到西方经济学的大本营美国、英国留学深造。在海外，中国学者还成立了留美经济学会等日后影响逐渐加大的学术团体。

进入20世纪90年代，西方经济学的分析方法、价值判断的理念对于中国的经济学研究所产生的影响越来越深刻。高校的经济学课程设置越来越重视西方经济学的内容。西方经济学类的课程分量不断加重，从一个学期讲完“概论”，到分为“宏观”和“微观”两个部分，两学期讲完。有些学校还开设了中级、高级西方经济学，加上计量经济学、新制度经济学、发展经济学等准西方经济学课程，高校经济学专业的课程设置更加重视西方经济学。

2. 国内经济学发展趋势

第一，在马克思主义政治经济学地位得到巩固和加强的同时，经济学的西方化趋势不容忽视。作为占主导地位的指导思想，马克思主义在经济学上的地位不断得到巩固和加强。与此同时，随着社会主义市场经济体制的建立和完善，经济学的西方化趋势不容忽视。这既因为经济学是一个极符合科学的形式标准的最有竞争力的科学假说，又因为西方经济学所渗透的理念恰好是市场化的社会最行得通的理念。

应该看到，中国经济学的西方化带来的效应是双重的，一方面既有推动整个中国经济学科学前进的积极作用，但同时又有导致中国经济学界被殖民的消极作用。经济学的分析工具无疑是强大无比的，但是把这种分析的理念和工具无限制地推向社会科学的其他领域，会损害社会科学的多样性，损害基于这种多样性的人类认识不断深化的能力。

第二，西方经济学将日益关注中国本土的研究资源。中国经济学家在最近的若干年里已经开始反省经济学一般化和中国现实的特殊性之间的矛盾及其学术含义，并着手研究西方经济学理论如何被更多的人接受并融入到中国社会的深层的问题，以及西方化与本土资源的关系等问题。

第三，作为国内主流经济学的马克思的政治经济学地位得到巩固加强。毫无疑问，政治经济学的西方经济学化只能是特殊时期的权宜之计，长此以往将死路一条。今后一个时期，马克思经济学与西方经济学的角逐将会继续，但是马克思与时俱进的理论品质将随着实践的发展而获得蓬勃的生机。马克思主义政治经济学在社会再生产理论、社会主义经济建设理论等方面为我国社会主义初级阶段的经济社会的发展提供了坚实的理论基础与实践指导，并做出了巨大贡献，这些理论也将长期指导中国特色社会主义的建设与发展。同时，马克思主义政治经济学对资本主义经济发展中无法回避的经济危机加以深入研究，指出了资本主义的发展腐朽与没落的必然性，这也为我国社会主义市场经济的正确发展提供了理论指导。

第四，中国改革开放的实践促进了经济科学的发展。从世界历史的范围看，没有一个国家发生过像中国 20 多年来所发生的体制变革、结构转换和政策调整。这个过程提供了极为丰富的研究资源，足够中国经济学家研究很长时间。问题不在于中国的经济本身是否值得研究，而是西方经济学的研究工具能否给这种研究以足够的支持。国内一些经济学家提出建立"中国经济学"，这样的主张所基于的背景正是中国发生的这些经济现象的独特性。他们认为，由于中国问题的特殊性，所以目前国际通行的研究方法不能满足需要。而另一些经济学家则坚持，中国的问题运用主流经济学的范式可以很好地处理。

总结我国经济学发展，国人自撰的出版物大多属于述而不作的性质，理论创新少，按现代经济学的规范，建立严谨的逻辑体系并以实证资料对理论推论进行严谨的检验的研究和著作还不多见。我国的经济学家只要在研究规范上自觉改进，致力中国经济问题的研究，随着 21 世纪中国经济的发展，必然能创造中国经济学家的辉煌。

小挂板

经济学家——樊纲

樊纲,男,汉族,1953 年 9 月生于北京,祖籍为上海市崇明县。1969 年赴黑龙江生产建设兵团务农,1975 年转到河北省围场县;1978 年考入河北大学经济系(七七级)政治经济学专业,1982 年毕业后,考入中国社会科学院研究生院经济系,主攻"西方经济学"专业;1985～1987 年赴美国国民经济研究局及哈佛大学访问研究;1988 年获经济学博士学位;同年进入中国社会科学院经济研究所工作;1992～1993 年任《经济研究》编辑部主任,1994～1995 年任经济研究所副所长。目前,他是中国经济体制改革研究基金会秘书长,国民经济研究所所长,国家级有突出贡献的中青年专家,兼任北京大学经济学教授,中国社会科学院研究生院教授,博士生导师。2006 年 8 月份当选为货币政策委员会委员。

其主要著作:《公有制宏观经济理论大纲》(主笔)、《现代三大经济理论体系的比较与综合》、《市场机制与经济效率》、《渐进之路——对经济改革的经济学思考》、《中国经济改革的政治经济学》等学术专著和《樊纲集》、《经济文论》、《走近风险的世界》等论文集,在《经济研究》等中国学术刊物上发表了《灰市场理论》、《论改革过程》等学术论文近百篇,在理论界产生了较大的影响;1991 年获孙冶方经济学优秀论文奖。1992 年被破格晋级为中国社会科学院研究员,被评为国家级有突出贡献的中青年专家;1993 年成为中国社会科学界最年轻的博士生导师之一。近年来的主要研究领域为宏观经济学、制度经济学暨"过渡经济学"。曾主持了多项国家社会科学基金、中国经济改革研究基金会等机构资助的科研项目以及国际机构、国际合作科研项目。

三、经济学的分析方法

西方微观与宏观经济学可以采用许多分析方法，如边际分析与最优分析、规范和实证分析、均衡和非均衡分析、静态和动态分析、流量和存量分析、总量和结构分析等。

（一）边际分析和最优分析

边际分析就是研究最后增加或追加一个单位自变量，所引起因变量变化值的分析。如某厂商生产VCD机，月产300台，获得利润15万元，则平均利润为每台500元，如果月产量为301台，获利为15.06万元，则边际利润，即最后增加一台利润为600元。可见，边际分析是以各种经济变量存在函数关系为前提的，是相对于平均分析而言的。这种方法实际上是用来确定适度的变量界限的较好方法，在微观经济学中用得较为广泛。

最优分析就是运用数学和现代计算工具，确定经济运行中目标最优化的论证方法。最优化问题实际上是一种特殊的均衡问题，即有一定目标的均衡。从数学上看，最优问题就是求极值问题，包括微分极值法、线性规划和拉格朗日法等。比如，总利润函数 $P=100+90Q-Q^2$，试求利润最大的产量。根据数学原理，$dP/dQ=90-2Q=0$，即 $Q=45$ 时，利润最大。线性规划是求在线性约束条件下的最优，即在一定的线性条件下，求线性的目标函数最大化或最小化。

（二）规范分析和实证分析

规范分析是以一定的价值判断为基础，提出一些分析和处理问题的标准，作为决策的前提和制定政策的依据。这里所说的“价值”不是指商品价值范畴，而是指经济事物的社会价值，如经济增长是快好，还是慢好？规范分析有三个特点：它回答“应该是什么”的问题，而不回答“是什么”的问题；它分析问题没有客观性，而只是根据一定的价值观念进行判断；它分析问题所得出的结论无法通过经验事实进行检验。

实证分析和规范分析相反，基本排除价值判断，只对经济现象、经济行为或经济活动及其发展趋势进行客观分析，得出一些规律性结论。实证分析具有和规范分析完全不同的三个特点：它回答“是什么”的问题，而不回答“应该是什么”的问题；它分析问题具有客观性；它分析问题所得出的结论可以通过经验事实进行验证。实证分析一般由定义、假设、假说和预测等相互联系的步骤组成。

（三）均衡分析和非均衡分析

均衡分析是宏观经济学常用的一种方法，包括局部均衡和一般均衡。局部均衡是指其他条件不变的情况下，由于价格的作用，对个别商品的均衡价值和均衡产量的形成过程的分析，即分析商品的需要量和供给量相等时的均衡产量和均衡价格。一般均衡与局部均衡相对应，是指在市场上所有商品的供给、需求和价格相互影响的条件下，对所有商品的供求均衡状态的分析，后来发展为用数量关系来描述或反映一般均衡状态。

非均衡是相对均衡而言的，它是指由于价格的作用，在经济运行中不能形成供求相等的均衡价格和均衡产量，即不能形成瓦尔拉均衡，而只能使供求双方在偏离瓦尔拉均衡的适当位置上的均衡，这是一种短期的不稳定的均衡。一般来说，非均衡分析是从经济中各种经济力量不均衡状态出发，联系历史、社会和制度等因素，对经济现象及变化原因进行分析的方法，它不是对均衡分析的完全否定，而是对均衡分析的深化、发展和扬弃。

（四）静态分析和动态分析

静态分析是研究经济变量在同一时期内的相互关系，是对经济运行的一种短期分析。它只说明短期经济运行情况，不能说明经济运行的变化过程。宏观经济学中对一定时点上若干变量相互关系的分析就是静态分析，如每个时期国民收入的水平取决于S(储蓄)和I(投资)的对比状况，即I和S相等时则有均衡国民收入，这就是静态分析。

动态分析是研究经济变量在不同时期的变动规律，是对经济运行的一种长期分析，说明长期经济情况并能解释经济运行过程及变化动因。经济增长问题的研究就属于动态分析方法，如凯恩斯的国民收入决定理论的动态化就是哈罗德·多马模型。

（五）流量和存量分析

流量和存量都是变量。流量是指某一时期内经济变量的数值，如一年内国民生产总值、一年内银行吸收存款的数量、一年内的钢产量等。存量是指某一时点上的经济变量，如年末的国民财富总量、年末银行存款余额、年末钢材库存等。

流量和存量的关系十分密切。一般来说，流量来自存量，流量又归入存量之中，如一年生产的国民生产总值是年初(或上年末)各种资源存量充分利用的结果，而到年末未消耗的国民生产总值又归入存量之中。流量和存量是互相影响的，流量增加能使存量增加，存量增加又促使流量增加。

流量分析是指对流量总量指标的投入产出变化及对其他总量指标的影响等进行分析。其中，收入流量分析是非常重要的，因为收入流量指标如国民生产总值等，反映着一个国家在一定时期内的经济发展水平、国家经济实力和国民生活水平状况等，研究收入流量的影响因素并使其不断增长是极为重要的。存量分析是指对存量的总量指标的影响因素、变动趋势及对其他有关指标影响的分析。存量分析极为重要，因为许多存量指标非常重要，如国民财富、货币数量和存款余额，特别是许多存量使用和分解是重要的政策问题。存量和流量分析常用在财富和收入关系分析上，财富和收入的关系极为密切。

（六）总量分析和结构分析

总量分析是指对宏观经济运行总量指标的影响因素及其变动规律进行分析。如对国民生产总值、消费额、投资额、银行贷款总额及物价水平变动规律的分析就是总量分析。总量分析实际上是一种动态分析，因为它主要研究总量指标变动规律。同时，也包括静态分析，因为总量分析包括考察同一时期内各总量指标的相互关系，如投资额、消费额和国民生产总值的关系等。

结构分析是指对经济系统中各组成部分及其对比关系变动规律的分析。如国民生产总值中三次产业的结构及消费和投资的结构分析、经济增长中各因素作用的结构分析等。结构分析主要是一种静态分析，即对一定时期内经济系统中各组成部分变动规律的分析。如果对不同时期内经济结构变动进行分析，则属于动态分析。

第二节 宏观经济政策

宏观经济政策是指政府为了解决宏观经济不稳定问题，增进社会经济福利，达到一定的经济目标，而对经济活动进行有意识的干预，包括制定解决经济问题的指导原则和措施。它主要由财政政策和货币政策两大政策构成。本节主要介绍宏观经济政策目标、内容及其应用。

一、宏观经济政策目标

宏观经济政策是根据目标来制定的。宏观经济政策目标，是指一国政府在对宏观经济进行调节与控制时所要求取得的经济与社会效益。它主要包括充分就业、稳定物价、经济持续均衡增长与平衡国际收支。

小挂板

铜陵市“十一五”时期发展目标

“十一五”时期铜陵市经济和社会发展的主要目标是：地区生产总值年均增长15%～17%，实现2010年人均地区生产总值比2005年翻一番，综合经济实力显著增强；经济结构进一步优化，经济运行质量和效益明显改善，自主增长、创新能力和资源利用效率明显提高，单位地区生产总值能源消耗比“十五”期末降低18%左右，生态市建设取得明显进展；改革开放继续深化，经济活力进一步增强，经济外向度进一步提高，民营经济加速发展；就业矛盾明显缓解，社会保障体系进一步完善；城乡居民收入差距逐步缩小，生活质量显著提高，居住、交通、教育、文化、卫生和环境等方面的条件显著改善；民主法制建设和精神文明建设取得新进展，社会治安和安全生产状况进一步巩固，构建和谐社会取得新进步。经过五年的努力，使铜陵市成为全省新型工业化的先导区、融入长三角的先行区、城乡一体化的示范区、沿江工业名城、区域交通枢纽和生态山水铜都。

（一）充分就业

充分就业指包括劳动在内的一切生产要素都能按照其所有者接受的市场价格全部用于生产。但由于测度各种经济资源的就业程度非常困难，所以，学者普遍以失业率高低作为衡量充分就业与否的尺度。失业率是指失业者人数对劳动力总人数的比例。失业分为三种：摩擦性失业、非自愿性失业和自愿性失业。

许多国家把充分就业作为一国的宏观经济政策目标，是因为充分就业的反面就是失业，而失业对社会、个人与家庭都会带来损失。失业对社会来讲，意味着资源没有得到充分利用，愿意工作而且有能力工作的人没有在生产中得到就业。失业对个人与家庭而言，意味着经济拮据和生活方式的改变，自尊心受到打击。总之，失业对个人与家庭来说是个悲剧，对整个社会来说是生产资源的浪费和产出的丧失。

小挂板

一位研究管理的专家曾到海尔调查，一位负责人告诉他：很多国外的留学生想到海尔工作，一见面就提出工资待遇、住房标准，对此海尔的回答是："请证明你能给公司带来的利润能够超过公司支付给你的工资。"只有在一个能够准确反映员工贡献的企业中，员工的积极性才能够被充分调动起来，而也只有这样的企业才能够在市场竞争中生存和发展。

——海尔这位负责人关于"员工的报酬应当与他的贡献相对应"的评论，涉及经济学关于企业劳动需求决定的一个基本原理：企业依据劳动的边际生产力确定工资。

（二）稳定物价

物价是指一般价格水平，一般价格水平的变动程度可以用通货膨胀率来表示，通货膨胀率表示价格水平从一年到另一年的升降率。

稳定物价之所以成为一国宏观经济政策目标，是因为物价稳定的反面是通货膨胀，而通货膨胀会给经济带来严重后果：(1)通货膨胀会降低人们实际收入水平；(2)价格的剧烈变化会使公司和个人的经济决策失去效果，投资和储蓄减少，经济增长率下降；(3)通货膨胀会改变资源配置方式；(4)当出现恶性通货膨胀时，人们完全丧失对货币的信心，等价交换的正常买卖、经济合同的签定和履行、银行结算和信贷活动等都无法正常进行，市场机制受到扭曲，最终会导致经济崩溃。因此，控制通货膨胀、维持物价稳定就成了各国政府必须考虑的大事。

（三）经济持续均衡增长

经济增长是指国民收入或总产出的增长。它是经济全面发展的主要指标。经济持续均衡增长是指通过政府干预，减轻经济周期性波动，实现国民收入水平的长期稳定发展。衡量经济增长的方法通常是计算一定时期内实际国内生产总值(GDP)平均年增长率。

从经济发展的角度看，国民生活水平的提高，经济结构、社会形态等方面的进步都在很大程度上依赖于经济增长。保持经济持续增长，已被公认为一国经济走上现代化之路的重要条件。

（四）平衡国际收支

国际收支是一个国家在一定时期，从国外收进的全部货币资金和向国外支付的全部货币资金之间的对比关系。收支相等称为"国际收支平衡"，否则为不平衡。收入总额大于支出总额称为"国际收支顺差"，或称"国际收支盈余"；支出总额大于收入总额称为"国际收支逆差"，或称"国际收支赤字"。逆差表示对外负债，一般要用外汇或黄金偿付。

当一国国际收支出现长期或巨额盈余时，也会给国内经济带来某些不良的影响，这是因为累积的国际储备增加所造成的货币供应增长，会带来物价水平的上升，加剧通货膨胀。同时一国盈余意味着他国赤字，一国盈余过多，则必然影响其他国家的经济状况，引起国际摩擦，不利于处理国家间经济关系。如果国际收支盈余是由于出口过多造成的，那么本国在这期间可供使用的生产资源就会减少，长期如此势必影响本国的经济发展速度。

二、财政政策

（一）财政政策的含义

财政政策是政府根据客观经济规律制定的指导财政工作和处理财政收支关系的一系列方针、准则和措施的总称。财政政策实施都是为相应时期的宏观经济目标和政策服务的。

（二）财政政策的工具

政府在经济中执行财政政策要依靠财政政策工具。财政政策工具是指为了实现财政政策目标所采取的各种财政杠杆和财政措施。财政政策工具主要包括政府支出和政府收入。政府支出包括政府购买和转移支付，政府收入包括税收和公债。

1. 政府支出

政府支出包括整个国家各级政府的支出总和，主要分为政府购买和转移支付两类。政府购买是指政府对商品和劳务的支出。政府转移是指政府在社会福利保险、失业补助和救济金等方面的支出。

2. 政府收入

税收是政府收入中最主要的部分，当政府税收不足以弥补政府支出时，就会发行公债来弥补，这样公债也成为政府财政收入的又一组成部分。

（三）财政政策的运用

1. 通过政府支出与税收来调节经济

政府支出主要是通过增加或减少政府公共工程支出、政府购买、以及转移支付来调节的;政府税收主要通过调节税种、税率、税目等来实施的。

2. 运用政府开支与税收来调节经济

具体来说,在经济萧条时期,总需求小于总供给,经济中存在失业,政府就要通过扩张性的财政政策来刺激总需求,以实现充分就业。扩张性的财政政策包括增加政府支出与减少税收。在经济繁荣时期,总需求大于总供给,经济中存在通货膨胀,政府则要通过紧缩性的财政政策来压抑总需求,以实现物价稳定。紧缩性的财政政策包括减少政府支出与增加税收。

3. 内在稳定器

某些财政政策由于其本身的特点,具有自动地调节经济,使经济稳定的机制,被称为内在稳定器,或者自动稳定器。具有内在稳定器作用的财政政策,主要是个人所得税、公司所得税,以及各种转移支付。

内在稳定器自动地发生作用、调节经济,无需政府做出任何决策,但是,这种内在稳定器调节经济的作用是十分有限的。它只能减轻萧条或通货膨胀的程度,并不能改变萧条或通货膨胀的总趋势;只能对财政政策起到自动配合的作用,并不能代替财政政策。因此,尽管某些财政政策具有内在稳定器的作用,但仍需要政府有意识地运用财政政策来调节经济。

4. 赤字财政政策的运用

现实中,许多国家都运用赤字财政政策来刺激经济。财政赤字就是政府收入小于支出。

凯恩斯主义经济学家认为,赤字财政政策不仅是必要的,而且也是可能的。这因为:第一,债务人是国家,债权人是公众。国家与公众的根本利益是一致的。政府的财政赤字是国家欠公众的债务,也就是自己欠自己的债务。第二,政府的政权是稳定的,这就保证了债务的偿还是有保证的,不会引起信用危机。第三,债务用于发展经济,使政府有能力偿还债务,弥补赤字。这就是一般所说的“公债哲学”。

政府实行赤字财政政策是通过发行债券来进行的。债券卖给不同的人就有了不同的筹资方法。如果把债券卖给中央银行,称为货币筹资。这种方法的好处是政府不必还本付息,从而减轻了政府的债务负担;但缺点是会增加货币供给量,引起通货膨胀。如果把债券卖给中央银行以外的其他人,称为债务筹资。这种筹资方法相当于向公众借钱,不会增加货币量,也不会直接引发通货膨胀;但政府必须还本付息,这就背上了沉重的债务负担。

三、货币政策

(一) 货币政策的含义

货币政策是指政府为了实现一定的宏观经济目标而制定的有关货币供应量和货币流通组织管理的基本方针和基本准则。货币政策是国家经济政策的一个重要构成部分,它为贯彻宏观经济政策服务。

(二) 货币政策的工具

货币政策的工具是指中央银行为调控中介指标而实现货币政策目标所采取的政策手段,它可以分为一般性政策工具、选择性政策工具与其他货币政策工具三种。一般性政策工具指的是法定存款准备金率、再贴现政策、公开市场业务三种工具;选择性政策工具包括证券市场信用控制、消费者信用控制、不动产信用控制;其他货币政策工具主要包括直接信用控制,道义劝说。在这里只介绍一般性货币政策工具。

1．法定存款准备率

法定存款准备率是以法律的形式规定商业银行等金融机构将其吸收存款的一部分上缴中央银行作为准备金的比率。法定存款准备金建立之初的目的，是为了保持银行的流动性。当准备金制度普遍实行，中央银行拥有调整法定准备率的权力之后，就成为中央银行控制货币供应量的政策工具，而且是最猛烈的工具。

2．再贴现政策

再贴现政策是指中央银行对商业银行持有未到期票据向中央银行申请再贴现时所做的政策性规定。

3．公开市场业务

公开市场业务是指中央银行在金融市场上公开买卖有价证券，以此来调节市场货币量的政策行为。

（三）一般性货币政策工具的运用

1．法定存款准备率

其政策运用体现在：通过调整法定准备金率的高低来影响货币乘数的大小，从而影响市场货币供给量；中央银行在调整法定准备金率时是逆经济风向行事。当中央银行认为社会总需求不足、失业持续上升时，可以降低法定准备金率，使商业银行更多地扩大贷款；反之，中央银行提高法定准备金率，使商业银行较少地扩大贷款。

该工具的局限性在于：效果太强烈，不能作为日常性工具；而且对不同类别的金融机构和存款影响不一致，政策效果不易把握。

2．再贴现政策

再贴现政策工具的运用包括两方面：一是对再贴现率的决定、调整。这种作用主要着眼于短期，调整货币供给量，由于再贴现率在利率体系中的关键作用，这种调整也具有告示效应。另一方面是对申请再贴现的资格的规定。其作用着眼于长期，主要能改变资金流向。

再贴现政策工具的局限性在于：主动权并非只在中央银行，商业银行对是否申请再贴现有选择权；再贴现率的调节作用是有限度的；再贴现率易于调整，但会引起市场利率的波动。

3. 公开市场业务

公开市场业务的运用体现在：当经济过热时，中央银行可以在短期债券市场上发行或抛售短期债券，吸收市场上多余的货币供给量，防止经济增长过快；反之，当经济趋冷时，中央银行可以从短期债券市场上购买债券，向市场上提供货币，刺激经济发展。

公开市场业务的优越性体现在：主动性强，买卖总能成交。灵活性强，可以根据变化随时调节买卖的数量和方向。调控效果和缓，震动性小，影响范围广，对商业银行、公众、证券市场都会产生影响。

其局限性是：要求中央银行必须有强大的金融实力；有一个发达、完善的金融市场；还必须有其他金融工具的配合。

四、财政政策与货币政策的混合运用

财政政策和货币政策是国家调控宏观经济的两大政策。总的来说，财政政策和货币政策的调控目标都是一致的，但是财政政策和货币政策各自使用的政策工具和作用不尽相同，各有其局限性。因此，为了达到理想的调控效果，通常需要将财政政策和货币政策配合使用。

货币政策和财政政策协调运用一般有以下四种组合方式：

①紧货币，松财政；

②紧财政，松货币；

③财政、货币双紧；

④财政、货币双松。

货币政策和财政政策的松紧搭配与否以及如何搭配，主要是为了解决经济结构问题，货币政策和财政政策具体采用什么组合，可以由政府和中央银行根据具体情况和不同目标来选择。而且在如何混合使用这两种政策时，不仅要看当时经济形势，还要考虑政治上的需要，因为不同政策可以对不同人群产生不同影响。

小挂板

著名经济学家张卓元妙论软着陆、稳健财政和加息周期

2005 年初，在北京举行的“2005 宏观经济引导力资本论坛”上，著名经济学家、中国社科院学术委员会委员张卓元先生，在谈到中国经济走势与宏观政策时指出，中国经济 2004 年实现平稳较快发展，但是尚未实现“软着陆”；财政政策从扩张调整为稳健，本身就意味着一定的收紧；中国是否进入加息周期，最主要的是看中国经济过热倾向是否已经克服，物价上涨率能否较快回落。

张卓元指出，2004 年中国经济在国家有一定强度的宏观调控下，实现了平稳较快发展，总的经济形势是很好的，但是也要看到前进中的问题。首先，经济增速还是过快。根据这几年中国经济发展的经验，他认为年经济增速以 8%左右为宜，既不要低于 7%，也不要高于 9%。在可能低于 7%时，要实施扩张性宏观经济政策，刺激经济增长；而在高于 9%时，则要实施从紧的宏观经济政策，对经济适当降温。2003、2004 年经济增速均超过 9%，高了一点。因此，2005 年中国宏观经济政策总的还是要稍微从紧一点，但可更多地用微调的温和办法，使经济增速逐步回落至 8%～9%之间。因此，有些媒体断言中国经济 2004 年已实现“软着陆”的说法，可能是对经济形势估计得过于乐观了。

至于稳健的财政政策，他指出，2005 年实施的“双稳健”政策是一个正确的选择。财政政策从扩张性调整为稳健，本身就意味着一定的收紧，长期建设国债要逐步减少发行直至不再发行，财政赤字占 GDP 的比重逐步降低，财政投资于竞争性行业的比重更要较大幅度降低，而主要投资于公共领域。财政政策的这种调整，表明我国宏观经济政策向从紧方向转变。2004、2005 年实施稳健的货币政策，名称上似乎与过去几年没有什么变化。其实不然。2004 年，央行采取的提高准备金率，提高钢铁、房地产、水泥和电解铝等行业固定资产投资项目的资本金比率，实行贷款的额度控制，提高存贷款利率等，都是收缩银根的措施，同 2004 年以前稳健的货币政策的内涵有很大的不同。特别是，2004 年 10 月底，央行提高存贷款利率，虽然幅度不大(一年期存贷款利率均提高 0.27 个百分点)，但影响大，标志着政府终于开始启动最重要的经济杠杆调控经济运行，使经济走向更加稳健。

对于中国是否进入加息周期，这位经济学家认为，这是目前经济学界有争议的问题，同时也是观察央行货币政策实际是从松还是从紧的一个重要根据。他指出，考虑这个问题首先要研究我国是否要结束负利率状态，如果是，就意味着要进入加息周期。因为现在的一年期存款利率远未达到通胀水平，还差近 200 个基本点，而我国目前提高利率只能是小幅度(估计每次不会超过 50 个基本点)进行，所以要经历一段时间(估计至少一年)。中国是否进入加息周期，最主要的是看中国经济过热倾向是否已经克服，物价上涨率能否较快回落。

当然，在经济全球化的今天，考虑加息还要看国际因素，特别是美国。如果美元基准利率继续提高，如像格林斯潘设想的那样，逐步提高到 4%，那就为我国进一步提高利率创造了有利条件。形势很可能按此设想发展。但也要想到，如果美元利率到2.25%不再提高，或一段期间内不再提高，就会制约我国进一步提高利率。因为如果我国较大幅度提高利率，形成和扩大与美元的利差，就可能刺激美元进来套利。何况目前国际上一般还估计人民币会升值。所以，我国继续提高利率要密切关注美元利率的变动，可能还是要分好几步，每一步小幅度提高。

（《证券日报》2005年1月10日）

第三节 经济学与人文

萨缪尔森认为“经济学是一门可以把科学的精确性和人文方面的诗意集一身的科学”。经济学是以“快乐”为人类行为的最终目的。而经济学在其本身所具有的思想性、完美性、阶级性与逻辑性上以及在经济学学科性质上都体现出人文精神，同时，经济学理论在其学术观点、分析方法上也体现出人文精神，故经济学是人文学科，是科学精神和人文精神的统一。

有人认为人文精神就是“人的价值至上，公民的权利至上”。从世界文明的发展看，所谓人文精神，就是文艺复兴以来形成的现代文明的核心精神。而经济学理论在其学术观点、分析方法上都体现出人文精神。萨缪尔森认为“经济学是一门可以把科学的精确性和人文方面的诗意集一身的科学”。澳籍华裔经济学家黄有光认为，经济学以“快乐”为人类行为的最终目的，是人文学科。而对于经济学的理解，相当时尚的解释是强调它的经验性，强调在这种对经验的实证分析基础上的科学主义，通过基于经验的命题（假说）的证实或证伪，印证经济学本身具有科学的性质。经济学是一种科学，具有科学的基本特征。在中国，人们普遍承认并尊重经济学的科学性，是经过了漫长的历史过程，并为此付出了高昂的代价（甚至到目前人们对经济学是否是科学还存有疑虑）。但是，经济学更关注于对人的社会经济关系的分析，是一种社会的科学，因而，还需要特殊的社会关注和特别的人文精神，经济学者本身也不可能，更不应当缺失人文关怀。而支持这种人文精神和人文关怀的，必定是一定的社会历史价值取向。真正科学的魅力，应当是科学精神和人文精神的统一。当社会开始将经济学的科学性与人文性割裂开来，将经济学的实证经验性与历史社会性对立起来的时候，我们强调二者的统一与和谐，有着特别的意义。有关经济学的人文精神体现在经济学本身所具有的思想性、完美性、阶级性与逻辑性上，以及近、现代一些学者在对经济学学科性质问题的理解上。

一、经济学思想性、完美性、阶级性与逻辑性

（一）经济学思想性与完美性

经济学重内容的思想性，重形式的完美性，其表达形式是通过数学语言。而表达形式服务于思想内容的需求，数学分析和表达方式上的完美及充分，能使思想更科学，使其科学考察更充分地得以阐释，更具冲击力。一定的数学语言和方式可以提高经济思想的准确、完善程度。因此，有人曾说，一定学科的成熟程度，在相当大的意义上取决于数学在其中的应用程度。在西方经济思想史上，之所以自 19 世纪边际革命后，数学的边际分析成为西方正统经济学的基本方法，是因为西方正统经济学的理论任务发生了历史转移，不仅是论证为什么要采取资本主义生产方式，即不仅是论证资本主义

制度的历史优越性、资本主义生产方式替代封建主义生产方式历史的必然性，而且论证如何运用资本主义生产方式以实现资本利益最大化。因而，西方经济学的主流不仅关注价值论、产权论、市场论等制度的分析，而且也以求解极值为目的，即以求解个人效用最大化、厂商效应最大化、社会福利最大化等为目的。所以，真正作为科学的经济思想，是思想的深邃性和表达方式的完美性统一。

（二）经济学阶级性与逻辑性

经济学是重其历史价值观的阶级性与解析能力的逻辑性的统一。经济学作为社会科学，其阶级性和历史性，以及相应的意识形态社会属性是客观存在的。任何一个经济学者，或任何一个经济学流派，都不可避免地受一定的阶级价值取向的限制；另一方面，任何体现阶级意识的经济理论和对一定价值取向的强调，都需要建立在科学分析的基础上，需要具有逻辑的说服力，体现其作为科学的解释能力，尽管社会科学本身的科学性有其特殊性、相对性、历史性，尽管这种理论逻辑必须符合历史逻辑。真正有深刻影响的经济理论，必定是阶级价值取向和逻辑解析能力的统一。

二、近、现代经济学中人文精神观点

在近、现代文化中经济学的“科学主义与人文主义”的学术思潮中，最明显的表现是边际经济学派和新历史学派之间的论战。前者将经济学看成是一门实证的、抽象的和演绎的科学，而后者将经济学看成是一门伦理的、现实的和归纳的科学。就这一争论实质来说，这一争论恰恰是以“科学主义和人文主义的争论”为导向的。在此，我们重点对经济学的人文主义进行浅析。

（一）新旧历史学派人文主义色彩

早在边际革命之前，旧历史学派的代表人物罗雪尔等人认为，经济学应当根据历史观察和统计衡量，以当时的文化尤其伦理为标准去研究、评价社会经济的实际进程，且提出改进社会的方法。所以，经济学方法应当是观察、归纳和类比等历史主义方法。可见，旧历史学派的方法导向显示出了鲜明的人文主义色彩。历史学派的后期（即新历史学派）代表人物施穆勒也站在人文主义立场上，分析国民经济学“接近于伦理学及历史哲学的研究”。其中观点也显示出是以“人文主义”文化为底蕴的。

（二）制度主义学派人文主义思想

从19～20世纪之交到20世纪20年代，是制度主义经济学崛起和盛行的年代。制度主义经济学曾受到德国历史学派的深刻影响。它的制度——结构分析方法长期以来与“主流”经济学方法论相抗衡。制度主义经济学的共同研究方法是演进的、整体的方法。经济学要研究变化、研究过程，这就是经济学研究中的演进方法。制度主义经济学中的整体方法，包括权力分析、利益集团分析、规范分析。所谓权力分析，是指在分析社会经济活动时，要着重分析权力问题。所谓利益集团分析，是指考察社会中若干利益不同的集团的相应地位和相互关系。所谓规范分析，是指分析“价值判断”的依据、人们的动机和习惯对社会经济变化的影响，以及社会政治和经济制度。除了经济价值外，价值还包括生态平衡、环境舒适、社会平等，以及美、尊严、生活情趣等等。所以，制度主义经济学仍然主要是从人文主义角度来研究经济学。凡勃伦就把自己的经济学理论称为“文化的”经济学。

（三）现代奥地利学派人文主义思想

米塞斯在《人类行为论》一书中提出了人类合理行为的一般原理。他认为，关于有目的的个人行为的假定是解释一切行为的先决条件。他认为，确定特定理论正确性的最终标准不是基于经验的证实或证伪，而是不附加任何经验成分的纯粹推理。他认为，自然科学方法和社会科学方法有重大区别，且极力反对将经济理论的前提和含义做任何定量说明。哈耶克声称经济学是非科学的，认为经济学更偏重的是“人文主义”分析。现代奥地利学派的方法论的代表人物如罗思巴德等，也反对将经济预言做数量验证，特别是反对数理经济分析，也不赞成一味研究最终均衡状态的性质。

以上论述了经济学的“人文主义”有关主题，但这个主题所体现的人文精神远不仅是这些。古典时代的经济学，滥觞于启蒙时代，它所关注的也正是启蒙时代的主题，即关注人，关注人的生存及其自身的困境，关注人的全面发展，这是一种与人文精神并驾齐驱的“人文精神”，这种人文关怀，使得古典经济学至今还焕发着人性的光辉。经济学要走向现代化，就必须将人文主义和人文精神加以整合，重新回到人自身，而不是仅仅将人作为物理生物来看待。在我们看来，现代经济学的根本缺陷，就是人文精神的缺失，使得经济学尽管在分析技巧上取得了很多进展（如动态规划和最优控制理论），但是由于对于“人的意义”这一重大问题的忽视和解释乏力，最终仍然不能使自身超越古典作家所提出的经济学根本问题。从这个意义上说，关注人，将经济学的“人文主义”和“人文精神”加以发扬，是经济学走向现代化的必由之路。

小挂板

中国共产党的十六大报告的一个显著特点

——人文精神与科学精神有机统一

人文精神是民族精神的一个重要方面，其要旨在于尊重人的价值，肯定人的作用，关注人的生存和发展。十六大报告既肯定人的价值，又充满人文关怀，是一个富有人文精神的报告，这可以从诸多方面感悟出来：十六大报告提出要“尊重劳动、尊重知识、尊重人才、尊重创造”，把尊重劳动、尊重创造提到了与尊重知识、尊重人才同等重要的地位，承认了劳动的平等与劳动的光荣，并要求作为党和国家的一项重大方针在全社会认真贯彻。“四个尊重”说到底是对人的价值的尊重，是对人的作用的肯定。正因为如此，十六大报告强调，要推动社会全面进步，促进人的全面发展。充分肯定人的价值，高度重视人的发展，这是弘扬人文精神的重要体现。

十六大报告提出的全面建设小康社会的目标，反映了中国老百姓对于富裕、稳定、安定的社会生活的向往和追求，这一奋斗目标的实现，最终得实惠的还是中国老百姓，其结果将是“人民生活更加殷实”，“人民过上更加富足的生活”。十六大报告不仅关注人民物质生活水平和质量的提高，而且关注人民精神生活水平和质量的改善。报告强调发展面向现代化、面向世界、面向未来的、民族的、科学的和大众的社会主义文化，以不断丰富人们的精神世界，增强人们的精神力量，要求文艺工作者深入群众、深入生活，为人民奉献更多无愧于时代的作品。对人民物质生活和文化生活的关注，是弘扬人文精神的充分体现。

十六大报告特别关心困难群众的生存和发展。报告在总结过去时承认，农民和城镇部分居民收入增长缓慢，失业人员增多，有些群众的生活还很困难。对于农民，强调要建设现代农业，发展农村经济，增加农民收入，继续推进扶贫开发，尽快使尚未脱贫的农村人口解决温饱问题，有条件的地方，探索建立农村养老、医疗保险和最低生活保障制度；对于下岗职工，提出就业是民生之本，解决就业问题是我国当前和今后长时期重大而艰巨的任务，要求各级党委和政府把改善创业环境和增加就业岗位作为重要职责，广开就业门路，推行灵活多样的就业形式，并要求健全失业保险制度和城市居民最低生活保障制度。可见，十六大报告蕴涵了对困难群众的人文关怀，高扬了民族的人文精神。

科学精神的核心是“求真”和“创新”，其灵魂是实事求是。十六大报告尊重历史、立足现实，对十三届四中全会以来13年的实践经验进行了实事求是的总结，对今后20年的奋斗目标进行了实事求是的定位，对未来一段时期的经济建设、政治建设、文化建设、党的建设等也进行了实事求是的部署，是一个求真务实的报告。这种求真务实的品格，是对科学精神的张扬。

科学精神的本质在于创新。十六大报告强调创新是一个民族进步的灵魂，是一个国家兴旺发达的不竭动力，也是一个政党永葆生机的源泉；创新就要不断解放思想、实事求是、与时俱进，实践没有止境，创新也没有止境；创新要求我们突破前人，后人也必然会突破我们，要承认和给予后人超越前人的权力；创新包括理论创新、制度创新、科技创新、文化创新和其他各方面的创新，而实践基础上的理论创新是社会发展和变革的先导，通过理论创新推动制度创新、科技创新、文化创新以及其他各方面的创新，不断在实践中探索前进，这是我们要长期坚持的治党治国之道。可以说，创新精神贯穿于十六大报告始终，这是高扬科学精神的集中体现。

科学精神尊重科学技术的价值，重视科学技术的作用，强调依靠科学技术来推动社会发展，既是科学探索、科学创新和科学发展的重要推动力量，也是反对迷信愚昧和歪理邪说的强大正义力量。正因为如此，十六大报告明确提出：要普及科学知识，弘扬科学精神；在全社会形成崇尚科学、鼓励创新、反对迷信和伪科学的良好氛围。应当说，十六大报告认识到了科学精神的力量所在，高举了科学精神的旗帜。

弘扬人文精神和科学精神是当前文化建设的重要任务。十六大报告蕴涵了丰富的人文精神和科学精神，是高扬人文精神和科学精神的典范。十六大报告之所以能够实现人文精神与科学精神的有机统一，概而言之，主要有如下几个方面的原因：

第一，维护执政资源、提高执政能力的需要。十六大报告对党的历史方位做出了科学判断，明确指出：我们党已经从领导人民为夺取全国政权而奋斗的党，成为领导人民掌握全国政权并长期执政的党；已经从受到外部封锁和实行计划经济条件下领导国家建设的党，成为对外开放和发展社会主义市场经济条件下领导国家建设的党。认识到党的这种转变，自然会把执政资源的维护和执政能力的提高，摆在十分突出的位置。要维护执政资源，赢得人民对政治秩序和政权的信任和支持，就必须尊重人的价值，关注人的生存和发展。同时，执政党执政能力的提高也是以科学精神为基础的。因此，执政的特殊地位和特殊使命要求高扬人文精神与科学精神。

第二，发展先进文化、弘扬民族精神的需要。十六大报告充分肯定了文化在当今世界综合国力竞争中的地位和作用，认识到文化的力量已熔铸在民族的生命力、创造力和凝聚力之中。大力发展先进文化，是全面建设小康社会的重要组成部分。而当代中国的先进文化，应当是弘扬人文精神与倡导科学精神的文化。由于科学精神与人文精神相互制约、相互交融、相互补充，因此，缺乏人文精神或者科学精神，都够不上先进文化。同时，十六大报告提出，民族精神是一个民族赖以生存和发展的精神支撑，面对世界范围各种思想文化的相互激荡，必须把弘扬和培育民族精神作为文化建设极为重要的任务。人文精神和科学精神是民族精神的两个重要方面，民族精神的弘扬和培育自然离不开人文精神和科学精神的倡导和弘扬。既然发展先进文化、弘扬民族精神，都需要弘扬和培育人文精神和科学精神，那么，党的代表大会、党的政治报告，在这方面就应当起表率作用和导向作用。

第三，适应时代发展要求、顺应世界潮流的需要。社会发展的历史表明，人的因素和科学技术的因素，是社会发展的重要杠杆，离开人的作用和科学技术的作用，就谈不上真正意义上的社会发展。因此，当今时代发展和世界潮流的总趋势，就是普遍重视人的价值和科学技术的作用，高度关注人的生存和科学技术的发展。十六大报告弘扬人文精神和科学精神，可以说适应了时代发展的要求和世界发展的潮流。

（金羊网．羊城晚报．2002 年 12 月 7 日）

（http://www.ycwb.com/gb/content/2002－12/07/content_463438.htm）

【本章思考题】

1．凯恩斯理论的主要内容有哪些？

2．请列举经济学的主要分析方法。

3．宏观经济政策的含义与类型？

4．举例说明财政政策的工具及其运用。

5．联系实际谈谈货币政策的工具及其运用。

【推荐阅读书目】

1．萨缪尔森、诺德豪斯．经济学(第十六版)．华夏出版社，1999 年版

2．曼昆．宏观经济学．中国人民大学出版社，2000 年版

3．吴易风主编．当代西方经济学．中国财政经济出版社，2004 年版

参考文献

1. 国家教委高教司.升华与超越——大学生文化素质教育讲座集锦.北京:高等教育出版社,1998.

2. 张楚廷.大学人文精神构架.长沙:湖南师范大学出版社,1996.

3. 中国大学人文启思录编委会.中国大学人文启思录(1～5卷).武汉:华中理工大学出版社,1996～2001年陆续出版.

4. 汪青松.科学教育与人文教育.合肥:安徽教育出版社,2005.

5. 唐君毅.人文精神之重建.南宁:广西师范大学出版社,2005.

6. 傅道彬、于茀.文学是什么.北京:北京大学出版社,2002.

7. 叶胜年.西方文化史鉴.上海:上海外语教育出版社,2002.

8. [美] M. H. 艾布拉姆斯.镜与灯——浪漫主义文论及批评

传统，郦稚牛等译，北京：北京大学出版社，1981.

9. 庞卓恒. 史学概论. 北京：高等教育出版社，1995.

10. 吴泽. 史学概论. 合肥：安徽教育出版社，1985.

11. 庄锡昌. 世界文化史. 北京：高等教育出版社，1999.

12. 山东画报出版社编. 老照片. 济南：山东画报出版社，1996年起陆续出版.

13. 葛剑雄、周筱赟.《历史学是什么》. 北京：北京大学出版社，2002.

14. 张志伟. 西方哲学十五讲. 北京：北京大学出版社，2004.

15. 童鹰. 哲学概论. 北京：人民出版社，2005.

16. 洪丕谟. 中国方术的大智慧. 杭州：浙江人民出版社，1992.

17. 上海音乐出版社编. 音乐欣赏手册. 上海：上海音乐出版社，1981.

18. 金亚文.《音乐新课程教学法》. 北京：高等教育出版社，2003.

19. 艺术教研室主编《大学生音乐知识与欣赏》北京：清华大学出版社.

20. 王伟任、王顺通.《音乐欣赏教程 》. 北京：人民教育出版社，1995.

21. [英]帕金森等. 不可不知的管理定律. 北京：中国商业出版社，2004.

22. 刘熙瑞、张康之. 现代管理学. 北京：高等教育出版社，2000.

23. 苏勇编著. 现代管理伦理学——理论与企业的实践. 北京：石油工业出版社，2003.

24. 李启明. 现代企业管理. 北京：高等教育出版社，2004.

25. 姚本先. 心理学新论. 北京:高等教育出版社,2005.

26. 曹日昌. 普通心理学. 北京:人民教育出版社,1987.

27. 李铮等. 普通心理学. 合肥:中国科技大学出版社,1995.

28. 张厚粲、许燕. 大学心理学. 北京:北京师范大学出版社,2000.

29. 彭彦琴. 心理学两种主义与西方心理学的发展、危机、繁荣. 教育技术通讯,2002(3).

30. 刘宝存. 科学主义与人文主义大学理念的冲突与融合. 学术界,2005,01.

31. 萨缪尔森、诺德豪斯. 经济学(第十六版). 北京:华夏出版社,1999.

32. 曼昆. 宏观经济学. 北京:中国人民大学出版社,2000.

33. 吴易风主编. 当代西方经济学. 北京:中国财政经济出版社,2004.

34. 朱成全. 经济学究竟是一门什么样的学科. 财经问题研究,2005 年 10 月份.

35. 姚遂、李健. 货币银行学(修订本). 北京:中国金融出版社,1999.

36. 李猛. 大学的使命:公民科学与自由教育(选自杨东平. 大学之道). 上海:文汇出版社,2003.

网络参考资源:

青铜故里　http:// www. tongdu. net/index. htm

中国文化网　http:// www. chinaculture. net/

安徽师范大学精品课程网　http:// www. ahnu. edu. cn/kecheng/2006national/01/index. htm

陈会昌心理网站　http://www.chenhc.com
中国人力资源网　http://www.hr.com.cn
段鑫星心理课堂　http://www.xxduan.com
心理学会网　http:// www.xlxh.com

后　记

所谓人文素质教育，简言之就是在传授人文知识的基础上培养人文精神的教育，即将人类优秀的文化成果，将人文科学通过知识传授、环境熏陶，使之内化为人格、气质、修养，成为人的相对稳定的内在品格。大学人文素质教育主要是通过对大学生加强文学、历史、哲学、艺术等人文社会科学方面的教育，以提高全体大学生的文化品位、审美情趣、人文素质和科学素质。人文素质教育在不同的历史发展时期具有不同的内涵和表现形式，但其基本精神大体上是一致的，都是以强调人性教育、完善人格为宗旨，以注重实现和促进个体身心和谐发展为培养目标。人文素质教育的目的，主要是引导学生如何做人，包括如何处理人与自然、人与社会、人与人的关系以及自身的理性、情感、意志等方面的内容。人文素质教育是人文精神在教育中的渗透和体现，其核心是培育人文精神。

“文明以止，人文也。观乎天文，以察时变，观乎人文，以化成天下。”

中国历来就是文明古国，有着悠久的人文素质教育传统。进入20世纪90年代以来，我国高等职业教育得到快速发展，为社会主义现代化建设事业培养了一大批急需的技术应用型人才，为提高人力资源的整体素质，为建设社会主义精神文明，促进社会进步和经济发展做出了积极的贡献。但是，我们也应该清醒地认识到，我国高职教育因其培养目标、专业及课程设置等方面具有较强的职业性特点，不少学校更多地注重对学生进行专业知识的传授和专业技能的培训，轻视或忽略人文知识、精神的学习与内化，人文素质的系统教育没有得到应有的重视。这导致了为数不少的学生文化素养较差、非专业知识浅薄、工具化倾向明显、自我人格不健全和创新精神缺乏等不良后果。这种状况严重地影响了高等职业技术教育质量，特别是影响了工科学生的综合素质和创造力的提高。

为加强和改进高等职业技术院校人文素质教育工作，安徽省教育厅2002年批准安徽工业职业技术学院实施《高职工科学生人文素质教育研究》项目。在省厅、院领导和有关高校的支持下，我们开展了第一课堂、人文讲坛等形式多样的人文素质教育活动。以人文素质课和人文讲坛所讲述的主要内容为基础，我们组织编写了《走近人文——高职人文素质教程》。在编写过程中，我们广泛征求专家学者、高职院校教师和学生的意见，吸收有关人文素质教材编写的经验，力求贴近高职学生实际，有效提升其人文底蕴。

本教材编写的指导思想是：从高职学生人文素养现状出发，以提高学生人文素养为目的，以教师引导和学生自学相结合为途径，将课程教学目标与人才培养目标相统一，充分发挥本教材在人文素质教育过程中的作用。

本教材由邵军任主编，王媛、凌涛任副主编。各部分的具体编写按章节顺序分工如下：

绪论:邵军、凌涛;第一章:陈青、黄晓东;第二章:徐永婷;第三章:徐宁、丁娟娟;第四章:何慧凝;第五章:张钰、俞瑶;第六章:张琪;第七章:张玉胜、周理瑞。本教材实行集体讨论,分头编写的办法,各章节分工负责,主编总括其成。王媛、陈青负责目录和参考书目的整理和校对,丁娟娟、凌涛参加了该项工作。

我的恩师安庆师范学院院长汪青松教授在百忙中抽出时间仔细审定教材,提出了宝贵的编审意见,并亲自为本书作序。

在教材编写过程中,得到了南京师范大学公共管理学院、安庆师范学院和安徽工业职业技术学院领导、教务处等有关单位的大力支持。我们还参考和吸收了学术界的诸多研究成果,除已注明者,仍有无法一一注明之处,在此特予致谢。

编写《高职人文素质教程》这样一本教材,是一种探索性工作。加之编写时间仓促,书中难免存在各种各样的缺失与疏漏,我们恳请读者多提宝贵意见和建议,以便作进一步修改。

邵 军

2007 年 6 月　于安徽铜都